A DONA
DAS CHAVES

JULITA LEMGRUBER com
ANABELA PAIVA

A DONA DAS CHAVES

Uma mulher no comando das prisões
do Rio de Janeiro

EDITORA RECORD
RIO DE JANEIRO • SÃO PAULO
2010

Copyright © Julita Lemgruber e Anabela Paiva, 2010
Foto de Capa © Piotr Powietrzynski/Getty Images (cadeado)
©Fábio Bueno (janela)

Diagramação de miolo
Abreu's System

CIP-Brasil. Catalogação-na-fonte
Sindicato Nacional dos Editores de Livros, RJ

L57d Lemgruber, Julita
A dona das chaves / Julita Lemgruber e Anabela Paiva. - Rio de Janeiro : Record, 2010.

ISBN 978-85-01-08223-7

1. Lemgruber, Julita. 2. Rio de Janeiro (Estado). Departamento do Sistema Penitenciário. 3. Prisões — Administração — Rio de Janeiro. I. Paiva, Anabela. II. Título.

10-3850.

CDD: 365.98153
CDU: 343.811(815.3)

Texto revisado segundo o novo Acordo Ortográfico da Língua Portuguesa.

Todos os direitos reservados. Proibida a reprodução, armazenamento ou transmissão de partes deste livro, através de quaisquer meios, sem prévia autorização por escrito.

Direitos desta edição adquiridos pela
EDITORA RECORD LTDA.
Rua Argentina 171 – 20921-380 – Rio de Janeiro, RJ – Tel.: 2585-2000

Seja um leitor preferencial Record.
Cadastre-se e receba informações sobre nossos lançamentos e nossas promoções.
Atendimento e venda direta ao leitor:
mdireto@record.com.br ou (21) 2585-2002

EDITORA AFILIADA

Impresso no Brasil
2010

Para Rodrigo, Diego e Tiago
Julita

Para Marcel, Antônio, Isadora e Tomás
Anabela

Nossos agradecimentos a

Anaton Albernaz de Oliveira
Arthur Lavigne
Avelino Gomes Moreira Neto
Dílson Fernandes Valente
Dolores Rodrigues
Domingos Braune
Edson Biondi
Edson Zanata
Elza Ibrahim
Enéas Quintal
Francisco Spargoli Rocha (in memoriam)
Gilberto Velho
Heloisa Villas Boas Simões
Henrique Moreira Lessa
Iracema Dantas
Jessie Jane Vieira
José Carlos Tórtima
José Wilson da Luz
Lemuel Gomes Moreira
Licildo Amichi Tebaldi
Maria Cristina Valentim
Maria de Lourdes Silva Pinto
Maria Luiza Ventura
Nildson Araújo Cruz
Pedro Brito
Raquel O'Donnel
Regina Coeli Pereira da Costa
Renildo Lordelo
Sauler Sakalen
Sergio César Illa Lopes
Tânia Dahmer
Tite Borges,
que gentilmente contribuíram com suas histórias e análises para este livro.

Agradecemos, especialmente, a Pedro Beccari, que nos incentivou durante todo o período de redação da obra, lembrando de histórias e corrigindo fatos.

Sumário

1. "Diretora do Desipe morre em assalto" 9
2. Sintonia no desvio 16
3. A subversiva 30
4. O furacão gaúcho 40
5. A Turma do Balão Mágico 47
6. O esquema da mangonga 56
7. Sítio do Pica-pau Amarelo 64
8. Branca de Neve na penitenciária 69
9. Mentes libertas 76
10. Os Comandos 79
11. Sem direito ao medo 88
12. As celas do amor 92
13. Malandros e cidadãos 96
14. Jogando a toalha 104

15.	Liberdade condicional	110
16.	De volta	117
17.	Bronca em frente ao espelho	121
18.	Pintura de guerra	124
19.	"Se pode bater, a gente bate"	129
20.	Carandiru carioca	136
21.	A verdade sob as cinzas	147
22.	Uma prisão para os guardas	154
23.	O canudinho da liberdade	158
24.	Visitantes em busca de Petra	162
25.	Atacados por armas biológicas	165
26.	Morte na noite de Natal	172
27.	Diretora de presídio acaba em camburão	179
28.	Maconha no cofre	185
29.	Quatrocentos mais um	189
30.	Ladrão de galinha	192
31.	O esquadrão do flagrante	199
32.	Fugas Doril: ninguém sabe, ninguém viu	203
33.	Negociação em Bangu 1: entre garrafas e granadas	213
34.	Jogo do bicho na cabeça	222
35.	A desativação da Ilha Grande	243
36.	Despedida	252
37.	Galos de briga, fraldas e alfaces	255
	Índice onomástico	261

1
"Diretora do Desipe morre em assalto"

O telefone da minha sala, na direção do Departamento do Sistema Penitenciário, tocou por volta das 8 horas da noite. Olhando o relógio, atendi, já um pouco arrependida de ainda estar ali, depois de dez horas de trabalho. Já era mais do que hora de ir para casa.

— É do Ary Franco — disse a secretária.

Um telefonema do Ary Franco àquela hora só poderia ser problema. O presídio do subúrbio de Água Santa era um dos maiores do Rio de Janeiro. Como porta de entrada do sistema penitenciário, para onde eram enviados os presos vindos das delegacias, a unidade seguia uma rotina conturbada. Do outro lado da linha, Teixeira,* o diretor, com voz tensa e preocupada.

— Um preso acaba de me contar uma história de que a senhora não vai gostar nem um pouco. Ele divide cela com o Maninho e no meio da noite ouviu uma conversa entre o Maninho e um dos presos. Ele diz que é coisa muito séria, mas só conta na presença da senhora e com a promessa de ser atravessado pra outra cadeia.

---

* Alguns nomes usados no livro são fictícios.

Ser atravessado — ou transferido — era o sonho de todo preso do Ary Franco. O lugar tinha a fama de ser a pior unidade do sistema penitenciário. Celas subterrâneas e superlotadas, instalações em péssimo estado e a violência de alguns guardas — que consideravam sua obrigação aplicar batismos de fogo nos novatos — faziam do lugar um inferno. Imaginei logo que o preso devia ter inventado alguma artimanha para ser transferido. Por mais que minha curiosidade tivesse sido provocada, decidi não valorizar demais a notícia.

— É coisa tão urgente que não possa esperar uma noite?

— É, acho que dá pra senhora vir aqui amanhã.

— Então ficamos combinados, amanhã cedo estou aí.

Desliguei e dei adeus à secretária e à esperança de uma noite tranquila. Mal consegui dormir, pensando no que Maninho teria aprontado dessa vez.

Desde o primeiro dia em que pôs os pés no Ary Franco, condenado por formação de quadrilha com outros nove banqueiros de bicho, Maninho mostrou que não aceitaria facilmente ser tratado como qualquer outro preso. Eu estava decidida a garantir que os bicheiros tivessem todos os direitos dos demais detentos — mas nada de privilégios. Uma decisão que exigiria pulso firme para manter sob controle presos e funcionários.

Waldemiro Paes Garcia era filho e herdeiro do banqueiro Miro, também preso. Jovem, com apenas 31 anos, era um dos maiores contraventores do Rio de Janeiro. Fã de motos importadas e roupas da moda, não deixava de lado a tradição e frequentava o Salgueiro, escola de samba da qual Miro era patrono. Desde cedo, provou ter talento para o negócio: começara escrevendo talões e conferindo apostas. Logo ganhou seus próprios pontos de bicho em Copacabana. Com o tempo, passou a controlar as bancas do bairro.

Atlético, praticante de lutas marciais, seu nome ficara ligado, desde 27 de outubro de 1986, ao atentado ao estudante Carlos Gustavo Santos Pinto Moreira, apelidado de Grelha. A história teve destaque na imprensa da época: jantando na Cantina Fiorentina, restaurante tradicional da Zona Sul do Rio, o bicheiro tinha ficado irritado com olhares que o grupo do rapaz lançava para a sua mulher. Houve um bate-boca. Os três jovens saíram e, pouco depois, na altura do Túnel Novo, o Monza em que Grelha viajava — dirigido pelo ator Tarcísio Meira Filho, seu amigo — foi fechado por três carros. Três tiros de pistola 9mm atingiram o carro. Uma das balas despedaçou a vértebra 12 da coluna de Grelha, deixando-o paraplégico, aos 22 anos.

Maninho foi inocentado na ação criminal. Seu segurança, José Carlos Santos Reis, declarou que tinha sido o autor dos disparos e agira por conta própria.

Em 21 de maio de 1993, Maninho foi condenado na famosa sentença da juíza Denise Frossard, que mandou para a cadeia toda a cúpula do jogo do bicho carioca. Maninho entrou no Desipe com a certeza de que teria vida mansa: bastava distribuir dinheiro entre presos e guardas.

Os problemas começaram na chegada à unidade. Todo preso que entra no Ary Franco precisa cortar o cabelo. Faz parte do ritual de ingresso no sistema, assim como as entrevistas com o médico e com a assistente social. Dono de uma vistosa cabeleira negra, Maninho não estava disposto a passar pela tesoura. Avisou, de cara:

— Não corto.

Se fosse outro preso, não teria conversa. Mas ninguém se arriscaria a tocar em Maninho. Teixeira, o diretor, me telefonou.

— Doutora, o Maninho não quer cortar o cabelo. Diz que sempre teve cabelo comprido, que não admite, que vai fazer e acontecer se obrigarem. Como devo proceder, doutora?

Sabia que não poderia fraquejar nesse primeiro embate.

— Ora, você ainda pergunta? A regra da cadeia não é o preso cortar o cabelo? Qual é a sua dúvida? Você sabe muito bem o que deve fazer; manda ele pro barbeiro e pronto. Ele é preso como qualquer outro.

Um barbeiro meio assustado passou a máquina em um contrafeito Maninho. O primeiro round estava vencido.

Dias depois, o bicheiro tinha de dar um depoimento no Fórum, no Centro da cidade. Era outra oportunidade de medir forças com a direção. Logo Teixeira estava de novo aflito ao telefone:

— Doutora, ele não quer ir na caçapa do camburão. Diz que sente falta de ar, que passa mal. O que eu devo fazer?

Claro que era armação. Mas eu é que não iria pagar para ver. Mandei que um médico examinasse o preso e avaliasse possíveis problemas respiratórios. Veio o laudo, confirmando o que imaginávamos: o interno tinha um pulmão de cantor de ópera e podia perfeitamente ser transportado no camburão. Mas Maninho pouco ligava para a opinião do médico. Não ia, e pronto.

Quando Teixeira ligou de novo, cortei a lenga-lenga:

— Afinal, qual é o problema? Você está com medo do preso? Qual é a regra da cadeia? Algum preso vai ao Fórum sentado ao lado do motorista no camburão? Por que ele teria este privilégio? Diz a ele que vai ao Fórum na caçapa, como qualquer outro preso. Se ele não quiser ir, que se entenda com o juiz, pois nós iremos comunicar que ele se recusou a depor.

E Maninho foi para o Fórum na caçapa do camburão.

Eu recapitulava esses incidentes enquanto o motorista me levava para Água Santa. Com este histórico de escaramuças, é claro que o mais jovem comandante do jogo do bicho carioca não gostava muito da diretora-geral do Departamento do Sistema Penitenciário, o Desipe. Mulher intrometida, essa — ele devia pensar. Essa tal Julita não entendia que as regras eram para os outros — não para ele.

A delação é coisa séria na cadeia. Se descoberta, muitas vezes é punida com a morte do dedo-duro. Em geral, o preso só denuncia outro quando precisa muito de algum favor ou quando teme pela sua vida. O alcaguete de Maninho parecia estar decidido a arriscar a pele para conseguir a transferência para outra unidade. Logo que entrei no gabinete do diretor do Ary Franco, ele foi chamado. Gordinho, olhar esquivo, com uma timidez estudada, falava em voz baixa ao mencionar "seu segredo", como se houvesse microfones na sala. Sabia que sua história era valiosa, e não demorou a contá-la:

— Doutora, o Maninho não gosta da senhora nem um pouco. Ele pensava que ia ter vida fácil na cadeia, mas diz que a senhora tá sempre no caminho dele. Eu ouvi ele combinar com um preso, que todo mundo sabe que é 157, que ele ia ser muito bem pago pra armar um assalto na casa da senhora. E o assalto tinha de acabar com a senhora morta.

Na cadeia, os artigos do Código Penal classificam o passado dos detentos. O número 157 é o do artigo que define o crime de quem se apossa dos bens de outro através da violência. Roubo, enfim.

Pedi mais detalhes, mas ele garantiu que não ouvira mais nada. Para justificar a *caguetagem* do companheiro de cela, disse que aprovava a administração da "doutora".

— A "doutora" não merece isso — comentou.

Mandamos que aguardasse numa sala vizinha à do diretor. A informação valeria uma transferência? O diretor achou que sim. Conhecia o preso, acreditava na história. Resolvemos que a transferência seria feita.

Voltei atormentada para a sede do Desipe, um prédio antiquado na rua Senador Dantas, Centro do Rio. Na minha sala, em meio aos móveis antigos e escuros, tapetes velhos e cortinas desbotadas, um retrato de Leonel Brizola, governador pela segunda vez do Rio de Janeiro, me espiava da parede. E agora, governador? Fazer o quê? Pela primeira vez, realmente acreditei que minha vida estava em risco. Já sofrera muitas ameaças de morte. Telefonemas no meio da noite e cartas anônimas chegavam com alguma regularidade. As ameaças aumentavam o coeficiente de tensão do dia a dia. Mas, no fundo, eu não as levava muito a sério. Cão que ladra não morde, pensava. Sabia que as advertências eram apenas uma tentativa de impedir que eu continuasse a fazer o meu trabalho.

Agora era diferente. Se o preso contava a verdade, eu estava diante de uma ameaça real. Eu já via as manchetes: "Diretora do Desipe morta em assalto." Morava numa casa, em um condomínio, sem grandes recursos de segurança. Minha família também corria perigo. Talvez, depois de três anos de trabalho insano, estivesse na hora de deixar a direção do sistema penitenciário.

Peguei o telefone vermelho, que ligava a minha sala à do vice-governador e secretário de Justiça, o advogado Nilo Batista. Nilo fora o responsável pela minha participação nesse segundo mandato de Leonel Brizola. Ele é que insistira para que eu aceitasse o cargo de diretora. Era o meu grande aliado no governo. Descrevi o encontro no Ary Franco. Nilo achou que a polícia deveria saber dessa história.

Algumas horas depois, chegou ao meu gabinete o delegado Mario. Alto, moreno, Mario era aquele tipo de policial corpulento que chamam de "armário" ou de "4x4". Um armário, sim, mas simpático e bem-falante. Não o conhecia, mas os amigos a quem pedi informações contaram que era respeitado pela bandidagem por não ter "rabo preso". Não levava grana de bandido.

Contei a minha história ao policial, que ouviu com atenção. Quando acabei, ele disse, calmamente:

— Não se preocupe, doutora. Não vai acontecer nada com a senhora, nem com sua família, eu garanto. Vou agora mesmo ao Ary Franco ter uma conversinha com o moço.

Duas horas depois, ele me telefonou.

— Pode dormir tranquila, doutora.

— Como? — indaguei. — Qual foi a mágica? O que você fez? O que me garante que posso dormir tranquila?

— Doutora, eu disse ao Maninho que se alguém tocar num fio de cabelo da senhora, a situação dele, no Ary Franco, vai se complicar. Ele vai acabar criando muito inimigo por lá. E, aí, toda a grana dele não vai servir para nada. Ele entendeu bem meu recado.

Agradeci e desliguei, ainda nervosa. Dormir tranquila? Seguir a vida como se nada tivesse acontecido? Só se eu não tivesse sangue nas veias. O preso delator poderia até ter inventado uma grande mentira para conseguir uma transferência. Mas conseguira quebrar o meu ânimo.

Comecei naquele dia a pensar seriamente em deixar a direção do Desipe. Um posto ao qual eu tinha chegado após anos de envolvimento com presos e prisões. Uma história que tinha se iniciado 40 anos antes, numa cozinha em Copacabana.

2
Sintonia no desvio

Era o ano de 1953. Eu tinha oito anos quando me acostumei a saborear o crime na cozinha do apartamento de meus pais em Copacabana, lá no alto da rua Santa Clara. Enquanto eu lanchava, Conceição, a empregada, ajeitava a tábua de passar roupa ou reunia os ingredientes do bolo. Num silêncio companheiro, ouvíamos a Rádio Nacional. Às 15h, entrava no ar a novela *Presídio de mulheres*, adaptação de uma série cubana de Rodrigues Santos, feita por Mário Lago, o compositor do hino antifeminista *Amélia*.

Antes, o locutor informava que a atração era um oferecimento do talco Ross.

"Que sensação é o talco Ross com a micropulverização. Senhorita, realce os seus encantos dando à sua pele a suave proteção do talco Ross. No frescor e na suavidade de sua cútis está o maior dos seus encantos", ensinava o locutor, com a voz cheia de erres marcados.

Depois, a música eletrizante anunciava o início do folhetim, sempre resumido em uma descrição sombria: "Vidas que o destino arrastou à solidão de um cárcere. Histórias dramáticas e emocionantes dirigidas à sua consciência. Ao seu coração."

Conceição batia o bolo com a mão torta que em algum momento do passado se quebrara e nunca consertara direito. Eu olhava os círculos que a mão fazia com a colher, preocupada de que se quebrasse novamente. Esperava a hora de raspar da tigela os restos da massa crua, que adorava. Enquanto isso, ouvíamos as histórias de infelizes criminosas.

Naquelas tardes de gulodice, experimentava assim o primeiro contato com o universo do crime — o começo de um fascínio que iria durar a vida inteira. O que havia por trás dos atos violentos que moviam as histórias do rádio? Que forças levavam os indivíduos a matar, roubar, quebrar as regras da sociedade (que eu apenas começava a entender) e arriscar a liberdade e a vida?

Num tempo em que não existia televisão e os crimes, violentos ou não, aconteciam em menor escala, quase sempre longe do meu mundo de classe média, as histórias do *Presídio* pareciam fascinantes. Filha de advogado, criada no ambiente convencional da elite de Copacabana, estudava em colégio de freiras. Seria aluna modelo, não fosse pelas notas vermelhas em "comportamento e polidez" no meu boletim. Já mostrava, aí, uma certa rebeldia, que enxergava também nas personagens da radionovela. Aquelas eram mulheres ousadas. Tentavam o desquite. Amavam cunhados. Eram levadas ao crime pela paixão e enfrentavam as consequências dos seus atos.

Eu queria saber mais sobre elas.

Só realizaria o meu desejo mais de 20 anos depois. Eu retornara ao Brasil em 1976, aos 31 anos, depois de uma temporada na Universidade de Columbia, em Nova York, onde completara os créditos para o meu mestrado em sociologia, iniciado no Iuperj. Vinha decidida a concluir o curso com uma dissertação sobre delinquência juvenil — tema que andava na moda nos Estados Unidos e no Brasil.

Era preciso ter acesso à Funabem, a Fundação Nacional de Bem-Estar do Menor, que atendia aos meninos e meninas infratores. Para isso, eu precisava de algum contato que me franqueasse acesso aos chamados "reformatórios" da época. Um tio era amigo do diretor do Desipe e disse que talvez ele pudesse me ajudar. Assim conheci o advogado Augusto Thompson.

Baiano, brilhante criminalista, Thompson se notabilizara por sua oratória inflamada, que atraía muita gente, profissionais e estagiários de direito, aos bancos do Tribunal do Júri. Figura carismática, inteligente e sedutor, ele acabaria por desviar minha atenção dos então chamados "menores infratores" para o tema da prisão de mulheres. Mal sabia eu que o *Cemitério dos vivos*, título da dissertação de mestrado e de meu futuro livro, nascia naquele encontro.

Thompson fazia parte da equipe de Faria Lima, um dos governadores biônicos escolhidos, sem voto, pelo general Ernesto Geisel, durante o regime militar. Mas o fato de trabalhar para um governo autoritário não o impediu de ser um dos diretores mais marcantes da história do Desipe, responsável pela introdução de políticas fundamentais que deram aos presos acesso à visita íntima e a benefícios semelhantes aos do atual regime de prisão semiaberto. Os encontros que tive com ele, assim como a leitura de seus escritos, me ensinaram as primeiras lições sobre o mundo das prisões. Quando o conheci já era famoso o seu livro *A questão penitenciária*, um estudo pioneiro na época. Thompson não acreditava na ideia de que a privação da liberdade servisse para regenerar criminosos. Cadeia era punição pura, nada além disso.

Anos mais tarde, como diretora do sistema penitenciário, essas reflexões me perseguiam e atormentavam. Afinal, o que estava eu fazendo ali, se não havia esperança de recuperação dos presos? Mas tinha aprendido, também com Thompson, que é possível, sim, tornar a prisão um pouco menos cruel e degradante. Fazer dos presídios instituições mais humanas já valia todo o meu trabalho, eu acreditava.

Naquela tarde, Thompson ouviu meu projeto e sugeriu:

— Mas para que você vai estudar delinquência juvenil? Estude as cadeias! O sistema penitenciário precisa de quem o estude. Vá conhecer o Talavera Bruce. Você vai gostar e, quem sabe, se surpreender com seu próprio interesse.

Uma semana depois, num dia de calor sufocante, cruzei os grandes portões de ferro da penitenciária pela primeira vez.

Como uma série de outros estabelecimentos destinados a manter homens e mulheres presos no Rio de Janeiro, o Talavera Bruce fica no bairro carioca de Bangu, região que costuma aparecer nos boletins meteorológicos com as mais altas temperaturas no verão. Os muros com mais de 3 metros suportam torres de vigilância. Paredes e portas em um cinza triste, o chão verde e esmaecido. Sentia dezenas de olhos em mim enquanto procurava o gabinete do diretor. As guardas pareciam desconfiadas — afinal, quem era essa mulher recomendada pelo chefe? As presas tentavam avaliar as minhas roupas, meu jeito de andar e falar. Como toda pessoa que entrava naquele ambiente restrito, teria de ser classificada. "Será que esta veio pra adiantar ou atrasar a vida da gente?", deviam pensar.

Tensa, finalmente escapei do fuzilamento visual ao entrar no gabinete do diretor, Jessé de Souza Marques. Gentil, ele me acompanhou em uma volta pela cadeia. Começava a descobrir ali um mundo à parte, com regras e costumes próprios. Os PMs, caras fechadas, armados nas sentinelas. A presença claramente repressora das guardas, em seus uniformes, olhares atentos à movimentação das presas. Nos pátios e corredores, o burburinho típico de uma cadeia de mulheres — gente falando alto, algumas se xingando, outras reclamando da vida e das colegas. O cheiro de desinfetante barato chegava a arder nas narinas. Nas celas, paredes cobertas por fotos de artistas de novelas (Mario Gomes era um dos preferidos), vidros de perfume, panos de crochê e bibelôs. De alguns cubículos vinha o som de aparelhos de rádio e televisão. As portas de metal, sólidas, tinham uma pequena abertura para comunicação, geralmente coberta com um paninho qualquer para garantir um pouco mais de privacidade.

Eu esperava que as presas estivessem encarceradas, mas aprendi, naquele dia, que no Talavera Bruce elas deixavam os cubículos pela manhã e só voltavam ao fim do dia, depois do jantar. Muitas trabalhavam nas oficinas da cadeia — colavam alças plásticas em sacolas de papel de supermercados, envelopavam figurinhas para álbuns infantis. Nada que representasse um ofício, que pudesse ser exercido em liberdade e possibilitasse uma mudança de vida. Para isso, uns poucos cursos profissionalizantes ensinavam a "fazer cabelo e unha de madame", como as alunas diziam, ou a tecer tapetes.

Naquela visita, não conversei com nenhuma das internas. Mas ouvi muito as suas queixas. Diretor dando sopa na cadeia atrai presos como a luz atrai os insetos, e Jessé a toda hora era interpelado por mulheres que se lamentavam, faziam demandas, pediam ajuda, reclamavam das guardas. Algumas pareciam homens — cabelos curtos, quase sem seios, braços fortes, andavam de mãos nos bolsos, cara fechada. Muitas tinham cicatrizes nos braços cortados a gilete, em ritos de automutilação. Uma das alas era habitada por quatro acusadas de atividades contra o governo militar.

Tudo era fascinante e, ao mesmo tempo, melancólico e um pouco amedrontador. Percebi logo que não teria vida fácil ao lidar com as presas e com as guardas. Mas o desafio valia a pena. Sem dúvida, eu tinha encontrado o meu tema de trabalho: percorrer, através das histórias das presas, os caminhos do desvio. Queria conhecer aquele mundo, entender seus códigos. A atração que sentia ainda criança, ao ouvir no rádio os capítulos da novela *Presídio de mulheres*, estava de volta. Aquelas histórias fantásticas e misteriosas, antes apenas imaginadas, eram parte da vida daquelas presas. Eram reais.

Alguns dias depois, voltei ao gabinete de Augusto Thompson e disse que, como ele previra, eu estava realmente interessada em pesquisar a prisão feminina. Já tinha o orientador da pesquisa, o antropólogo Gilberto Velho, meu professor no antigo Instituto de Filosofia e Ciências Sociais da rua Marquês de Olinda, que frequentara nos piores anos da ditadura militar. Desvios de comportamento já eram um dos temas de estudo de Gilberto e eu sabia que sua competência e dedicação tornariam meu trabalho muito menos penoso.

Thompson achou que ainda era cedo para decidir o tema da dissertação.

— Você deveria também visitar umas cadeias de homens, para ver se gosta mais. O diretor da Lemos Brito é muito meu amigo — ofereceu Thompson.

Agradeci, mas retruquei:

— Obrigada, não preciso visitar mais nada. Gostei muito do Talavera Bruce e quero fazer o trabalho lá.

O que Thompson não sabia é que eu reencontrara as mulheres que povoavam a minha imaginação naquelas tardes na infância.

***

Nos dois anos seguintes, duas vezes por semana, dirigia minha caminhonete até Bangu para passar a tarde em longas conversas com as presas. O Talavera tinha uma população de mais ou menos 170 internas, a maioria condenada a penas curtas por furtos e roubos. O lugar tinha uma atmosfera elétrica, muito diferente da que se encontra nos presídios masculinos, onde as penas são bem mais longas. O ar era carregado de inquietude, irritabilidade. Faltava adaptação às regras do jogo da cadeia e, também, alguma criatividade para desenvolver as estratégias de sobrevivência que tornam a vida mais suportável nas prisões masculinas. Embora não acontecessem os assassinatos comuns entre homens presos, em compensação, a toda hora as fofocas, intrigas e provocações estouravam em pequenas brigas. Acabei por descobrir que os guardas preferem trabalhar em cadeias de homens justamente por isso.

— Cadeia de mulher vira sem a gente saber por quê — diziam os agentes.

— Mulher não leva cadeia a sério. Homem é que sabe tirar cadeia — reconheciam algumas presas.

Graças às bênçãos de Thompson, desde o primeiro dia tive permissão para circular por toda a unidade. Mas, logo na primeira visita, Fernandão, o chefe de segurança, me chamou à sala dele, preocupado:

— A senhora não conhece essas mulheres. Para elas passarem uma gilete no seu rosto não custa. A senhora vai acabar ferida. A senhora quer fazer o seu trabalho, muito bem. Mas eu boto uma guarda pra acompanhar a senhora.

Claro que recusei.

— Evidente que as presas não vão falar com liberdade diante da guarda. Para o trabalho que quero fazer, não faz sentido ficar andando pra cima e pra baixo com uma guarda do lado.

E continuei percorrendo a cadeia toda à vontade. Não foi difícil começar a conversar com as internas. Havia — sempre há, nesses lugares — algumas mais prestimosas e carentes, ansiosas por novidades, que me serviram de guia. Algumas delas tentavam me persuadir a prestar alguns serviços. Queriam que eu telefonasse para parentes, colocasse cartas no correio, trouxesse cigarros, refrigerantes. No começo, comovida com as dificuldades que passavam, concordei. Mas logo tive de abandonar a postura prestativa. "Se continuar assim, não faço mais nada na vida. Vou só ficar atendendo aos pedidos delas. E acabo fazendo alguma coisa ilegal."

Com algum medo da reação, encerrei o serviço de recados.

— Olha, estou aqui para fazer uma pesquisa. Não sou assistente social. Não posso ajudar a todas, então não vou mais atender a esses pedidos.

Elas entenderam. Aliviada, percebi que estavam acostumadas a receber negativas desse tipo e não se magoavam com a recusa. Estavam era estranhando a minha generosidade.

Tempos depois, uma situação tensa na prisão me ajudou a ganhar a confiança das minhas entrevistadas. Estava com um pequeno grupo de presas no pátio. Conversávamos. Então vimos uma agente se aproximando.

— Vai revistar a gente — disse uma das mulheres para outra, que trazia um pequeno pacote na mão.

Imaginei logo que podia ser maconha. Alguma alcaguete — havia um verdadeiro enxame delas no Talavera — devia ter avisado à guarda que era só ir até o pátio para dar o flagrante.

— Vou esconder embaixo do banco — disse a dona do embrulho.

Com muito jeito, ela ocultou o pacotinho. O gesto foi tão rápido que a guarda não viu. Aproximou-se do grupo, olhou bem as presas, procurando indícios de droga nos bolsos e nas mãos. As duas internas me olhavam com o rabo do olho, para ver se eu diria alguma coisa. Ficamos num silêncio tenso. Talvez constrangida pela minha presença, a guarda afastou-se sem questionar as suspeitas.

A história correu logo a cadeia.

— Não tem sujeira. A mulher é beleza — disseram.

A partir desse dia, todas queriam contar seus dramas e aventuras. Quando eu chegava, era imediatamente rodeada por presas que me levavam para conversar no pátio e para conhecer suas amigas. Ouvi histórias fascinantes, muitas melhores do que as das minhas novelas dos anos 50.

Uma dessas vidas-que-dariam-uma-novela era a de Djanir Suzano, conhecida como Lili Carabina. Djanir cometeu o primeiro crime aos

22 anos, quando matou os assassinos de seu marido, um traficante. Dali em diante, fez carreira como assaltante. Juntou-se a um bando que roubava bancos e costumava vestir roupas bem justas e usar uma peruca loura para distrair os seguranças e facilitar a ação dos comparsas. Seus feitos ganharam destaque nos jornais e inspiraram o romance *Lili Carabina*, escrito pelo futuro novelista Aguinaldo Silva e publicado em 1983. Em 1989, a história de Aguinaldo virou um filme dirigido por Lui Farias, com Betty Faria no papel da criminosa.

O livro e o filme retratavam Djanir como uma mulher segura, fria e de sensualidade explosiva. Mas a Djanir que conheci no Talavera, antes que fosse transformada em personagem de romance ou cinema, impressionava mais pela carência. Logo me adotou e passou a me chamar de "madrinha". Mal me via chegando, vinha correndo para o meu lado, me contar suas histórias, pedir remédios ou ajuda com a sua situação legal. Até o fim de seus dias no Talavera, eu continuaria a ser a sua "madrinha". Quando me tornei diretora do Desipe ela me escrevia cartas frequentes, reclamando disto ou daquilo, denunciando o que acontecia na cadeia, pedindo minha interferência para que ela pudesse "morrer em casa".

Condenada por assalto, tráfico, latrocínio e falsidade ideológica, recebera uma pena de 33 anos, que nunca teve intenção de cumprir. Quando a conheci, já tinha um prontuário de seis tentativas de fuga. Na última, em 1988, conseguiu realmente escapar. No entanto, ao tentar evitar uma blitz, levou dois tiros, que deixaram o lado esquerdo de seu corpo paralisado. A mulher corajosa, terror da polícia na juventude, passou seus últimos anos andando de bengala, lendo a Bíblia, dependente das outras presas para tudo. Solta no Natal de 1999, após 11 anos de xadrez, lamentou:

— Todos podem errar. Errei, paguei por isso e sofri muito.

Outra personagem do Talavera com uma história sombria foi a Fera da Penha. Em 1959, quando tinha 22 anos, Neyde Maria Lopes ganhou este apelido por um crime cruel: desprezada pelo amante, Antonio

Couto Araújo, vingou-se matando a filha dele, Tânia Maria, de 4 anos. No dia do crime, Neyde telefonou para a escola dizendo ser a mulher de Antonio Couto e avisou que uma vizinha iria buscar a menina. Neyde vagou com Taninha por cinco horas. Ao fim da caminhada, parou numa farmácia, comprou um litro de álcool e levou a menina para os fundos de um matadouro na Penha, o bairro suburbano do Rio onde morava. Executou Taninha com um tiro e depois queimou o corpo. Presa, a princípio negou o crime — mas, depois de um longo interrogatório, acabou confessando.

O assassinato de Taninha comoveu a cidade. O local onde a garotinha foi morta virou um santuário, aonde pessoas levavam velas e flores. Reportagens clamavam pela pena de morte e chamavam Neyde de "Frankenstein de saias". Mas o apelido que pegou foi mesmo o de Fera da Penha. Condenada a 33 anos, Neyde, no Talavera, era uma interna educada e atenciosa, que chegou a trabalhar como secretária do diretor. A Fera era considerada um doce pelas outras presas.

A maior celebridade encarcerada era Lou. Era assim que o Rio de Janeiro inteiro conhecia Maria de Lourdes Leite de Oliveira, a acusada dos "crimes da Barra da Tijuca". Lou era uma bonita estudante de engenharia cartográfica da Universidade do Estado da Guanabara, filha mais nova de um militar. Tinha 24 anos em 1974, quando dois de seus ex-namorados — o técnico de televisão Vantuil de Matos Lima e o taxista Almir da Silva Rodrigues — foram mortos a tiros, com um intervalo de nove noites, no mesmo trecho da então deserta praia da Barra da Tijuca.

Almir sobreviveu por alguns dias aos ferimentos e acusou Lou antes de morrer, no hospital. Nos dois casos, a polícia apurou que Lou havia ligado para os rapazes e proposto um encontro. O inquérito do delegado concluiu que o autor dos crimes era o noivo de Lou, o engenheiro cartográfico Vanderlei Gonçalves Quintão, e que ele agira com a colaboração da moça. O motivo? Ciúme, como escreveu o escritor Carlos Heitor Cony, no seu romance-reportagem *O caso Lou — Assim é se lhe parece*, de 1975:

"Não podendo recuperar a virgindade da moça, a solução seria eliminar da face da terra todos aqueles que navegaram nas águas de Lou. (...) Limpa a barra, Lou não readquiriria a virgindade, mas ficaria como uma espécie de viúva (...) — e Vanderlei poderia casar-se com a universitária."

Todo o pano de fundo erótico do caso contribuiu para tornar Lou uma celebridade naqueles ainda caretas anos 70. O próprio livro de Cony enfatiza bastante a sensualidade da moça, tanto pela foto da capa — uma jovem morena, com um dedinho na boca, entre o inocente e o provocante — quanto pelas menções à habilidade de Lou no sexo oral. Em 1982, a história de Lou inspirou o filme *Beijo na boca*, dirigido por Paulo Sérgio Almeida, com Cláudia Ohana e Mário Gomes nos papéis principais.

Na cadeia, Lou fazia parte do grupo das "bacanas", as poucas mulheres de classe média, invejadas pelos recursos financeiros.

— Bacana não pega serviço pesado — diziam as presas.

— Guarda não se mete a besta com bacana — completavam.

Lou fazia questão de não partilhar da boia coletiva.

— Eu não como essa comida da cadeia. Só como a da cantina.

As "bacanas" eram apenas uma das categorias em que se dividiam as presas, como eu iria descobrir. Havia as "cadeeiras", mulheres condenadas a penas longas, respeitadas pela força de caráter e pelo comportamento digno e calmo. As "malucas", presas com distúrbios psíquicos, que por falta de instituições adequadas de tratamento ficavam ali, entre as que supostamente tinham o juízo perfeito. Volta e meia aprontavam confusão, e sua fama de encrenqueiras era aproveitada à vontade pelas detentas.

— Quando a gente quer pedir alguma coisa para a guarda, manda uma delas. A guarda dá logo, pra não ter problema.

Personagens fundamentais eram as "madrinhas", presas respeitadas no coletivo, que tinham papel de protetoras e conselheiras. Djanir, a Lili Carabina, me escolheu como sua madrinha, mas em geral este papel era de outras internas — ou até de uma guarda, que escolhia uma das presidiárias como protegida. Havia ainda as "coberturas", como eram chamadas as internas que ficavam atentas para ver se algum agente se aproximava, enquanto duas colegas namoravam. Jessé, o diretor, fazia o que podia para reprimir as transas entre as detentas. Dizia que os namoros provocavam brigas entre as mulheres. Por isso, movia uma verdadeira perseguição às amantes. Ele mesmo se esgueirava, pé ante pé, para surpreendê-las nos "cafofos" — atrás das portas, em banheiros, debaixo das escadas. Nas cadeias de homens, onde o homossexualismo é comum e volta e meia alguém morre por ciúmes e disputas, nunca vi repressão igual. Quem era apanhada podia contar com uma temporada na surda — a cela de castigo. Lugar escuro, cheio de ratos, onde o isolamento só era interrompido pela chegada das refeições, a surda era o terror das presas.

Apesar de todos os riscos, identifiquei na época mais de oitenta presas que "tratavam de pederastia", como diziam. Outras 20 tinham relações estáveis e lésbicas. Os casais geralmente eram formados por gurias, mais submissas, e fanchonas, as dominantes, que assumiam um comportamento mais masculino.

Algumas fanchonas eram protetoras de suas gurias e preocupavam-se em suprir suas necessidades. Outras eram verdadeiros malandros, como me contou uma, sem traço de constrangimento:

— A guria tem que fazer tudo o que a mulher faz pro marido. Lavar roupa, cozinhar, dar dinheiro na mão quando eu preciso. Se eu quiser passar henê no cabelo e fazer as unhas é ela quem tem que fazer. Se tem uma festa, tem que me comprar uma roupa nova. Se tem peixe na casa, a guria que eu *tou* já sabe que tem que se virar com outra coisa, porque eu não como peixe.

As gurias que não arranjavam fanchonas e se envolviam com outras gurias ganhavam outro nome — meeiras.

* * *

A repressão ao lesbianismo era mais uma faceta do moralismo que ainda domina a cadeia. A mulher transgressora parece ser mais culpada que o homem. Espera-se mais conformismo, mais respeito às regras e preocupação com os deveres das mulheres. Enquanto os homens costumam receber visitas das esposas e dos filhos, a mulher presa geralmente é abandonada pelos familiares. O sofrimento das esquecidas é brutal.

— Estou aqui há cinco anos. Quando me prenderam, meu marido disse aos meus filhos que morri — me contou uma.

Além da solidão, o que as tortura é a incerteza. Será que os filhos têm o que comer? Será que são maltratados por alguém?

Uma vez, um funcionário do Talavera Bruce me disse:

— Pra mim, mulher delinquente pela segunda vez tem de mandar esterilizar. Não pode ser mãe, não tem condição de educar uma criança.

Então perguntei:

— E o homem que for reincidente? Tem de ser castrado?

— Claro que não. Com o homem é diferente.

Dois anos depois dessa conversa, li na revista *Versus* um texto assinado por três presas políticas do Talavera Bruce — Rosalice Fernandes, Norma Sá Pereira e Jessie Jane — que resumia muito bem a imagem que as presas têm delas mesmas:

> "Não há mulher tão oprimida como a mulher marginal. Não há ser humano tão ferido em sua dignidade, tão carente de amor-próprio quanto a mulher marginal... O malandro não se sente culpado, o malandro nunca está arrependido... O malando se autolegitima, o malandro tem orgulho e amor-próprio. Mas a mulher do malandro, não. A mulher marginal quando diz "Eu não presto", diz com sinceridade. Não que ela tenha uma visão diferente dos seus companheiros... Para ela também o mundo se divide em otários e malandros. Só que ela não é nem uma coisa nem outra. Ela é alguém que se perdeu, portanto, uma mulher que não presta.

Para o homem, ser malandro pode ser uma arte. Para a mulher, ser marginal nunca será uma arte. Será sempre uma desonra. O próprio malandro vai recriminá-la por estar presa, largando os filhos à própria sorte."

Não era comum encontrar análises tão sofisticadas entre as presas do Talavera. Mas Jessie, Rosalice e Norma não eram presas comuns. Longe disso.

3
A subversiva

Jessie Jane tinha 19 anos quando escondeu três armas numa cinta, disfarçou o volume com um vestidão de grávida e embarcou às 8h30 da manhã de 1º de julho de 1970 no *Caravelle* PP-PDX da Cruzeiro do Sul, no aeroporto do Galeão. Era um voo Rio-Buenos Aires. Mas Jessie, seu namorado — Colombo Vieira de Souza Junior — e os dois amigos — os irmãos Fernando e Eraldo Palha Freire — que os acompanhavam não tinham planos de desembarcar na capital argentina. Seu objetivo era Cuba, onde pretendiam se juntar a um grupo da Aliança Libertadora Revolucionária (ALN), uma das principais organizações da esquerda armada no Brasil.

Mineira, filha de um casal de militantes comunistas, Jessie cresceu numa casa onde "ponto" não significava costura, e sim encontro de militantes clandestinos; "aparelho" não designava eletrodoméstico, mas o esconderijo de revolucionários; e "queda" não queria dizer tombo, e sim a prisão de companheiros de militância.

Quando decidiram organizar o sequestro do avião, Jessie e seus companheiros viviam uma situação desesperadora. Durante o governo

Médici, com a carta branca dada pelo AI-5, os capitães do mato do regime militar voltaram-se com ferocidade contra os militantes da esquerda armada. Os pais de Jessie estavam presos, assim como a irmã de Colombo. Carlos Marighela, o líder da ALN, fora morto em um cerco em São Paulo; seus outros contatos no grupo estavam presos ou desaparecidos.

Jessie e Colombo não tinham dinheiro nem perspectivas. Escondidos com parentes de Colombo no Rio de Janeiro, sonhavam em ir para Cuba. Um grupo de militantes da ALN fazia treinamento na terra de Fidel, com planos de voltar para realizar a revolução no Brasil. Precisavam chegar lá, custasse o que custasse.

— A revolução é para amanhã, não é para depois de amanhã — dizia Jessie.

Mas o *Caravelle* onde embarcaram Jessie, Colombo, Fernando e Eraldo não pousaria em Cuba. Depois de dominar o avião, o grupo ordenou que o comandante Harro Cyranka voltasse ao Galeão para abastecer. O plano era exigir a troca dos 34 passageiros e sete tripulantes por 40 presos políticos. No melhor relato da história, o livro *Mulheres que foram à luta armada*, o jornalista Luiz Maklouf Carvalho conta que o piloto avisou:

— Vão cair direto na boca do lobo.

E caíram. Ao aterrissar, encontraram o Galeão tomado por tropas da Aeronáutica em posição de combate.

— E agora? — perguntou Eraldo.

— Bom, coragem de matar essa gente nós não vamos ter, né? Nós fizemos todos os cálculos, só não pensamos no que fazer com essa gente aqui dentro — disse Jessie.

Houve um arremedo de negociação. Horas se passaram, enquanto todos suavam, tanto pelo calor insuportável quanto pela tensão da expectativa. As aeromoças serviram o lanche de melão com presunto e torta. O humorista Renato Corte Real, que viajava na aeronave, improvisou um show de piadas. Por fim, às 15h, doze carros de bombeiros cobriram o avião com espuma. Em meio à confusão, um oficial cortou a porta com maçarico e os militares entraram, jogando bombas de gás lacrimogêneo.

O sonho de viajar a Cuba tinha sido abortado. Eraldo estava caído no chão, morto com um tiro no peito. Para os outros, uma nova jornada começava, que passaria pelos infernais porões da ditadura e terminaria nas celas do Instituto Penal Cândido Mendes, na Ilha Grande, e no Talavera Bruce.

Durante os dois anos em que frequentei o Talavera, minhas visitas quase sempre incluíam uma parada no pavilhão das "subversivas". Isolado nos fundos da penitenciária, pintado com as cores da cadeia — cinza triste e verde esmaecido —, o pavilhão abrigava 20 celas. Na época, apenas quatro presas políticas ainda permaneciam ali. Jessie Jane e Norma Sá Pereira ficavam numa ponta do pavilhão. Na outra, viviam Inês Etienne Romeu e Maria Cristina de Oliveira Ferreira. Entre as duas, as celas vazias. Jessie, da ALN, e Norma, do MR-8, não falavam com Inês, da VPR, e Cristina, também do MR-8. Para mim, era incompreensível que aquelas quatro mulheres, mantidas sozinhas num pavilhão, privadas da liberdade por tantos anos, longe da família e dos amigos, não se unissem. Mas, mesmo na cadeia, a esquerda mantinha suas divergências, que iam além das cultivadas pelas suas organizações.

Jessie me recebia com amabilidade. Tinha prazer nas nossas conversas, que quebravam um pouco a rotina no presídio. Já era, naquele ano de 1976, uma veterana do Talavera, aonde chegara em outubro de 1970, depois de três meses de torturas no Centro de Informações da Aeronáutica (Cisa) e no DOI-Codi. Estava escuro quando cruzou pela primeira vez as muralhas de Bangu. Alcino, o chefe da segurança, abriu a caçapa do camburão, lançou um olhar para a alquebrada garota loura de 20 anos e comentou:

— Essa aí é que é a mulher perigosa?

Recomendou à guarda:

— Leva pra surda.

A temida cela de castigo ficava no bloco principal. Para chegar a ela, era preciso passar por uma longa galeria. Ao entrar, Jessie se impressionou com o barulho que as presas faziam. Ainda faltavam horas para dormir e as presas gritavam, falando com as outras em cubículos distantes. À medida que Jessie passava, as mulheres se calavam, até que a ala ficou em completo silêncio. A guarda abriu a porta da cela e mandou que a presa entrasse e tirasse a roupa. Era um cubículo escuro, sem janelas ou lâmpada. A porta de ferro sólido tinha uma abertura com grade na parte inferior para a passagem do prato de comida. Uma cama de alvenaria coberta com uma tábua e o boi — o sanitário de chão usado nas prisões — completavam o ambiente.

Quando a guarda saiu, uma voz gritou para as demais:

— Vocês fiquem caladas! Quietas!

Jessie logo descobriu que a voz era de uma presa chamada Denilce. Era acusada de ter assassinado um mendigo. Denilce continuou:

— Você é subversiva, não é? Aqui não é seu lugar, não. Você fica quietinha aí.

A presa sabia que Jessie seria levada em breve para o pavilhão das condenadas políticas. Mas antes, era preciso enfrentar aquela noite. E ela deu as coordenadas:

— No canto tem uma tarimba. Você fica em cima dela. Não põe o pé no chão. Quando eles trouxerem a comida, você não pegue, porque os ratos vão pegar. Não sai daí, porque senão eles vão te morder. Quando for madrugada, nós vamos gritar para as suas colegas de lá ouvirem que você chegou.

Tudo aconteceu como Denilce anunciara. Jessie passou a noite em claro, ouvindo os pequenos ruídos dos ratos em banquete. No silêncio das primeiras horas da manhã, as presas avisaram às demais "subversivas" que outra companheira chegara.

* * *

Jessie foi a presa política brasileira que amargou o maior tempo atrás das grades: condenada a 12 anos de cadeia, cumpriu nove ao todo. Viu as mudanças do governo militar de dentro da cela: a linha dura de Médici, a progressiva distensão de Geisel, a abertura de Figueiredo.

Transferida para o Talavera em outubro de 1970, ficou até março do ano seguinte em isolamento completo, como descreveu numa carta para o namorado Colombo, preso na Ilha Grande, em 24 de novembro de 1970.

"Tô com tanta saudade que nem sei. Fico só imaginando ter que ficar tantos anos sem te ver. Vai ser duro, meu bem. (...) Faz apenas cinco meses que a gente está longe, já calculou como será daqui a uns 10 anos mais ou menos? (...) Olha, as horas não passam. (...) Vai ver que o tempo é reacionário também. (...) Sei que não estou sozinha, todos os companheiros estão comigo, conosco. Mesmo tendo certeza disto não consigo conter as lágrimas, chorar é uma forma de desabafar. (...) Isolamento é um troço que marca muito profundamente. Tenho medo de que a revolta seja a melhor companheira."

O isolamento foi aliviado, mais tarde, pela convivência com outras presas políticas. No seu aniversário, em 21 de abril de 1973, Jessie escreveu a Colombo que as seis companheiras haviam organizado uma festinha, com direito a balões, almoço especial e vários presentes, incluindo uma família de bonecos que reunia miniaturas de Jessie e Colombo de feltro e dez bonequinhos de plástico, "como filhinhos".

Constituir uma família com o namorado era um dos sonhos que a ajudavam a sobreviver. Manter viva a afeição era um ato de resistência para o casal. Acreditar na possibilidade de vida em liberdade tornava suportável a vida na prisão. *"Sábado faremos cinco anos de amor, dá uma tristeza danada quando penso que nem um ano foi completado lá fora, mas há um sentimento de vitória nisso tudo, é só ver como ainda podemos garantir que nos amamos muito e queremos continuar juntos*", escreveu Colombo, em 2 de julho de 1974.

A história de amor dos dois encontrou a ajuda de Thompson e do juiz titular da primeira Auditoria da Aeronáutica. Ao assumir o cargo de diretor do sistema penitenciário, Thompson foi visitar o Talavera Bruce e ouviu de Jessie o pedido de que fossem autorizados encontros entre ela e Colombo. O benefício era inédito no sistema penitenciário.

— Se o juiz auditor liberar, tudo bem — aceitou.

A autorização saiu e em fins de 1975 Jessie e Colombo passaram a ter visitas íntimas no Talavera, facilitadas depois que os presos políticos foram transferidos da Ilha Grande para o complexo da Frei Caneca, no Centro do Rio de Janeiro. Em 1976, Jessie começou a sentir náuseas.

— Você está grávida — sentenciou Jessé, o diretor do Talavera.

— Está maluco, Dr. Jessé? Eu não posso engravidar.

Jessie fora diagnosticada como portadora de "ovários policísticos", o que supostamente impediria uma gravidez. Supostamente, pois logo ela comprovaria que esperava mesmo a sua filha Leta.

O atendimento do Desipe às futuras mães era precário — e mais ainda no caso de uma indesejada presa política, inimiga do Estado. Jessie não fez o pré-natal — uma amiga, química da Santa Casa, foi ao presídio e lhe fez alguns exames. Foi tudo. Na época do parto, os hospitais militares recusaram-se a recebê-la. Amigos e parentes se cotizaram para pagar o atendimento particular do Dr. Jeferson Carneiro Leão, na Casa de Saúde São Sebastião.

Jessie chegou ao hospital em 22 de setembro de 1976 — uma noite escolhida pelas forças de ultradireita para mostrar os dentes. Enquanto ela dava à luz Leta, a Rádio Jornal do Brasil recebia um telefonema, às 0h30 da manhã, de uma pessoa que mandara o plantonista sonolento tomar depressinha nota de um comunicado:

"O bispo dom Hipólito Mandarino acaba de ser sequestrado, castigado e abandonado num subúrbio da Zona Norte. O carro dele foi mandado como aviso para a Conferência Nacional dos Bispos do Brasil. O jornalista Roberto Marinho também acabou de receber advertência. Tudo da Aliança Anticomunista Brasileira."

Bispo da Diocese de Nova Iguaçu, na Baixada Fluminense, dom Hipólito era uma das lideranças do segmento da Igreja Católica que resistia à ditadura. Por conta de suas denúncias sobre violações de direitos dos presos políticos e de grupos de extermínio que atuavam na Baixada, foi sequestrado, espancado e abandonado, nu, amarrado e pintado de vermelho, numa estrada pouco movimentada do bairro de Jacarepaguá. Na mesma noite, em outros pontos da cidade, pipocaram ações violentas: um carro explodiu em frente à sede da Conferência Nacional dos Bispos do Brasil (CNBB), na Glória, fronteira da Zona Sul com o Centro carioca, e uma bomba foi jogada na residência do dono do jornal *O Globo*, Roberto Marinho, no Cosme Velho. Um copeiro foi ferido.

Jessie não escapou do furor anticomunista. A notícia de que uma "subversiva" estava no hospital se espalhara. Um grupo de manifestantes invadiu o hospital e depredou o consultório do obstetra. O Dr. Carneiro Leão passou a noite na enfermaria, garantindo a segurança de Jessie. Do lado de fora, policiais gritavam: "Assim que esse médico filho da puta sair daqui nós vamos matar você."

No dia seguinte, a nova mãe já estava de volta ao Talavera Bruce. Jessie pôde cuidar da filha por seis meses antes que ela fosse entregue a familiares.

Os culpados pelo sequestro e os demais ataques daquela noite nunca foram identificados. Dias depois, o delegado da 9ª DP, Jack de Brito, dizia aos jornais que "tudo demonstra que se trata de uma campanha comunista com o objetivo de colocar a opinião pública, através de uma camuflagem, contra os órgãos governamentais".

***

A incorporação dos presos políticos ao sistema penitenciário angustiava os funcionários que não se identificavam com o regime militar. A assistente social gaúcha Tânia Dahmer não esquece o seu primeiro encontro com Jessie. Desde 1970, Tânia trabalhava na Clínica Médico-Cirúrgica da Divisão de Saúde da Superintendência do Sistema Penal. Não era a primeira vez que ela via um preso político chegar, em camburões guardados por vários PMs, andando estropiados pelos corredores, num contraste trágico entre o aparato de segurança mobilizado e a fragilidade do detido. Mas Jessie foi a que lhe deixou impressão mais duradoura. Num de seus primeiros encontros, ela abriu a blusa e mostrou os terríveis hematomas que a tortura havia deixado nos seus seios:

— De que lado a senhora está? Do nosso lado ou do lado do Estado que nos tortura?

Tânia, que na época era meio verde na política, não conseguiu mais tirar aquela frase da cabeça.

"De que lado eu estou? De que lado eu estou?"

O episódio a impressionou tanto que sua tese de doutorado sobre inspetores de segurança e seu ofício, defendida em 2006, abre com esta história.

Eu tivera mais contato com o mundo da política. Não por influência familiar — na casa dos meus pais essas questões não eram um tema frequente de conversa. Comecei a me interessar pela política quando passei a frequentar o Instituto de Filosofia e Ciências Sociais, que concentrava um grande número de estudantes que militavam na resistência ao regime instituído em 1964. Estudei no IFCS durante os piores anos da ditadura militar — entre 1969 e 1972. Volta e meia um colega desaparecia e as dúvidas nos assaltavam — teria sido morto, estava preso, onde? Nas salas de aula identificávamos facilmente os olheiros da ditadura a acompanhar cada fala dos alunos, cada gesto. Os professores recebiam listas dos livros proibidos e faziam malabarismos para contornar as interdições. Cursávamos anos de sociologia sem ter contato, oficial ou formal, com as obras de inúmeros autores — inclusive, é óbvio, Karl Marx.

Um professor de filosofia chegou a organizar um curso noturno clandestino, em uma escola particular da Zona Sul do Rio de Janeiro, no qual tivemos acesso à produção de alguns dos instigantes pensadores da esquerda, como Marta Harnecker e Nicos Poulantzas. Líamos edições em espanhol, vendidas numa livraria discreta, localizada num sobrado do Centro do Rio. Nessas aulas, a tensão era constante. Os alunos se revezavam para que houvesse sempre alguém na porta, de plantão, no caso de a polícia aparecer.

Sim, claro, eu me identificava com as teses da esquerda. Mas esse curso, além da ida a algumas passeatas, tinha sido o máximo da minha participação na resistência ao regime militar. A cada vez que visitava Jessie e as demais presas políticas, me sentia culpada por não ter me engajado de forma mais ativa na luta contra a ditadura.

Em 1979, apresentei minha dissertação de mestrado, *Cemitério de vivos — Análise sociológica de uma prisão de mulheres,* publicada em livro em 1983. No mesmo ano, em 28 de agosto, o general João Baptista Figueiredo regulamentou a Lei da Anistia, aprovada pelo Congresso por uma diferença de apenas cinco votos — 206 contra 201. Na época, segundo o Superior Tribunal Militar, havia 52 presos políticos no país. Jessie e Colombo estavam entre eles. Finalmente, puderam deixar as grades para trás, com a revisão da Lei de Segurança Nacional.

Em 1983, Jessie voltou ao Talavera Bruce, acompanhada de um grupo de mulheres de esquerda, que ia fazer uma visita ao presídio. O exilado Leonel Brizola acabara de ser eleito governador do Estado do Rio de Janeiro. Eram outros tempos. A ex-presa política foi recebida com cortesia pela diretora. Os guardas eram os mesmos de sua época. Muitas presas também. Algumas reconheceram Jessie e chamavam seu nome, agitadas. O grupo de visitantes tentou abrir a surda onde a ex-presa política passara a sua primeira noite na cadeia. Jessie teve uma crise nervosa. Deixou o lugar aos prantos.

Dias depois, ela foi fazer outra visita a um departamento do Sistema Penitenciário. Desta vez, foi recebida numa sala anexa ao gabinete do diretor. Era onde eu trabalhava. Eu já não era apenas uma pesquisadora que procurava entender o Talavera Bruce. Fazia parte do Desipe e do grupo que guardava as chaves das cadeias

4
O furacão gaúcho

Em 1982, a campanha de Leonel Brizola para o governo do Rio de Janeiro empolgou muita gente boa. Um dos maiores inimigos do regime militar, Brizola fora beneficiado pela Lei da Anistia e retornara de 15 anos de exílio em setembro de 1979, já trazendo na mala o projeto de um novo partido trabalhista, o PDT. Naquele ano de 1982, ainda em pleno governo do general Figueiredo, o engenheiro gaúcho se lançou candidato a governador do Rio de Janeiro. No palanque, Brizola era o símbolo mais incômodo da derrota dos setores linha-dura do regime, o "Nero do Rio de Janeiro" nas palavras do ministro da Aeronáutica, Délio Jardim de Mattos.

A campanha conseguiu reunir um grupo animado de voluntários, embora as perspectivas do polêmico gaúcho não fossem muito animadoras. No início da maratona, as pesquisas indicavam que os finalistas da corrida seriam Moreira Franco, o candidato do PDS, o partido diretamente ligado ao governo militar, e Miro Teixeira, do PMDB. As duas organizações eram estruturas partidárias poderosas — o que valia muito, considerando que a nova legislação, que permitira as eleições, trouxera de contrabando uma novidade: o voto vinculado. A invenção esdrúxula determinava que o eleitor só podia votar em um partido, de governador a vereador, passando por senador, prefeito, deputado federal e deputado estadual. Quem misturasse as siglas tinha o voto anulado.

Os militantes se dividiram em grupos de trabalho para atuar nas várias frentes da campanha. O advogado criminalista Nilo Batista me convidou a integrar o grupo que discutia as propostas para o sistema penitenciário, que coordenava com o também advogado Vivaldo Barbosa. Vivaldo conhecera Brizola durante o exílio do político nos EUA, quando fazia doutorado, na área do direito. Nilo já conhecia meu trabalho sobre o Talavera Bruce, pelo qual eu recebera o título de mestre em sociologia pelo Iuperj.

Avelino Gomes Moreira, um promotor de temperamento calmo, também fazia parte do grupo reunido por Vivaldo e Nilo. Ex-diretor das cadeias Vieira Ferreira Neto e Lemos Brito, coordenava a equipe que iria montar o programa para o sistema penitenciário. Costumava explicar sua opção de deixar temporariamente os tribunais pelos presídios como uma etapa da sua formação profissional. Queria conhecer o sistema penitenciário. Se ia pedir a condenação de pessoas, tinha de saber como era o lugar para onde elas iriam quando condenadas.

A experiência só o deixou mais cético — tanto que, anos mais tarde, faria a conta de que, como promotor, tinha pedido mais absolvições que condenações. Por isso, juntara-se à campanha. Não era um dos muitos apaixonados por Brizola. Mas era amigo de Vivaldo e de Augusto Thompson, o ex-diretor do Desipe, que coordenava um outro grupo, mobilizado para criar o programa de segurança pública. A expectativa de todos era de que Thompson se tornasse o secretário da área. Avelino acreditava que, com uma equipe dessa qualidade, seria possível desenvolver projetos que realmente melhorassem as prisões. Além disso, embora todos os candidatos se apresentassem como de oposição ao governo de Chagas Freitas — de Sandra Cavalcante, do PTB, até Lysâneas Maciel, do PT —, parecia-lhe que Brizola era o que melhor representava a rejeição contra o governo militar.

Conheci Avelino nas reuniões que fazíamos no escritório alugado pelo PDT, no Centro do Rio de Janeiro. O trabalho na campanha era intenso. Um das minhas tarefas era ler os jornais, à procura de matérias que atacassem Brizola. A cobertura diária da imprensa era carregada de ataques ao pedetista. O PDT decidiu exigir na Justiça o direito de resposta — ou seja, o direito de publicar a sua versão dos fatos — a cada ataque a seu líder. Assim, eu era uma das que esquadrinhavam as páginas em busca de matérias venenosas. Recortávamos os textos e com uma régua calculávamos o tamanho da matéria em centímetros quadrados, para que os advogados do PDT pudessem pleitear o mesmo espaço.

Além de participar de longas discussões para elaborar uma proposta para o sistema penitenciário, também me envolvi com a panfletagem de uma carta, escrita por Thompson e assinada por Brizola. Nos fins de semana, bem cedinho, eu pegava as caixas de papelão cheias de cartas e ia, na minha caminhonete, distribuir na porta das cadeias para as famílias que faziam fila para visitar seus presos. Era uma peça exemplar de marketing eleitoral: comovente, com um foco muito claro e fiel à realidade que discutia. Imagino bem o que era, para mulheres e mães de presos, receber um panfleto que não falava de promessas vagas, mas dos problemas reais que elas enfrentavam:

> Minha gente:
> Sei o sacrifício que vocês estão passando.
> Saem lá de longe, com mil dificuldades, até conseguir chegar à prisão. Enfrentam fila. Ouvem conversas que não interessam. Ficam no sol ou na chuva. As mãos chegam a doer de segurar sacas e embrulhos.
> Aí vem a confusão da entrada. A humilhação das revistas. Os guardas não sabem direito com quem estão tratando e acabam desconfiando de todo mundo. Às vezes, ficam zangados, gritam.
> Depois, a longa espera pela chegada do interno.
> Se ele vier de boa cara, a visita até esquece tudo o que passou.

Mas se ele está perturbado, nervoso, assustado, aí é que é dureza. Dá uma dor no coração.

Será que está com medo das ameaças dos maus companheiros? Será que está apavorado com as provocações de certos funcionários recalcados? Ou está saturado de ficar o dia inteiro no pátio, escutando assuntos que não levam a nada?

É difícil ele desabafar. Sabe como é, o preso quando fala está arriscado a arranjar complicação.

Ainda não conseguiu uma faxina que renda alguma coisa. A miséria do pecúlio nunca aparece. Não tem dinheiro nem para comprar uma bobagem na cantina.

E a visita não pode fazer nada. O pessoal do Desipe não tem tempo para dar audiência às famílias dos internos.

E quando, sem ninguém saber o motivo, atravessam o preso para a Ilha? Aí é o inferno, é o fim de tudo.

Pois bem, eu, o Brizola, quero dizer para vocês o seguinte:

PRESO, PARA MIM, É GENTE. E FAMÍLIA DE PRESO, PARA MIM, É COISA SAGRADA.

Eu vim lá de baixo. Padeci muito. Vocês conhecem meu passado.

Por isso, sei perfeitamente como é que vocês se sentem.

E não posso deixar que a situação continue como está.

Vou dar assistência jurídica para todos os internos. Não tem cabimento a pessoa continuar na cadeia com a pena terminada.

Vou ampliar as prisões-albergue, pois muita gente não tem necessidade de ficar trancada em estabelecimento fechado.

Vou montar oficinas onde todos os que trabalham serão pagos decentemente. Vou acabar com a Fundação Santa Cabrini, que só serve para atrapalhar.

Vou incentivar os estudos e os cursos, dentro e fora das penitenciárias. Melhorar a assistência médica e dentária do preso.

Vou escolher cuidadosamente os diretores dos estabelecimentos. Eles têm que ser pessoas justas, que estejam presentes nas casas e que saibam ouvir o que os internos têm para dizer. E precisam ter capacidade para colocar nos postos de comando os guardas honestos e corretos. Vocês sabem, tanto quanto eu, que há muita gente boa entre os funcionários, que só não aparece por falta de oportunidade. Comigo, os bons terão vez. O que conta, para mim, é o valor das pessoas.

Não quero pedir a vocês nada mais do que um pouco de paciência. As eleições vêm aí.
AS COISAS VÃO MUDAR.

                                        Brizola

VOTE PDT
BRIZOLA GOVERNADOR 2
SATURNINO SENADOR   20

Até então, nenhum candidato tinha se dirigido diretamente aos familiares de presos ou aos próprios presos. Ninguém tinha prometido, como parte de sua política de governo, melhorias de tal ordem no sistema penitenciário e o atendimento de algumas das reivindicações mais antigas dos presos. Nenhum político tinha dito ainda que preso era gente. Nenhum preso nessa época votava. Só recentemente, em março de 2010, o Tribunal Superior Eleitoral garantiu o voto ao preso provisório, como manda a Constituição. Mesmo assim, suspeito de que, naquelas eleições, entre os familiares dos internos, Brizola ganhou de goleada.

Mas não foi só no entorno das prisões que Brizola ganhou. Apesar da falta de recursos do partido, apesar de uma forte campanha contrária de parte da mídia, Brizola venceu. Foi uma vitória que empolgou boa parte da esquerda do Rio de Janeiro, pois veio temperada pela derrota de um esquema desenhado para fraudar a votação — um episódio que ficaria conhecido como escândalo da Proconsult.

Bem antes das eleições de 15 de novembro, o PDT suspeitava de que poderia haver fraudes contra o seu candidato. Em 15 de outubro, as pesquisas já registravam nítida vantagem para Brizola. No dia 20 de outubro, um artigo do jornalista Elio Gaspari, publicado no *Jornal do Brasil*, anunciava que agentes do Serviço Nacional de Informações, o SNI, participavam da campanha fluminense, em favor do candidato do PDS. O próprio Brizola recebeu informações de que um esquema para beneficiar Moreira Franco estava em curso. Às vésperas da eleição, César Maia, na época um professor universitário, foi convocado para organizar às pressas uma ideia sua que fora descartada anteriormente, por ser considerada cara demais: a montagem de um sistema de apuração paralela de votos.

Vencedora de uma concorrência do Tribunal Regional Eleitoral para apurar os votos da eleição no Rio de Janeiro, a Proconsult tinha entre seus sócios os tenentes-coronéis da reserva Haroldo Lobão Barroso e Manoel de Carvalho. A apuração realizada pela firma seguiu em ritmo de tartaruga — quatro dias depois da eleição, só 1,4% dos votos tinham sido contabilizados. Curiosamente, os votos do interior, onde o candidato pedessista era mais popular, eram computados bem antes dos da região metropolitana. Mas o mais grave seria descoberto pelos técnicos contratados pelo PDT: os computadores tinham um erro de programação que fazia com que os votos brancos e nulos para deputado também fossem computados como nulos para governador. Só que isso acontecia apenas nos votos do PDT. O erro seria admitido pelos próprios donos da empresa.

A vitória de Brizola em 1982 foi garantida, em grande parte, pela apuração independente realizada pela Rádio Jornal do Brasil. O editor-chefe Procópio Mineiro coordenou uma equipe de dezenas de repórteres e estagiários, que copiava os resultados das zonas eleitorais e os passava por telefone para a redação. Só os votos para governador e senador eram computados. Consequência: os resultados saíam muito mais rápido do que os do TRE, e contestavam os da Proconsult. O *Jornal do Brasil* publicava as projeções e passou a questionar a apuração do TRE, inclusive denunciando que a Proconsult tentara desqualificar o seu levantamento independente de dados. Com o aprofundamento das denúncias, o TRE anunciou que investigaria a Proconsult.

Só no dia 13 de dezembro, quase um mês depois da votação, o boletim do TRE oficializaria o resultado: Brizola vencera com 1.709.264 votos, 178.536 a mais do que Moreira. A esta altura, o candidato do PDS já reconhecera a derrota e Brizola começara a montagem da sua equipe de governo. Nós, que tínhamos participado do grupo de discussão sobre as prioridades do sistema penitenciário, vibramos: as promessas da carta aos familiares de presos iam sair do papel.

Entre os militares linha-dura, a reação poderia ser resumida na declaração do general Euclydes Figueiredo, irmão do presidente e comandante militar da Amazônia:

— Brizola é um sapo que a gente engole, digere e, na hora certa, expele.

5
A Turma do Balão Mágico

A posse de Leonel Brizola, em 15 de março de 1983, mobilizou a cidade. Hoje a maioria dos eleitores assiste à troca de governantes estaduais sem grande entusiasmo. Naquela época, não. Afinal de contas, Brizola era o mais carismático daquele grupo de governadores, os primeiros eleitos pelo povo depois de quase vinte anos de ditadura militar. Desde cedo, uma multidão de jornalistas, curiosos e fãs começou a se agrupar em frente ao prédio onde morava o novo governador, de frente para o mar, em Copacabana. Brizola anunciara que iria para a posse de táxi e o quarteirão ficou lotado de taxistas, que disputavam a honraria de levar o político. Na Assembleia Legislativa do Rio de Janeiro, no Centro, não havia nenhuma autoridade militar para ouvir o discurso de quarenta minutos do gaúcho. Em compensação, estava lá o Beijoqueiro, personagem frequente dos jornais da época. Português, o ex-taxista José Alves Moura ficara famoso por invadir eventos para beijar celebridades. Na posse, não foi diferente: Moura subiu na mesa dos taquígrafos, passou dela para a das autoridades e saltou sobre o governador, que o continha com as mãos. Moura só saiu depois de sapecar três beijos nas bochechas de Brizola. Dominado pelos seguranças, saiu comemorando, como se tivesse feito um gol:

— Eu beijei, eu beijei!

Uma multidão lotou os jardins do Palácio Guanabara. Brizola saudou o povo que aplaudia da sacada, mãos fazendo o V que lembrava a vitória nas urnas. A festa da posse foi até as tantas. Mesmo assim, no dia seguinte, às 5h45, Brizola já chegava ao Palácio, risonho, parecendo muito descansado e provocando um corre-corre na cozinha ao pedir um sanduíche de presunto. Ninguém esperava o governador àquela hora; não havia ainda pão nem garçom. Um auxiliar de limpeza se ofereceu:

— Deixa que eu vou na padaria com o maior prazer. Sou Brizola desde que nasci.

Esse era o clima de euforia que estava no ar quando Vivaldo Barbosa tomou posse como secretário de Justiça do governo Brizola e Avelino Moreira, o promotor com quem eu trabalhara durante a campanha eleitoral, assumiu o cargo de diretor do Desipe. Na verdade, não havia motivo para otimismo. Naquele ano de 1983, o sistema penitenciário do Rio de Janeiro fora retratado com cores sombrias em um relatório do Conselho Nacional de Política Criminal e Penitenciária. As 24 unidades do estado abrigavam 10 mil almas; 2.500 pessoas mofavam nas carceragens de delegacias. As prisões estavam superlotadas, sujas e precisavam de obras urgentes; os administradores enfrentavam a penúria completa. Os presos viviam ociosos e oprimidos entre a violência de alguns guardas e de lideranças da bandidagem. Um único defensor público atendia na Vara de Execuções Penais.

Era neste Desipe sucateado que eu fora convidada a trabalhar, como assessora de Avelino. A pesquisadora que até então estudava o sistema penitenciário pela primeira vez iria passar da teoria à prática e participar da gestão das prisões.

Entramos no governo decididos a virar aquela situação pelo avesso. Comecei a ajudar Avelino nas entrevistas para o preenchimento de alguns cargos. Thompson, afinal, ficou de fora da equipe. Brizola decidira driblar um decreto de 1967, ainda em vigor em 1982, que determinava que os nomes dos secretários de Segurança estaduais fossem submetidos ao crivo do Exército. O governador eleito não iria pedir a bênção aos milicos. Decidiu, então, extinguir o cargo de secretário de Segurança que seria de Thompson. O ex-diretor do Desipe preferiu não aceitar outro posto.

O colunista Zózimo, do *Jornal do Brasil*, traduziu com a ironia habitual a surpresa com que eram acompanhadas as decisões do novo governador:

— Até a eleição era Brizola na cabeça. Agora, depois da posse, é o que der na cabeça do Brizola.

Vivaldo ficou com a pasta de Segurança em caráter interino e ajudou a conduzir a mudança. Seriam criadas as secretarias de Polícia Judiciária e Direitos Civis e a Secretaria Policial Militar. Para a primeira, foi escolhido Arnaldo Campana; para a segunda, o coronel Carlos Magno Nazareth Cerqueira.

Em 21 de março, fomos cedo para a rua Senador Dantas, onde ficava a direção do Desipe, tomar posse. Avelino decidiu que o dia deveria ser marcado pela abertura simbólica das cadeias à sociedade, representada pela imprensa. Como se tivesse sido programado, acordáramos com uma batata quente nas mãos. "Presídio deixa tuberculoso sem comer há cinco dias", gritava o título de uma reportagem do *Jornal do Brasil*, complementada na primeira página pela foto de um detento esquelético.

A matéria era o resultado de uma visita ao Presídio Milton Dias Moreira, parte do complexo da Frei Caneca, no Centro. A Comissão de Defesa dos Direitos dos Presos, que reunia várias organizações da sociedade civil e recentemente iniciara um programa de visitas a unidades, fora ao Milton Dias na véspera, para verificar a denúncia de espancamento de quatro presos. Quando os visitantes entraram nas galerias, um grupo de presos trouxe para perto das grades, arrastado sobre um colchão, um interno que de tão fraco não conseguia se levantar.

Waldemir dos Santos, 54 anos, havia 26 encarcerado por assassinato, falava por sussurros, que os companheiros de cela repetiam ao repórter. Sofria de tuberculose. A reportagem contava que os colegas de cela do doente pediram atendimento médico ao inspetor encarregado da cadeia. O agente havia respondido que o melhor era mandar vir um rabecão.

Avelino resolveu mostrar que o novo governo não endossava a truculência na administração penitenciária. Na cerimônia de posse, anunciou que as portas das penitenciárias estariam abertas para qualquer pessoa, principalmente os jornalistas.

— Já passou o tempo de se fazer as coisas escondidas — declarou.

E lá fomos nós para a Frei Caneca com uma multidão de jornalistas. Quando viram as autoridades, os repórteres e fotógrafos, os presos ficaram eufóricos. Aos berros, faziam denúncias, mostravam marcas de espancamento nos corpos, protestavam contra as condições carcerárias, diziam confiar no novo governo. Os agentes, calados, sentiam que a maré tinha virado. Os acusados de ter espancado os quatro detentos foram chamados e avisados de que haveria investigação do assunto. Os feridos foram encaminhados para exames de corpo de delito.

— Não vim aqui caçar bruxas, mas apuraremos até as últimas consequências episódios deste tipo. Nem o guarda nem o preso podem ser desrespeitados.

Alguns agentes aproveitaram a presença de Avelino para pedir que o diretor do Desipe também os escutasse.

— Para o trabalho dar certo, tem que haver uma conciliação. Somente ouvindo os dois lados se pode fazer alguma coisa — alertou.

— Quem lida com os presos somos nós, e não o Brizola — disse outro.

A maioria, entretanto, ficou de boca fechada. Mas não deixaram de demonstrar sua insatisfação. A ambulância que levou os presos para o exame no Instituto Médico Legal fez várias manobras bruscas no pátio, dando sacudidas de advertência nos detentos.

— Os presos estão de um lado e nós do outro — disse um guarda a um jornalista.

Foi o primeiro de muitos embates que teríamos com os agentes penitenciários. Mas a rotina de episódios de violência contra os detentos estava longe de ser o único problema da Milton Dias Moreira. A visita à unidade mostrou o habitual cenário de desolação das cadeias do Rio: celas imundas, um pavilhão às escuras, infiltrações por todo lado, vazamentos na cozinha.

E nós, a acreditar que poderíamos mesmo transformar tudo aquilo. Eu só me lembrava da carta de Brizola e pensava: "temos como exigir do governo recursos para nosso trabalho, afinal de contas, o governador prometeu às famílias que tudo mudaria."

Os jornais no dia seguinte relatavam minuciosamente a visita e as promessas da nova administração. O trabalho começou em um ritmo insano. Eram mais de 12 horas diárias, que muitas vezes terminavam no bar mais próximo, onde as discussões sobre os problemas do Desipe continuavam entre chopes e caipirinhas. A equipe era desigual. Alguns conheciam profundamente o sistema penitenciário, como o próprio Avelino; outros eram estudiosos do sistema, como eu. Havia, ainda, os que foram presos políticos na época da ditadura; e um grupo formado por colaboradores sem experiência anterior, mas cheios de ideais e vontade de colocar a mão na massa. Ganhávamos pouco, mas tínhamos a certeza de que estávamos vivendo um momento novo e extraordinário da história do país. Nossos projetos, reunidos no Plano de Desenvolvimento Econômico do

Rio de Janeiro, eram ambiciosos: construir dez minipresídios, reformar duas penitenciárias em Bangu, aumentar as opções de trabalho para os internos, criar defensores públicos itinerantes...

No dia 26 de março, menos de uma semana depois da posse, organizou-se uma visita à Ilha Grande. O Instituto Penal Candido Mendes era uma unidade emblemática. Em governos anteriores, abrigara detentos como o líder comunista Luiz Carlos Prestes e o escritor Graciliano Ramos. Durante o regime militar, fora o destino dos presos políticos como Colombo, o marido de Jessie. Ali, em 1979, a sociedade tinha descoberto que os presos estavam organizados num grupo que chamavam de Falange Vermelha. No governo anterior, o grupo se tornara tão poderoso que o diretor não entrava mais na cadeia. Dentro dos muros do Candido Mendes, quem mandava eram os presos.

Foi o que se descobriu quando a "Barca da Justiça" — como seria descrita pela imprensa — atracou na Ilha Grande em clima de festa. Comandados por Vivaldo, integrantes da nova equipe, funcionários do Desipe, jornalistas, militantes de defesa de direitos humanos e políticos desembarcaram da lancha *Tenente Loretti* no cais da Vila do Abraão. Duas vezes por semana, a lancha trazia novos internos e levava presos algemados para o Rio de Janeiro, para transferências e audiências na Justiça. Agora, o mesmo barco trazia o escritor Fernando Gabeira e o assessor parlamentar Newton Leão, que haviam cumprido pena como presos políticos no presídio. Enviados para o exílio na Argélia em 1970, 13 anos depois voltavam como convidados oficiais da Secretaria.

Ao chegar à Vila Dois Rios, a praia onde ficava o Instituto Penal, Vivaldo teve a primeira surpresa. Recebido pelo diretor, foi logo cercado por dezenas de presos, que entregavam bilhetes e faziam reclamações. Alguns tiveram a audácia de pedir a demissão do chefe da unidade.

— Ele nunca entrou no presídio.
— Diretorzinho!

— Não manda nada!

Mudo, embaraçadíssimo, o diretor tentou salvar a situação dizendo que fazia o que podia. Mas, ao longo da nossa visita, ficou claro que ele realmente não controlava a cadeia. Durante as três horas em que Vivaldo percorreu as galerias, seu cicerone, vestido de bermuda, camiseta e chinelão, foi Paulo Cesar Chaves, um dos cabeças da Falange Vermelha, o grupo de presos que daria origem ao Comando Vermelho.

O cenário era lastimável. Celas sujas e malcheirosas; corredores escuros; o refeitório, imundo e sem cadeiras. A área que seria para o lazer dos presos era mais adequada ao passeio dos urubus, que podiam ser vistos entre montes de lixo espalhado. Um dos presos comia arroz, carne e batata numa tampa de panela, na cozinha com lixo amontoado na porta, canos de esgoto estourados e paredes escuras.

— É um banquete. Há mil anos que eu não comia uma coisa assim. O normal é macarrão seboso com salsicha — comemorou.

Em vários momentos da visita, presos fizeram denúncias e pedidos de ajuda para obter liberdade condicional ou outros direitos. Gabeira e Leão também foram assediados, assim como os repórteres.

Avelino olhava em volta e percebia uma excitação no ar. Pelo entusiasmo de alguns jornalistas e militantes, parecia que, a qualquer momento, Vivaldo poderia abrir os portões da prisão e perdoar as centenas de presos. O secretário não fez nenhum gesto tresloucado. Mas no seu discurso fez uma declaração que indicou que a política de segurança no Rio de Janeiro tomaria novos rumos:

— O preso é um cidadão, e tem de ser tratado como tal.

Foi como falar de corda em casa de enforcado. Como assim, direitos do preso? Para os agentes penitenciários, e para muita gente boa, era um contrassenso: direitos para quem violou os direitos dos outros?

A partir daí começou a tomar corpo uma resistência, em vários setores sociais, a este que seria um dos pilares da política de segurança de

Brizola: o respeito aos direitos humanos de todos, inclusive dos criminosos. Essa insatisfação, que iria se manifestar em vários setores sociais e políticos, fez com que em maio os deputados estaduais do PDT convocassem o secretário para um puxão de orelhas, numa reunião na Assembleia Legislativa para discutir a "abertura do sistema carcerário".

— O noticiário dos jornais mostra que o secretário de Justiça, no afã de cumprir fielmente a linha do partido, de dignificação da pessoa humana, só tem atendido aos presos — disse à imprensa o deputado Augusto Ariston.

A resistência também viria de forma mais sutil de dentro do próprio Desipe. O grupo mais próximo à direção ganhou logo um apelido: a Turma do Balão Mágico. Era esse o nome da banda de Mike, Toby e Simony, três pimpolhos engraçadinhos que estouraram com seu segundo disco e um programa na TV Globo, em 1983. O principal hit da banda, que os pequenos gravaram com Djavan, rendeu um clipe em que os meninos viajavam numa espécie de zepelim pelas praias do Rio:

> Vamos fazer a cidade/ virar felicidade/ Com a nossa canção/ Vamos fazer essa gente/ Voar alegremente no nosso balão/ Sou feliz / Por isso estou aqui/ Também quero viajar nesse balão/ Superfantástico/ No balão mágico/ O mundo fica bem mais divertido.

O apelido não poderia ser mais irônico. Era mais uma indicação de como estava difícil, para guardas e funcionários, adaptar-se aos novos tempos, depois de tantos anos em que a maior parte dos direitos dos presos tinha sido ignorada.

Muitos foram os enquadrados na turma que diziam viver nas nuvens — a começar por mim. Percebia os olhares críticos dos agentes e outros funcionários nas visitas que fazia às cadeias regularmente. Meu papel como assessora de Avelino era essencialmente visitar as prisões, conversar com diretores e internos — sentir o pulso das cadeias, como dizíamos. Fornecia ao diretor do Desipe informações em primeira mão sobre o andamento das unidades, para evitar que os conflitos se aprofundassem e assegurar que as determinações do gabinete fossem seguidas. Além disso, numa época em que ainda não havia uma corregedoria interna no Desipe, colaborava para investigar incidentes de violência e corrupção que chegavam ao conhecimento da direção.

Nessas incursões, eu notava que, apesar das ironias, nosso grupo realizava mudanças importantes em várias unidades do sistema. As administrações desses entusiastas foram marcadas por um traço comum — as tentativas de democratizar a administração penitenciária, discutindo os temas do dia a dia com agentes e internos. Não por acaso, uma das tentativas mais radicais de uma administração colaborativa foi liderada por alguém que conhecia as cadeias pelo lado de dentro das celas.

6
O esquema da mangonga

Militante do PCBR, José Carlos Tórtima foi por dois anos um dos presos políticos confinados na Ilha Grande pelo governo militar. Absolvido, saiu da prisão em 1971 e foi trabalhar pelos direitos de quem não pode pagar advogado: virou defensor público. Foi por conta dessa experiência que, logo após a vitória de Brizola, seu amigo Vivaldo Barbosa, secretário de Justiça do novo governo, lhe perguntou se tinha interesse em dirigir uma cadeia. Aos 17 anos, Tórtima tinha escrito um plano para um governo revolucionário, em que previa uma profunda reforma prisional. Aceitou logo o convite de Vivaldo. Seria a chance de colocar em prática as suas ideias sobre o sistema penitenciário.

Avelino, o diretor do Desipe, ofereceu-lhe a direção do Instituto Penal Candido Mendes, a mesma instituição em Angra dos Reis em que estivera preso. Tórtima recusou.

— Já imagino as manchetes: "Ex-preso político volta à Ilha Grande para dirigir cadeia." Seria uma afronta — avaliou, com sabedoria.

Aceitou, no entanto, a direção de outra unidade: a Penitenciária Esmeraldino Bandeira, em Bangu, com capacidade para 1.200 homens e uma reputação sinistra. Dizia-se que havia presos sepultados no terreno da cadeia. De dia, pelo menos, eles viviam enterrados nas celas. O regime era de tranca dura, confinamento a maior parte do tempo. Corriam histórias de que à noite presos eram retirados das celas para sessões de terror, com choques elétricos e pauladas. A cada mês, disputas entre grupos de presos deixavam dois ou três mortos.

Ao chegar à Esmeraldino, Tórtima comunicou a presos e guardas que não iria aceitar pancadaria.

— Vocês não têm coragem de chegar em casa e contar para os seus filhos: "Hoje eu dei choque elétrico num preso." Vocês não estão fazendo mal só ao indivíduo que está sendo covardemente agredido. Vocês estão fazendo mal a vocês. O torturador é um ser desprezível. Vocês podem ser funcionários de gabarito, pessoas melhores — disse aos guardas.

Com os presos reunidos no auditório da unidade, Tórtima negociou a paz.

— Eu vou dar a vocês uma série de vantagens e garantias. Mas a primeira morte que acontecer aqui eu estou fora, não trabalho — avisou.

De fato, Tórtima passou um ano na unidade sem registrar um único assassinato, enquanto em outras unidades facções de detentos se enfrentavam, deixando um saldo de dezenas de mortes. Em compensação, teve de lidar com várias fugas. Era o preço que pagava por tirar os presos da tranca e oferecer um regime que, acreditava, poderia fazer mais pela recuperação dos internos. Com o defensor na direção, eles podiam circular pelo pátio durante o dia, livremente. Na primeira evasão, o diretor quase pediu o boné. Um grupo de internos, que trabalhava no plantio da horta, aproveitou a proximidade do muro para fugir. Frustrado, Tórtima botou o cargo à disposição:

— Filhos da puta. Usar o nosso projeto pra fugir foi uma grande traição. Os caras são os beneficiários de uma nova proposta e fazem isso! — disse a Avelino.

Depois de conversar com o diretor do Desipe, acalmou-se e decidiu permanecer no cargo. Mas a história de que tinha ficado magoado com os fugitivos correu o sistema. Era mais uma a compor o perfil de um diretor completamente fora do padrão, que nas primeiras semanas abriu inscrições para que os presos formassem comissões de cultura, visitas e alimentação. Os grupos de oito ou dez internos faziam reuniões periódicas com o diretor para sugerir projetos, discutir o regulamento e fazer reivindicações.

— O preso tem de ter alguma influência sobre seu destino, senão ele se torna um robô. E robô não tem visão crítica, não tem consciência. Não sai da criminalidade — dizia.

As comissões trouxeram algumas contribuições para a rotina da cadeia. O grupo de alimentação fez uma enquete entre os detentos e comprovou que a dobradinha das quintas-feiras — uma gororoba que enchia a penitenciária de um cheiro nauseante — era detestada por todos. Tórtima trocou por macarrão com salsicha, cardápio muito mais popular. Volta e meia, o diretor almoçava no refeitório, junto com os internos. Chamava os presos que trabalhavam na cozinha e reclamava:

— Essa comida está uma porcaria, tem de melhorar.

Com essas atitudes, Tórtima angariou a simpatia dos presos — mas também ganhou a desconfiança de muitos guardas. Que história era essa de diretor almoçar e fazer reunião com vagabundo? Na Esmeraldino e nas demais unidades do sistema, ao ver o diretor ou outra autoridade, o preso devia abaixar a cabeça e juntar as mãos nas costas em sinal de respeito. Até hoje é assim em muitas cadeias. Tórtima fazia reuniões em sua própria sala, com os presos sentados pelo chão, em almofadas, num clima descontraído. Era uma cena nunca vista no Desipe.

As notícias sobre as novidades da Esmeraldino chegaram a mim, no gabinete. Fiquei preocupada com a possível reação dos guardas a tantas inovações. Discuti o assunto com ele várias vezes. Não seria difícil para os agentes penitenciários fazer chegar à imprensa versões distorcidas das mudanças implantadas por Tórtima. Uma reportagem venenosa sobre as comissões de presos e as reuniões organizadas pelo diretor poderia prejudicar todo o projeto de humanização do sistema penitenciário. Tórtima respondia a essas ponderações garantindo que sabia manter os limites hierárquicos e que os guardas acabariam por perceber que envolver os presos na gestão da cadeia era benéfico.

Na verdade, Tórtima colecionou inimigos entre os agentes da Esmeraldino por razões bem mais sérias. Pouco tempo depois de assumir, percebeu que a quantidade de comida comprada pela penitenciária era absurda. Logo um agente de confiança lhe deu o serviço. Nos fundos da unidade, ficava um cercado de 20 metros quadrados, murado e com chão de cimento. Ali, os detentos que trabalhavam na cozinha depositavam a mangonga — uma mistura de cascas de legumes e restos de comida que era vendida a criadores de porcos da região. A fonte de Tórtima avisou: embaixo da lavagem fedorenta e coberta de moscas, os encarregados da alimentação escondiam os mantimentos desviados, protegidos por plásticos. O comprador da mangonga, cúmplice no esquema, retirava os sacos e levava junto com os restos. Quando descobriu a jogada, Tórtima reuniu os agentes:

— Não sei quem é o culpado. Mas vou botar a polícia aqui pra vigiar e quem for pego vai rodar.

Passou até a sobrar comida na unidade, depois que o diretor fez um contrato com um novo fornecedor. O português, que já dera um preço 30% mais baixo que o anterior, perguntou sem jeito:

— Doutor, e a sua parte?

— Como é que é esse negócio? — indagou Tórtima.

— O sistema geralmente é em torno de 10%, mas se o senhor quiser um pouco mais posso pensar.

Tórtima encerrou a conversa com uma troca:

— Eu podia até prender o senhor por tentar me corromper. Mas vou fingir que não ouvi o que o senhor falou. O senhor viu o estado de miséria em que está a minha cozinha? Então, o senhor pega o que seria a minha parte e faz uma reforma.

A cozinha ficou um brinco.

Outro esquema que ele resolveu atacar foi o do tráfico de drogas para uso dos internos. Tórtima sempre se impressionava com as quantidades de maconha — às vezes, quilos — que eram apreendidas a cada revista.

— Como é que essa droga entra aqui? — perguntava aos agentes.

— Vem na vagina das mulheres dos presos — respondiam.

— Mas que vagina grande....

Como em muitas outras unidades, uma oficina mecânica funcionava na Esmeraldino Bandeira, operada por presos bons de motor. Tórtima determinara que a entrada de qualquer carro teria de ser autorizada por escrito.

Um dia, um guarda de quem suspeitava pediu o jamegão do diretor para um reparo. O sujeito parecia nervoso. Desconfiado, Tórtima autorizou a entrada do fusca. Do seu gabinete podia ver a oficina. Disfarçadamente, ficou vigiando. Um preso — tido como um dos traficantes da cadeia — começou a rondar o carro. Olhava em volta, cauteloso. Quando se decidiu a abrir a porta, Tórtima saiu do escritório e deu o bote. Ordenou uma vistoria completa. Demorou, mas finalmente acharam um esconderijo no porta-luvas. Ali, o painel havia sido cortado e colado novamente. Só com lanterna se via a cicatriz no fundo do nicho. Empurrada, a parte cortada cedeu. O guarda enfiou a mão no buraco e tirou 4,5 quilos de maconha. Tórtima prendeu o dono do fusquinha em flagrante.

Com esse passado de estraga-mamatas, Tórtima não se admirou quando começaram a chegar ameaças de morte. Transferiu alguns desafetos e continuou a levar a rotina. Mas houve um dia em que realmente se sentiu em perigo e, pior, sem contar com a defesa do Estado.

A crise começou com uma tentativa de fuga — mais uma. Ainda no gabinete, às 20h, Tórtima se preparava para encerrar o trabalho quando o alarme soou. O diretor correu para ver o que acontecia. De longe, enxergou um ajuntamento de agentes. O mulato forte que tentara escapar já havia sido detido e, dominado, estava cercado pelos guardas. Tradicionalmente, fugas são punidas com pancadaria. Mas Tórtima já tinha deixado claro que não aceitava espancamentos. Só que um dos agentes, um novato chamado Salvador, havia começado no presídio naquele dia. Não sabia das novas regras impostas pelo diretor. E assim, sem a menor cerimônia, continuou a dar chutes e bater com cassetete no detido enquanto os outros guardas se afastavam e Tórtima se aproximava.

Lutador de jiu-jítsu, Tórtima não vacilou: deu uma chave de braço no agente que o fez largar o cassetete. Depois levou o preso, já bastante machucado, para a enfermaria. Quando voltou ao seu gabinete, Avelino já tinha telefonado duas vezes.

— Tórtima — disse o diretor do Desipe, quando o amigo ligou de volta —, os guardas estão revoltados com você. Dizem que você espancou um guarda para defender um preso.

Tórtima contou o que acontecera. Mas a história já se espalhara pelo sistema, através dos radiotransmissores que o Desipe mantinha nas unidades.

— O pior — continuou Avelino — é que eles dizem que não vão deixar você entrar na cadeia amanhã.

Tórtima pediu que o Desipe providenciasse uma escolta policial para garantir a sua entrada. Dráuzio Lourenço, coordenador de assuntos penitenciários, prometeu conseguir. Mas na manhã seguinte telefonou, preocupado. Não conseguira falar com o comandante do 14º Batalhão, de Bangu.

— Faz o seguinte — disse Dráuzio —: você vai lá. Se estiver limpo, você entra. Se estiverem embarreirando, você volta.

Tórtima não aceitou a alternativa.

— Você não me conhece. Eu juro pela alma do meu pai que eu entro no presídio. Se tiver gente na porta eu vou abrir caminho a bala, pode ter certeza disso.

Saiu do seu apartamento em Ipanema para Bangu pronto para o que desse e viesse. Levava um rifle calibre 357 e uma pistola 9mm. Geraldo, o agente penitenciário que era seu motorista, também estava armado. Quando chegou à Esmeraldino Bandeira, Tórtima viu de longe um grupo de guardas na entrada à espera. Geraldo parou o carro e o diretor saiu com o rifle na mão. Bastou. O grupo debandou na hora, fingindo que nada acontecia. Tórtima entrou triunfante na cadeia, ostensivamente armado com rifle na mão e pistola na cintura. Os presos, vendo a cena, gritavam entusiasmados. O diretor foi para o seu gabinete e despachou como se nada tivesse acontecido.

Um ano depois de começar na Esmeraldino Bandeira, Tórtima deixou a unidade. Assumiu uma cadeia pequena, mas explosiva, a Unidade de Prisão Especial, destinada aos presos de alta periculosidade. Um anexo da Penitenciária Milton Dias Moreira, dentro do complexo da Frei Caneca, próximo ao Centro do Rio, a UPE Lemos Brito abrigava cerca de trinta presos escolhidos entre a fina flor da bandidagem: Escadinha, Sérgio Ratazana, Japonês... Era o *dream team* do crime. Com aquele time, de pouco valia pensar em projetos como a horta comunitária ou a sala de música. Para essas lideranças, só mesmo a tranca. Tórtima foi obrigado a guardar os sonhos de humanização e democratização na gaveta.

A Lemos Brito foi palco de outra experiência ousada. Mal tomou posse, o novo diretor convocou um grupo de presos, entregou uma marreta na mão de cada um e mandou que derrubassem a surda. Era um ato planejado para mostrar que uma nova era de respeito aos direitos do preso se iniciara: a cela de castigo era um símbolo da arbitrariedade e da violência do sistema penitenciário. Insalubres, povoadas de ratos, sem luz e ventilação, as surdas eram o destino dos presos que cometiam uma falta ou que por alguma razão a direção da cadeia queria subjugar. Isolados, eles amargavam dias e dias em confinamento absoluto, na escuridão, sem colchões ou coberta. Costumavam sair dali devastados — como ainda acontece em muitas prisões brasileiras.

Uma administração defensora da legalidade e dos direitos humanos não poderia manter essas celas de suplício, decidiu o promotor. Os guardas mais experientes balançaram a cabeça. Logo o diretor entenderia por quê. Alguns dias depois, um preso pediu seguro. Até os dias de hoje, quando um detento, ameaçado de morte, pede para ser mantido em segurança, isolado do convívio com os demais, diz-se que *pediu seguro*. Em muitas cadeias, as surdas eram as celas que costumavam ser usadas para isso, enquanto se providenciava a transferência do interno para outro estabelecimento. Só que não havia mais surdas na Lemos Brito. O preso teve de ser transferido às pressas para outra unidade, sem que se pudesse avaliar com mais calma as alternativas de transferência para evitar qualquer risco

7
Sítio do Pica-pau Amarelo

Nildson Araújo da Cruz era outro integrante da chamada Turma do Balão Mágico. Tinha sido promotor de Justiça em Campinas, mas nunca vira um xadrez por dentro até ser nomeado diretor da Penitenciária Vieira Ferreira Neto, em Niterói. A Ferreira Neto era uma prisão construída em fins do século XIX, um prédio cercado por um grande terreno arborizado, que hoje faz parte do patrimônio cultural da cidade. Os pavilhões abrigavam cerca de 300 detentos em cubículos individuais.

Nildson não esquece o primeiro dia na Ferreira Neto, naquele abril de 1983. A expressão de desalento dos presos, convocados compulsoriamente a participar da posse de mais um diretor. O ar entre submisso e sagaz dos funcionários, que o receberam para uma segunda cerimônia no gabinete. E o encontro com o diretor anterior, de quem Nildson esperava receber recomendações, dicas, informações. Ilusão. Na despedida, junto aos portões de ferro da cadeia, ele apenas lhe passou um molho de chaves, acompanhado de um seco "Bom-dia, até logo". Em choque, Nildson ficou olhando o antecessor se afastar. Sentia-se perdido numa canoa pequena e sem remo em pleno rio Amazonas, em dia de trovoada.

Uma semana depois, Nildson se deu conta de que ainda não tivera tempo de ver uma cela. Estava sufocado em papel. O dia era gasto em questiúnculas, na resolução de problemas insignificantes. Não conseguia circular pela cadeia. Um dia, simplesmente deixou tudo de lado e saiu andando sozinho pela unidade, sem a companhia do assistente de diretoria que costumava acompanhá-lo. Foi logo cercado pelos presos. Não eram os que tinham os rostos mais sofridos e as roupas em trapos, que depois ele descobriria que eram chamados de "caidinhos" ou "fundo de cadeia". Os presos que o cercaram eram chamados de "frente" ou "cabeça da cadeia" — a liderança. Um deles, Manoel, lhe disse, em tom de desafio:

— Por que o senhor aceitou ser diretor da cadeia, se tem medo de preso?

— Por que você está dizendo isso?

— O senhor só entra aqui acompanhado.

— Olha, eu mandei para cá muitos de vocês nos processos em que trabalhei. Não tenho medo de nenhum de vocês, tanto que estou aqui. Eu entro acompanhado porque preciso de uma pessoa para me mostrar o que eu não conheço.

— Se o senhor quiser, o preso mostra.

— Então eu quero.

Naquela caminhada, Nildson conheceu a verdadeira Ferreira Neto. Viu os cubículos carregados de infiltrações, onde os presos dormiam no chão úmido, sobre papelão. O lixo que os internos jogavam pelas janelas, acumulado em volta dos três pavilhões. Mas o pior era o refeitório. Uma faca passada sobre o fogão e a bancada de mármore arrancava crostas de gordura e sujeira como cascas de batata. As panelas tinham buracos enormes. Para cozinhar, os presos remendavam os rombos colocando um pedaço de pano grosso no buraco e tapando com uma massa de farinha de trigo. A farinha endurecia, com o calor do fogo, e assim era possível usar as caçarolas.

A situação da Ferreira Neto não era diferente das demais cadeias do estado. Quase todas estavam na mesma petição de miséria. Em todas, havia a mesma carência absoluta dos itens mais básicos. Os presos dependiam das visitas para ter papel higiênico, sabonete, pasta de dente. Quem não recebia estes recursos de fora tinha de contar com a ajuda de algum preso mais abonado. E, assim, os presos sem recursos ficavam nas mãos dos "xerifes" das galerias, tornando-se massa de manobra das lideranças das facções que disputavam o poder no sistema penitenciário. Este era o argumento do diretor do Desipe, Avelino, nas muitas reuniões que fez com o secretário de Justiça, Vivaldo Barbosa, para pedir mais recursos para as prisões. Voltava de mãos abanando. Estávamos descobrindo que o cobertor orçamentário era curtíssimo — e que o Desipe era a parte do aparelho estatal mais cotada para ficar ao relento.

Apesar da carência, a Ferreira Neto tinha fama de cadeia privilegiada — tanto que era conhecida no sistema como Sítio do Pica-pau Amarelo. É que, assim como o cenário das aventuras dos personagens de Monteiro Lobato, o enorme terreno abrigava um jardim, fruteiras, bancos e uma horta. O lugar não sofria com a superlotação das outras unidades. Havia uma alfaiataria e uma gráfica. Mas tudo estava em péssimas condições. Naquele passeio, Nildson olhou em volta e comentou com Manoel:

— Tem muita coisa pra fazer aqui. Mas vai ser difícil.

— Se o senhor quiser, o preso faz.

E fizeram mesmo. O entusiasmo da equipe que foi trabalhar no Desipe, disposta a virar o sistema pelo avesso, em algumas unidades chegou a contagiar os presos. Nildson criou uma equipe de varredores, uma de capina, outra de limpeza da cozinha. Entre os internos, encontrou eletricistas, funileiros, mecânicos.

Nas reuniões do gabinete do Desipe, Nildson mantinha uma atitude formal. Suas roupas estavam sempre impecáveis. Parecia sempre sério e não costumava fazer gracejos. Mas, na cadeia, não hesitava em usar meios pouco ortodoxos. Como quando queria construir uma quadra e camas de concreto, para substituir as de madeira e metal — que acabavam recicladas em facas e estoques. Pediu às assistentes sociais que rodassem pelo comércio de Niterói pedindo doações. Só faltaram ser tocadas a pedradas. Uma voltou chorando. Os comerciantes não iriam dar nada para preso dormir e fazer esporte. Preso tinha mais é de apodrecer no xadrez.

Nildson deixou algumas semanas passarem e pediu a outros funcionários que voltassem às lojas. Agora, a notícia era outra: o muro da cadeia estava podre e prestes a cair. Se caísse, os presos iriam fugir e aí, já sabem... Assalto na certa na vizinhança. Foi o que bastou. No dia seguinte começaram a chegar os caminhões com doações de cimento, areia, pedra e tijolo. Foram tantas que Nildson precisou dizer que chegava: já tinha suficiente para as camas, a quadra, uma sala de aula e um gabinete médico.

Logo no início da gestão, Nildson marcou um encontro com os guardas em seu gabinete. Chegou de manhã e viu as cadeiras arrumadinhas, para que todos se sentassem organizadamente. Numa inspiração repentina, Nildson saiu virando todas as cadeiras de pernas para o ar, colocando-as umas sobre as outras, numa confusão dos diabos. A secretária chegou para avisar que os guardas estavam prontos e levou um susto:

— Doutor, o que houve?

Nildson não deu explicações.

— Manda o pessoal entrar.

A porta se abriu, e entrou aquela fileira de homens parrudos, curtidos, com jeito de quem já viu de tudo. Olharam a pilha de cadeiras e nada disseram. Ficaram de pé. Só Nildson estava sentado. O diretor se apresentou, falou sobre seu estilo de trabalho. Longos minutos se passaram — meia hora, talvez 40 minutos. Então, Nildson virou-se para os homens e falou:

— Ninguém pega uma cadeira pra sentar? O que é que é isso?

Os agentes se entreolharam. Nildson insistiu, escolhendo um dos guardas:

— Homem, pega essa cadeira aí, desvira essa cadeira e senta!

O sujeito, desconfiado, obedeceu. Os outros o imitaram. Pouco a pouco, cada um pegou a sua cadeira e se sentou. Então Nildson arrematou a cena, teatral:

— Olha, essas cadeiras simbolizam a cadeia. Porra, ninguém teve coragem de pegar uma cadeira e desvirar para sentar. Nós temos de ser agentes de transformação. Daqui pra frente vamos ter muitas cadeiras para arrumar.

8
Branca de Neve na penitenciária

Boa parte dos sucessos de Nildson teve a participação do advogado Pedro Beccari, que entrou na Ferreira Neto em junho como vice-diretor. Amigo de Nildson, Pedro Beccari era um administrador incomum, craque na ironia, mas incapaz de dar um grito com um interno. Depois de alguns meses na Ferreira Neto, Pedro foi premiado com a direção de outra unidade — o Instituto Penal Vicente Piragibe, em Bangu. Hoje é uma cadeia fechada, mas na época destinava-se aos presos em regime semiaberto, aqueles que, se autorizados pelo juiz da Vara de Execuções, podem trabalhar fora dos muros e visitar a família nos fins de semana. Seu estado era um escândalo. Embora a construção fosse recente, dois de seus três pavilhões estavam em ruínas. Só um funcionava, mesmo assim com as instalações elétricas e hidráulicas em petição de miséria.

A cadeia estava praticamente desativada. Enquanto as demais prisões estavam superlotadas, no Vicente Piragibe e em seu terreno de 240 mil metros quadrados — um matagal de dois metros de altura que era um verdadeiro parque de diversões de cobras — viviam apenas vinte internos, supostamente vigiados por 27 guardas. A maioria dos agentes, por sinal, pouco aparecia na unidade. Com uma população tão reduzida, podiam trabalhar à vontade em outros bicos. A cozinha era inútil, o único carro estava à beira de virar sucata.

Pedro assumiu em novembro de 1983 e começou a preparar a cadeia para receber mais internos, como Avelino determinara. Passado um mês na direção, mandou o primeiro de uma série de relatórios documentando suas atividades. No primeiro relato, elegante e bem-humorado, o diretor lamentava a inexistência de uma escola e propunha o ensino ao ar livre, como na época de Sócrates. Para obter recursos, planejava vender areia do rio que passava na unidade. Sonhava com a inauguração da cozinha e a implantação de uma horta.

O primeiro teste do novo administrador aconteceu logo nos primeiros dias da sua gestão. Ao chegar a Bangu, encontrou um preso detido na sala do chefe de segurança, ladeado por este e pelo chefe de disciplina. Foi logo informado de que o interno tentara fugir e deveria ser *atravessado* para uma unidade de regime fechado. Com experiência em situações semelhantes, os dois funcionários já haviam organizado a transferência — faltava apenas a assinatura do diretor.

Pedro, com seu jeito calmo, não se recusou nem aprovou. Quis saber mais detalhes.

— Como ocorreu a fuga?

O preso havia saído por um dos enormes buracos no alambrado que cercava a cadeia, no lado que dava para a favela do Catiri.

— Como foi recapturado?

Surpresa: ninguém fora atrás do preso. Ele é que voltara, sozinho, e fora surpreendido pelos guardas ao entrar na cadeia, pelo mesmo rombo pelo qual saíra.

— Quer dizer que ele saiu e voltou? Mas isso é fuga?

Para os agentes, não havia dúvida. Era claro que era uma tentativa de fuga, que precisava ser punida.

Beccari perguntou ao preso por que retornara. Ele respondeu, com naturalidade:

— A gente sempre sai para comprar gilete e cigarros ali no morro e depois volta.

De fato, encontraram quatro maços de cigarros e duas caixas de giletes com o preso, além de alguns trocados. Era bem possível que a história fosse verdadeira. Na cadeia ainda não havia uma cantina que atendesse a essas pequenas necessidades. Por outro lado, por ser uma instituição de regime semiaberto, não era incomum que presos saíssem da unidade. O caso, concluiu Pedro, não era de fuga. Mesmo assim, o chefe de segurança insistia na punição.

— Vamos resolver assim. Vamos punir o interno que tentou fugir e também os agentes que não evitaram a fuga — sentenciou Pedro.

Depois de um silêncio constrangido, o chefe da segurança cedeu. O preso foi levado de volta ao alojamento, e a transferência, esquecida.

Como todo administrador que tenta mudar a realidade à sua volta, Pedro começou a enfrentar a resistência de seus subordinados. Três meses depois da posse, foi convocado para uma reunião com Avelino. O diretor do Desipe lhe contou uma história tenebrosa. Vários dos chefes da cadeia, seus auxiliares diretos, que deveriam ser de confiança, faziam parte de um movimento para derrubá-lo. Havia algum tempo eles se reuniam às escondidas. No dia anterior, tinham se reunido com Avelino para pedir a saída de Pedro do Vicente Piragibe.

— Você deve substituir todos eles — recomendou Avelino.

Pedro concordou. O afastamento dos conspiradores seria uma punição justa. Além disso, certamente mostraria quem tinha o poder na unidade — uma mensagem que parecia necessário comunicar naquele momento.

No dia seguinte, no entanto, mudara de ideia. Ninguém seria transferido. Ninguém saberia que estava informado sobre a traição dos comandados. Continuaria tratando a todos com a mesmíssima civilidade.

Assim foi feito. Os dias se passaram e nada aconteceu. O grupo se inquietava. Será que o diretor-geral tinha esquecido a reivindicação? Será que entregara todos eles a Pedro? Neste caso, por que o diretor não havia feito nada? Calado, Pedro imaginava que seus inimigos deveriam estar bem mais nervosos do que ele ficara.

O fato, pensavam eles, é que o diabo do diretor continuava na cadeia, dando ordens e tomando decisões "estapafúrdias". O movimento perdeu o gás. Parecia impossível cobrar alguma ação de Avelino. Com o tempo, algumas das ideias esquisitas de Pedro começaram a dar resultados. Os antigos inimigos passaram a respeitá-lo. Quando se encontravam fora da cadeia, cumprimentavam-se cortesmente.

Um ano depois da chegada de Beccari, já havia 60 internos na Vicente Piragibe. Todos trabalhavam. Cada interno fazia parte de um grupo de trabalho; na horta, na pocilga, na oficina mecânica ou ainda nos serviços de limpeza e conservação da cadeia. Os relatórios continuavam chegando pontualmente à chefia do Desipe. Escritos numa prosa elegante e bem-humorada, tornaram-se leitura obrigatória para nós, da direção. No relato de janeiro de 1983, Pedro contava que recebera da Ferreira Neto "um belo exemplar de suíno".

> "Na verdade, uma porca branca, saudável, roliça de gordura e gravidez. Aqui recebeu carinhosamente o nome de Branca de Neve. Não demonstrou nenhuma dificuldade para adaptar-se ao regime aberto. Foi prontamente instalada numa pocilga, com boas condições de habitabilidade. Tem luz elétrica e água corrente. Em meio a tanta mordomia suína, deu à luz sete robustos porquinhos. Estamos assim, embora modestamente, tentando entrar na área da suinocultura. Com a Branca de Neve e seus sete leitões."

Em fevereiro, Pedro falava de um novo personagem — Lúcida.

"Andou por aqui, silenciosamente, uma cadelinha muito simpática. Com desfaçatez, comum aos vira-latas, entrava e saía pelo portão principal, sem cumprir qualquer formalidade, senão a de abanar a cauda para quem a interrompesse. Muito branca e lanuda, os olhinhos redondos e piedosos, o focinho buliçoso, adorava brincar com as rãs e lagartixas que, juntamente com as cobras e os lagartos, compõem o efetivo ecológico da cadeia. Com fome, dirigia-se à cozinha e sempre conseguia algum pedaço de carne. Depois fazia a sesta na antessala do gabinete. Era comum vê-la balançar alegremente sua cauda lanuda para as pessoas. Fosse guarda, ou um preso, festejava-o sem qualquer resquício de discriminação. Um dia foi-se embora. E com ela desapareceu essa pequena lição de humanismo carcerário. Não sabemos o seu nome mas bem poderia chamar-se Lúcida. Com certeza Lúcida é a favor das diretas."

Era a época em que sonhávamos com as eleições diretas para presidente. Naquele ano de 1983, a campanha ganharia força com a liderança do senador alagoano Teotônio Vilela, do PMDB, e atos públicos grandiosos, como o comício em frente ao estádio do Pacaembu, em São Paulo.

Um ano depois, Pedro começou a mudar a cara da Vicente Piragibe fisicamente. Em março de 1984, por exemplo, relatou o conserto dos buracos no queijo suíço que era a cerca em torno da cadeia:

"Improvisando todo material possível, fechamos alguns buracos no alambrado de arame. Por ali estavam entrando bezerros e cabras de toda a vizinhança. Já se vê que os buracos não eram pequenos. O número de penetras vinha aumentando, na medida em que os buracos se alargavam. Essa situação, enquanto durou, apresentou um lado prosaico. A cadeia, cheia de gados, adquiriu uma paisagem de fazenda (...) Com o passar dos dias, a presença intramuros daqueles quadrúpedes andou a merecer novos cuidados. No final das tardes, alguns internos, lançando apetitosos olhares na direção dos ruminantes, revelavam uma grande vontade de comer churrasco. O cozinheiro da casa declarou-se em condições de preparar um belo assado de cabrito. (...) Mas os problemas não pararam aí. Outro dia, Elpídio, um interno caladão que vive isolado no seu jardim, nos procurou revoltadíssimo contra a invasão dos bichos. As cabras comeram dois girassóis, resultantes do seu talento de jardineiro. Tentamos acalmar o interno mostrando a ele o lado poético do acontecimento. Não adiantou. Elpídio saiu correndo, trepou num caixote e furiosamente deflagrou um discurso stalinista na direção dos bichos, ameaçando cometer um cabritocídio generalizado. Os guardas, que conhecem bem o interno, pediram que fechássemos com urgência os buracos nas telas. E assim foi feito."

Outro relato, um mês depois, falava de melhorias paisagísticas:

"Acácia Criptórea não é nome de interna do Talavera; nem Felício é o marido da Acácia. São nomes de árvores sombreiras que conseguimos junto ao Posto Floresta de Santa Cruz. Isso nos tomou uma tarde inteira de idas e vindas por bairros nunca antes trafegados. Trouxemos mudas de Flamboyant, de Ipê, de Acácia Criptórea. Sessenta mudas ao todo."

Os presos começavam a trabalhar dentro e fora dos muros:

"Um grupo de internos já está desmatando a área destinada à lavoura. É um trabalho lento, pesado e perigoso por causa das cobras que se aninham no matagal. Hoje todos os internos trabalham. É uma exigência da qual não pretendemos abrir mão."

Em meio ao cotidiano massacrante do Desipe, os relatórios de Pedro Beccari eram uma prova alentadora de que podíamos, sim, fazer a diferença, mesmo com parcos recursos. Muitas vezes suas histórias me fizeram dar boas gargalhadas, em pleno gabinete. O que era um alívio, já que a penúria cotidiana e as notícias de mortes em presídios do Rio de Janeiro começavam a tirar o gás da Turma do Balão Mágico.

9
Mentes libertas

Mesmo naquela penúria, conseguimos tocar algumas iniciativas positivas no Desipe. Uma delas foi a alfabetização dos presos. Visitando as cadeias, sempre me impressionava com o número enorme de analfabetos. Um levantamento mostrara que, dos quase 10 mil internos, cerca de mil eram analfabetos e 2 mil a custo sabiam assinar o nome. Naquela terra de iletrados, quem sabia escrever era mais do que rei — era faraó. Consegui convencer os magos das finanças a destinar recursos para o projeto que seria coordenado pela linguista Heloísa Vilas Boas, uma das maiores especialistas em alfabetização no país.

Heloísa havia sido minha colega nas aulas do Instituto de Filosofia e Ciências Sociais, o IFCS. Em 1975, havíamos nos encontrado no Laboratório de Currículos da Secretaria de Educação do Estado do Rio de Janeiro. Éramos parte da equipe responsável pela reforma curricular das escolas públicas do Rio de Janeiro. Foi um trabalho revolucionário, que trouxe para o ensino público a ideia de ensinar a ler e escrever através de atividades lúdicas em vez da decoreba — um conceito hoje adotado em quase todas as escolas. A partir do trabalho do Laboratório, Heloísa tornou-se assessora de várias escolas de ponta no Rio.

Em 1985, quando pensei em implantar o projeto de alfabetização, me lembrei logo dela. A professora ficou receosa:

— Você é doida. Eu não tenho condições de assumir esse projeto. Nunca trabalhei com alfabetização de adultos e não conheço nada desse universo do Desipe. Não dá.

Insisti:

— Dá sim. Você tira isso de letra. Eu vou ajudar você, vai dar certo.

Heloísa acabou se convencendo, animou-se e a partir de outubro começou a fazer a seleção de professores. Contratamos sessenta professores de todo o estado, que ela treinou por dez dias. Em 1986, 13 cadeias do Rio de Janeiro, de Campos à Ilha Grande, passaram a receber a visita diária dos alfabetizadores, que ensinavam 459 internos.

O trabalho de Heloísa não utilizava cartilhas. Até hoje, ela prefere não utilizar livros didáticos nas escolas que assessora. Em vez disso, recorre a textos dos próprios alunos ou tirados do cotidiano (matérias de jornal, anúncios, letras de canções).

— A cartilha dá ordens ao aluno todo o tempo. "Ligue". "Copie". "Marque". Prefiro trabalhar com a pergunta.

O projeto foi um sucesso. Houve grande interesse nas cadeias. Reunimos alunos de perfis variados, de internos que tinham alguma escolaridade a outros que nunca tinham empunhado um lápis. A relação de cumplicidade entre professores e alunos era grande. Os professores não tinham medo de ensinar àqueles homens e mulheres, condenados por assaltos, mortes e sabe-se lá que outros crimes.

Lidávamos com dificuldades, claro. Muitas vezes os educadores chegavam à cadeia e descobriam que não poderia haver aula por conta de algum conflito. As transferências entre unidades esvaziavam turmas. E os agentes não eram lá muito simpáticos à iniciativa. Mesmo assim, em poucos meses, os que conseguiam ser assíduos estavam começando a escrever seus próprios textos, sobre temas do seu cotidiano: novela, futebol, conflitos. "Essa cadeia fica na rua Frei Caneca. Não é nada bonita. É muito úmida e escura. As pessoas têm visita mas a saudade da rua é muita", diz um dos textos guardados por Heloísa. A metodologia utilizava palavras-chave, selecionadas a cada encontro com a turma. As palavras escolhidas eram então utilizadas pelos alunos nas redações. Numa aula no Presídio Evaristo de Moraes, "viúva", "roda", "saca" e "pega", deram em "A viúva chega na Ilha Grande. Saca o movimento. Roda a sua baiana. Pega todo mundo como refém e sai vitoriosa numa lancha voadora". Na época, Regina Duarte fazia sucesso com a personagem Viúva Porcina, da novela *Roque Santeiro*.

Vivi uma cena inesquecível em uma das unidades, onde encontrei um preso com mais de 50 anos que começava a ler e escrever. Emocionado, disse-me que já tentara aprender muitas vezes, sem sucesso, e que finalmente estava conseguindo. Pegava na caneta com a mão bem fechada, como se com ela fosse perfurar o papel. Sem jeito, ainda assim sorria, com lágrimas nos olhos. Tive vontade de chorar junto.

Ao fim do primeiro semestre de 1986, contabilizamos cerca de trezentos alunos alfabetizados — uma vitória, considerando todas as condições adversas. Eu e Heloísa nos preparávamos para renovar o projeto. A primeira edição nos ensinara muito. Pretendíamos diminuir o número de professores, escolhendo os mais dedicados. Mas logo fui comunicada que não haveria recursos para continuar as aulas. Em um ano eleitoral, ensinar presos não era prioridade.

O que é bom dura pouco. Este dito popular costuma ser verdadeiro quando se trata da gestão pública.

10
Os Comandos

A guerra entre os presos do Terceiro Comando e do Comando Vermelho pegou fogo logo no início da administração Avelino. Até entrar para o Desipe, eu pouco sabia das facções de presos que haviam surgido no Instituto Penal Candido Mendes, na Ilha Grande, e se espalharam para outros presídios. O aprendizado teve de ser rápido. De março, mês da posse, a outubro de 1983, 35 presos morreram na guerra de facções.

Naquela época, remanescentes da Falange Jacaré, o mais antigo desses grupos, ainda tentavam retomar o poder na Ilha Grande. No fim dos anos 70, várias gangues controlavam os 1.200 presos do Instituto Candido Mendes. Havia a Falange Zona Sul, a Falange da Coreia — mas a mais forte era a Falange Jacaré. Suas lideranças vinham do bairro do Jacarezinho e de outros bairros da Zona Norte do Rio, o que explicava o nome. Todos esses grupos se caracterizavam por controlar galerias do presídio — e os presos nelas abrigados — na base da violência. Neste quesito, também, a Falange Jacaré, situada na galeria D, era campeã. Era responsável por grande parte das mortes da cadeia; praticava a violência sexual como rotina e estava sempre pronta a exigir os alimentos trazidos pelas famílias para os detentos.

Entre 1978 e 1979, ganhou força uma falange diferente. Enquanto os demais grupos lutavam para obter vantagens para seus líderes e comandados, a Falange Vermelha dizia defender a paz na cadeia e o bem-estar coletivo. Em poucos anos, adotariam outro nome, hoje conhecido nacionalmente: Comando Vermelho.

A história da criação da Falange/Comando Vermelho é bem conhecida. Curiosamente, a organização que hoje representa uma das principais ameaças à segurança pública no Rio de Janeiro teve origem em circunstâncias provocadas pela Lei de Segurança Nacional. Em março de 1969, o regime militar iniciado em 64 endureceu para sufocar a crescente resistência organizada. Um decreto-lei veio complementar a Lei de Segurança Nacional promulgada em 1967. A emenda ampliava o rol de crimes que deveriam ser julgados por tribunais militares, incluindo os assaltos e roubos "contra estabelecimento de crédito ou financiamento". Era a época em que as organizações clandestinas de oposição roubavam — ou, como diziam os militantes da luta armada, "expropriavam" — bancos para reunir fundos que financiassem seus projetos. Ao mesmo tempo, ladrões comuns vinham, também, praticando assaltos a banco — um gênero de crime ainda raro naqueles tempos. Pela nova redação, os dois grupos, assaltantes comuns e militantes políticos, teriam o mesmo destino e tratamento: o julgamento por tribunais militares e o confinamento em presídios comuns. Assim, desqualificava-se qualquer pretensão dos presos políticos a obter o seu reconhecimento como um grupo diferenciado, merecedor de status especial.

No Rio de Janeiro, o Instituto Penal Candido Mendes passou a ser o destino desses criminosos, os chamados "leis de segurança". A partir de 1968, eles foram trancafiados na galeria B do Candido Mendes, isolados dos demais detentos e impedidos de trabalhar nas oficinas. Os presos políticos — muitos deles estudantes universitários, ligados a movimentos católicos — eram maioria. Com eles, dividiam espaço alguns poucos assaltantes condenados.

Logo os presos políticos se organizaram para tornar a vida na prisão menos dura. A comida recebida das visitas formava um fundo coletivo e era dividida entre todos. A coletividade tinha uma farmácia e uma biblioteca. Um grupo de representantes foi escolhido para negociar com a direção do presídio. O uso de tóxicos e o jogo eram proibidos — e os presos comuns, em minoria, acatavam.

O roubo do relógio de um preso político por um detento comum acabou por afastar os dois grupos. Os "subversivos" deram uma surra exemplar no ladrão e aproveitaram o episódio para reivindicar o isolamento dos presos comuns e assim adquirir status diferenciado. Em pouco tempo um muro foi construído na galeria, separando os presos políticos dos demais "leis de segurança".

Entre 1975 e 1976, os presos políticos foram transferidos para unidades na cidade do Rio, como queriam, para ficar mais perto de suas famílias. Os presos comuns continuaram no isolamento. E souberam usar a experiência adquirida no convívio com os militantes de esquerda para exigir direitos. Eles também organizaram um fundo coletivo e elegeram representantes para negociar com a administração. Quando conseguiram ser integrados aos demais presos, os leis de segurança levaram para o grupo propostas de organização e representatividade. Criaram um time de futebol, caixinha coletiva — para a qual todos deveriam contribuir —, farmácia e até um jornal.

O novo grupo, que adotou o nome de Falange Vermelha, não demorou a entrar em confronto com os antigos mandachuvas da penitenciária. Em 1979, a Falange Jacaré foi praticamente aniquilada pelos novos líderes, em nome da defesa de todos os presos.

"No dia marcado, com amplo apoio da coletividade, morreram de uma vez seis conhecidos quadrilheiros, os piores entre aqueles que mantinham o terror. Trinta deles se renderam, prometendo mudar seu comportamento, e vinte pediram seguro de vida (...). As regras (...) foram sendo adotadas nas cadeias: morte para quem assaltar ou estuprar companheiros; incompatibilidades trazidas da rua devem ser resolvidas na rua; violência apenas para tentar fugir; luta permanente contra a repressão e os abusos",

escreveu William da Silva Lima, no seu livro *Quatrocentos contra um — Uma história do Comando Vermelho*. William foi um dos fundadores da organização — do qual também faziam parte José Carlos dos Reis Encina, o Escadinha, Rogério Lengruber, o Bagulhão, e José Carlos Gregório, o Gordo, entre outros.

Na verdade, o grupo estava longe de ser movido apenas por ideais altruístas. As contribuições de todos os presos para a caixinha costumavam beneficiar principalmente as lideranças, inclusive para o pagamento de fugas. Ao se consolidar como a força dominante na Ilha Grande, a Falange assumiu os lucrativos negócios ilícitos da cadeia: jogo e venda de drogas. Tornara-se uma força ditatorial. Quem não estava com eles era alemão — inimigo. Volta e meia, um desses adversários morria, em execuções que reforçavam o domínio sobre a massa.

Quando o nosso grupo assumiu o sistema penitenciário, em 1983, a Falange Vermelha já estava entrincheirada na maioria dos presídios do Rio de Janeiro. Em 12 de março, mal havíamos tomado posse, aconteceu um conflito entre os prisioneiros da Falange Vermelha e um grupo que se consolidara na terceira galeria da prisão da Ilha Grande. Independentes, diziam-se remanescentes da Falange Zona Sul e da Falange da Coreia e não reconheciam o domínio da Vermelha. Eram o Terceiro Comando.

Sete integrantes do Terceiro Comando foram feridos a bala, dois com gravidade. No dia seguinte, dois integrantes da Falange Vermelha foram mortos a estocadas, mal amanhecera. A violência se alastrou pelas demais cadeias. Na Lemos Brito e no Hélio Gomes morreram quatro oponentes da Falange Vermelha.

Os ataques eram parte da luta pelo controle de uma nova organização. A Cida — a Comissão Interna dos Direitos do Apenado — pretendia ser uma organização que representaria os direitos dos presos. No início de abril, a Falange assumiu o controle da entidade. Carlos Alberto Mesquita, o Professor, e José Lourival Siqueira Rosa, o Mimoso, como representantes da massa carcerária, prometeram a Avelino que a paz iria vigorar nas cadeias.

Mas a tranquilidade não durou muito. A guerra pelo domínio dos presídios significava controlar cantinas, jogo, venda de entorpecentes, fugas, privilégios. O grupo do Candido Mendes, que dizia ter sido criado para defender os presos da violência, iniciaria uma série de mortes desenhadas para eliminar lideranças inimigas, espalhar o medo na massa e controlar as cadeias do continente. Na frente de batalha, os robôs, internos que assumiam as mortes ordenadas pelos chamados alças de balde, lideranças das cadeias.

— Tu é angra ou sangra? — perguntavam os líderes da Falange aos seus comandados. "Angra" significava os robôs, os que aceitavam ir à delegacia, em Angra dos Reis, confessar os crimes que outros tinham cometido. "Sangra", os matadores.

Além do medo, os robôs também assumiam crimes em troca de algumas vantagens. Eram protegidos pelos chefões e recebiam pequenos favores: uma comida melhor que a do bandejão, maconha, remédios.

— Se o Estado oferecesse o mínimo de recursos aos presos, isto poderia ser evitado. O Estado não tem verba nem para sabonete e pasta de dentes, essas pequenas coisas — dizia Avelino, balançando a cabeça.

A crise se aprofundou em setembro. Só no dia 12, morreram oito. Os homicídios eram cometidos a faca, canivetes ou com estoques fabricados na própria cadeia. Os mais valorizados eram feitos com vergalhões finos, com panos enrolados numa das extremidades para que se pudesse segurar com firmeza. Mas tudo podia servir. Uma simples escova de dentes, com o cabo lixado até formar uma ponta aguda, tornava-se uma arma. E não se economizava nos golpes — muitas vezes, eram dezenas em um só corpo. Embora os crimes fossem assumidos por um único assassino, um rápido olhar era suficiente para perceber que os ferimentos tinham diferentes larguras e profundidades, indicando que lâminas de diversos tipos, brandidas por várias mãos, haviam sido utilizadas.

Estava claro que as mortes tinham o propósito de desafiar a administração. Presos muito próximos da direção das unidades eram alvos preferenciais da matança. Afinal, matar o "faxina" de um diretor, que servia seu cafezinho ou almoço, era uma desmoralização. Carlinhos Gargalhada, por exemplo. O apelido era merecido: era um negro falante, desinibido, brincalhão. O rosto inteligente se iluminava com o sorriso de dentes muito brancos. Interno no Evaristo de Moraes, costumava ser chamado para as partidas de futebol dos funcionários — era excelente goleiro — e fazia serviços simples para o major Sérgio Cesar Illa Lopes, diretor daquela cadeia. Passou um tempo na Ilha Grande, transferido a seu próprio pedido. Meses depois, Gargalhada pediu para voltar ao Evaristo de Moraes. Talvez sentisse falta da proximidade da família. Afinal, visitar parentes presos na Ilha era sacrifício grande para familiares. Chegou à noite e não viu a luz do dia seguinte. Amanheceu cheio de estocadas. A cadeia ficou de luto.

Diretora do Serviço Social, Tânia Dahmer dava nó em pingo d'água para conseguir enterrar os mortos. O Desipe não tinha dinheiro para coisa alguma — e muito menos para pagar caixões. Várias vezes ela se viu diante de grupos de famílias revoltadas, sem saber como trazer da Ilha Grande os corpos de seus parentes barbaramente esfaqueados. Os cadáveres eram levados para o continente na mesma balsa que transportava os presos. Trazê-los para o Rio de Janeiro, entretanto, era outra história. O rabecão do Instituto Médico Legal de Angra dos Reis vivia quebrado. Quando não era o rabecão, era a geladeira. E, ainda por cima, era preciso suplicar à Santa Casa que oferecesse aos mortos um enterro digno.

— O cara deveria ter sua vida salvaguardada pelos agentes públicos. Foi estocado, morre, a família numa revolta enorme e vamos ainda oferecer um enterro com o corpo enrolado em um pano? A gente quer, pelo menos, um caixão e permitir que a família escolha o cemitério onde vamos enterrar — insistia Tânia.

Constatei com meus próprios olhos a crueldade das lideranças durante uma greve de fome na Penitenciária Esmeraldino Bandeira, em 1983. A Falange Vermelha organizara o protesto para tentar expulsar o diretor e o chefe de segurança da unidade. Reclamavam de castigos e da dureza disciplinar dos dois e anunciavam que os presos só voltariam a comer quando os funcionários deixassem os cargos. A tática fazia pensar nos movimentos realizados pelos presos políticos, que a utilizaram inúmeras vezes durante o regime militar. No primeiro e no segundo dia, tentamos contornar a situação. A greve de fome já estava no terceiro dia quando eu, Pedro Beccari, Avelino e mais uma equipe de médicos fomos para a cadeia.

Já era noite quando chegamos a Bangu. Encontramos uma cena que lembrava um hospital de campanha. Dezenas de presos deitados no chão, lado a lado, espalhados por várias dependências da administração da cadeia. Fios grossos, estendidos de uma parede a outra, como um varal de roupas, sustentavam frascos de soro, que pingavam nas veias dos detentos depauperados.

Horrorizados diante daquele quadro, fizemos uma rápida reunião com a direção da cadeia, o chefe de segurança da unidade e a coordenação de segurança do Desipe para decidir o que fazer.

— O diretor não sairá. Eu posso sair, mas o diretor fica. Quem vai determinar se o diretor fica ou sai é o governo e não os presos — decidiu Avelino.

Era, naturalmente, a decisão certa a tomar. Mas era impossível permitir que aquela situação continuasse. Muitos presos tinham más condições de saúde e poderiam não suportar por muito tempo o jejum. Avelino encontrou-se com os líderes do movimento e comunicou:

— O diretor não sai. Vocês têm vinte minutos para decidir se voltarão a comer.

A proposta, naturalmente, deu em nada. A liderança da Falange estava longe da miséria física dos outros presos. Como sempre faziam em casos semelhantes, haviam se preparado para a greve estocando biscoitos e os ingredientes para confecção do soro caseiro — açúcar, sal e água. Enquanto obrigavam o coletivo a passar fome, à custa de ameaças de todo tipo, eles continuavam a se alimentar.

Pedimos então que fosse feita uma lista dos cabeças do movimento. Eles seriam imediatamente transferidos para o Presídio Ary Franco, em Água Santa. Enquanto isso, conversávamos com os presos que tomavam soro. Os olhares mostravam o medo que os dominava. Mal respondiam às nossas perguntas. Algum tempo depois, os guardas trouxeram uma lista com os nomes de cerca de trinta falangistas. Avelino determinou que fossem reunidos e colocados no "coração de mãe" — espécie de caminhão-baú onde cabiam algumas dezenas de presos. Tão logo o caminhão saiu da unidade e os portões se fecharam, os funcionários passaram a oferecer alimento para os presos. A resposta deles era comovente. Assustados no início, temerosos de represálias, quando eram convencidos de que estavam a salvo dos líderes, avançavam sofregamente nas frutas que eram oferecidas. O motivo da greve fora completamente esquecido.

O que aconteceu na Esmeraldino Bandeira indicou que a saída para diminuir a violência nas prisões era isolar os mandantes. Depois de muitas reuniões no gabinete de Avelino, decidimos que a liderança da então Falange Vermelha seria inteiramente confinada na Ilha Grande. Um acontecimento precipitou a decisão. Na madrugada de 8 de novembro, os falangistas que estavam abrigados na Milton Dias Moreira organizaram uma violenta tentativa de fuga. O grupo tinha seis granadas, dez revólveres e barras de dinamite. Doze presos fugiram e foram se refugiar no morro de São Carlos. Foram capturados em seguida. Sete pessoas ficaram feridas. O prédio ficou depredado; um túnel, que eles haviam cavado, ainda estava lá.

No dia seguinte, 10 de novembro de 1983, 36 presos da Milton Dias Moreira foram embarcados para a Ilha Grande. Os jornais estamparam a manchete: "Falange Vermelha rumo ao exílio."

11
Sem direito ao medo

Uma vez instalada na Ilha Grande, a liderança da Falange Vermelha começou a verdadeiramente ditar normas no local. Os conflitos com os guardas eram frequentes. Com o aumento do nível de tensão nas cadeias, parte respingava na direção do Desipe. Era preciso negociar, conciliar, pacificar. Foi nessa época que pela primeira vez me vi neste papel, de negociadora e representante do Estado junto a um grupo de presos amotinados. Foi alguns meses depois do início da sua administração, Avelino me chamou ao seu gabinete:

— Julita, preciso que você vá à Ilha Grande. Parece que estão em pé de guerra. Houve briga entre guardas e presos, tem gente machucada dos dois lados. Uma confusão dos diabos. Já pedi um helicóptero para você e o motorista está te esperando lá embaixo para ir para o heliporto.

Eu estava no meio de mil afazeres, mas não havia como deixar a viagem para o dia seguinte. Em uma noite, uma carnificina poderia acontecer. Lá fui eu para o heliporto da Lagoa, onde aterrissam e decolam os helicópteros da Polícia Civil do Rio de Janeiro.

Chegando ao local, constatei logo que o helicóptero parecia meio gasto. As letras na lateral estavam apagadas. O estofado, esburacado. E o pior é que eu via claramente o banco envelhecido, simplesmente porque a aeronave não tinha porta!

— Meu amigo, você vai me desculpar, mas você não quer que eu vá daqui até a Ilha num helicóptero sem porta, não é mesmo? — eu disse ao piloto.

— Doutora, não estou reconhecendo a senhora. A senhora é corajosa, não vai se intimidar com uma bobagem dessas. Olha, a gente usa esses helicópteros o tempo todo.

A Polícia costumava retirar a porta dos helicópteros para voar sobre favelas. Nestas incursões, que acontecem até hoje no Rio de Janeiro, dois policiais viajam sentados no chão da aeronave, apontando armas para baixo.

Não havia outro jeito. Em parte para provar que não me intimidava, em parte porque Avelino estava esperando que eu voltasse com uma solução para a brigalhada, lá fui eu, cinto de segurança mais do que apertado, morrendo de medo, em direção à Ilha Grande. Se acreditasse em Deus teria rezado durante os 25 minutos que levávamos para chegar ao presídio. Mal consegui apreciar o que considero a mais bela paisagem do mundo — o litoral sul do Rio de Janeiro.

O helicóptero pousou no heliporto da Companhia da PM, que ficava ao lado do presídio. Fui direto para a cadeia. O diretor relatou o que acontecera. Presos indisciplinados, sempre exigindo o que a cadeia não pode dar ou se recusando a cumprir normas, acabaram agredidos por um grupo de guardas. Só que dessa vez, em vez de "ficarem no prejuízo", como costumavam dizer quando levavam a pior num conflito, os presos reagiram. Usaram armas incomuns: derrubaram uma parede, arrancaram os tijolos e os arremessaram nos agentes. Alguns dos guardas realmente apresentavam marcas dos tijolaços nos ombros e nas costas.

A situação, sem dúvida, era grave. Era preciso negociar alguma paz porque, se o clima de conflito continuasse, poderia haver novos incidentes e até mortes. Decidi conversar com os internos. Foi preciso reunir coragem para entrar numa das galerias. A administração cortara a eletricidade. Ainda era dia, mas quase não havia luz nas celas e nos corredores. Cerca de duas dezenas de presos do primeiro escalão da Falange Vermelha, a fina flor da malandragem, esperavam, reunidos na penumbra da galeria. Tinham ouvido a aproximação do helicóptero e sabiam que alguém do Desipe havia chegado para negociar. Tensão e expectativa emanavam do grupo.

Fui direta, mas não cheguei dando lição de moral. Queria ouvir o que eles tinham a dizer. Falei com naturalidade, olhando as faces de todos, sem fixar os olhos em nenhum. Não podia parecer assustada, mas também não queria soar desafiadora. Sabia que a autoridade que me protegia era frágil. Qualquer deslize poderia fazer a situação degringolar.

— Afinal, o que aconteceu?

Os líderes, bem posicionados e à frente dos demais (por isso mesmo também chamados de "frentes de cadeia"), responderam logo:

— Doutora, fomos agredidos. Não fizemos nada e fomos agredidos.

E começaram a mostrar marcas nos corpos de alguns companheiros.

Tudo bem, via-se que os dois lados haviam batido e apanhado. Presos e guardas apresentavam sinais do embate. No entanto, os presos continuavam a insistir que não tinham feito nada. Eram vítimas, apenas. Aí, não resisti e disse:

— Vocês devem pensar que eu sou mesmo idiota. Quer dizer que ninguém fez nada. São todos uns santos. Os guardas sacanas agrediram vocês gratuitamente. Olha, vamos combinar uma coisa. Vocês dizem a verdade, eu tento ver como a gente pode encaminhar as reivindicações de vocês, e estamos conversados. Eu não vim do continente até aqui num helicóptero sem porta, correndo todos os riscos de voar numa aeronave caindo aos pedaços, para ouvir vocês dizerem que não fizeram nada.

Os líderes ficaram um momento desconcertados. Lá do fundo, chegou uma voz mansa e baixinha:

— Doutora, teve pedrada nos guardas sim. Não adianta esconder. A senhora vai acabar descobrindo.

Pobre preso. Nunca fiquei sabendo o que aconteceu com ele depois. Certamente a "frente" não gostou nada, e é possível que ele tenha sido castigado por divergir dos mandachuvas abertamente. Do meu lado, foi a deixa de que eu precisava para arrematar o episódio. Coloquei uma pedra sobre o assunto. Nem presos nem guardas seriam punidos. Era o melhor a fazer, no momento. Qualquer outra decisão só iria acirrar ainda mais os ânimos, de um lado e do outro. E ficamos combinados assim.

Na volta ao continente, ainda tensa com o estado precário do helicóptero, eu me lembrava de lições do ex-diretor do Desipe, Augusto Thompson: na cadeia, o administrador anda no fio da navalha e deve sempre ser o fiel da balança. Qualquer aparente favorecimento a um lado, ou ao outro, compromete o frágil equilíbrio nas relações entre presos e guardas.

12
As celas do amor

As visitas íntimas já eram costume nas prisões do Rio quando passei a integrar a equipe do Desipe. O sistema penitenciário fluminense foi o primeiro a implantar um programa organizado para permitir encontros sexuais dos presos e suas mulheres, em 1976. Até então, só umas poucas unidades tinham um ou dois quartos para este fim — o chamado parlatório. Era uma rotina de motel de alta rotatividade: cada usuário dispunha de uma hora para o chamego. Ao fim do tempo, soava uma campainha, e os dois amantes tinham de dar lugar a outro casal, que aguardava impaciente, a mulher com o lençol limpo, trazido de casa, debaixo do braço.

Augusto Thompson, à frente do Desipe nos anos 1970, ampliou o programa. Nas unidades onde os presos habitavam celas individuais, ele determinou que a visita começaria mais cedo, para que os presos tivessem algumas horas a sós com suas mulheres nas suas próprias celas. Só depois entravam os outros parentes.

As "celas do amor" causaram grande curiosidade na imprensa — a TV Tupi chegou a fazer um programa especial sobre o assunto. Naquele ano de 1976, estávamos vivendo no Brasil os anos do "desbunde" e da contracultura, em que muitos passaram a rejeitar as convenções para experimentar uma recém-adquirida liberdade sexual. Mesmo em círculos mais conservadores, a vida sexual foi incorporada às exigências de uma existência saudável. Foi este clima que permitiu a Thompson devolver aos presos o direito ao prazer e à intimidade.

Era um programa inovador no sistema penitenciário. Em São Paulo, por exemplo, nenhum interno tinha essa regalia. Enquanto no Rio as visitas íntimas se tornavam mais comuns, em São Paulo os presos políticos da Casa de Detenção foram os primeiros a reivindicar o benefício, em cartas escritas aos jornais. O sexo, defendiam, "pode restaurar o equilíbrio emocional, normalizar o funcionamento do sistema cardiovascular, restabelecer muitos outros condutores do sistema nervoso e tudo o mais que a própria medicina recomenda". Era, alegavam, "uma necessidade fisiológica tão importante quanto qualquer outra". O então secretário de Justiça de São Paulo, Manoel Pedro Pimentel, negou pleito. Os presos paulistas do sexo masculino só conquistaram o benefício em meados dos anos 1980.

Ao contrário do banho de sol, da assistência médica e jurídica e de tantos outros direitos assegurados pela legislação, a visita íntima não é um direito. O regulamento penitenciário descreve a visita íntima como "uma regalia" que pode ser concedida aos detentos que atendam a determinadas exigências, como bom comportamento, exames de saúde em dia, principalmente no que diz respeito a doenças sexualmente transmissíveis, e a comprovação de que mantinham relação estável, por pelo menos seis meses, com a pessoa com quem pleiteiam usufruir do benefício.

A concessão das visitas íntimas não beneficia apenas os presos. A manutenção dos laços familiares e o exercício da sexualidade contribuem para manter as tensões do sistema penitenciário sob controle. Os agentes da antiga costumam repetir uma expressão grosseira:

— Pra manter a cadeia calma, tem de ter bola, bala e bunda.

Traduzindo, a receita contra confusão é: futebol, maconha e sexo

O futebol é costumeiro e até incentivado em algumas unidades. A maconha, proibida, ainda assim é comum nas cadeias. E, em relação ao sexo, os presos que não têm acesso — ou não se contentam com — à visita oficial usam a criatividade. É comum ver em celas coletivas os chamados *come quieto*. As laterais das camas são fechadas com lençóis para criar um espaço privado, que tanto serve para o descanso da convivência forçada com os demais detentos quanto para relações sexuais entre presos.

Outra prática comum é o *pega ratão*. Trata-se do sexo praticado em locais improvisados. Presos que não têm visita íntima autorizada ou alojados em unidades sem espaço para esses encontros volta e meia são apanhados transando com mulheres e namoradas em banheiros e outros esconderijos.

No primeiro governo Brizola, a filosofia de devolver a dignidade e alguma qualidade de vida ao detento aumentou muito o número de beneficiados com visitas íntimas. Ganhou força, na época, o chamado *Jupirão*. Funcionários antigos atribuem o nome a uma certa prostituta, chamada Jupira. Num dia de visita ao Instituto Penal Candido Mendes, na Ilha Grande, o tempo virou e Jupira não pôde tomar a barca de volta. A prostituta passou o fim de semana na Ilha e — dizem — transou com vários detentos. O senador Fernando Gabeira, um dos presos políticos dos anos 1970 no Candido Mendes, escreveu em artigo de jornal que, na linguagem da cadeia, Jupira quer dizer "de todo mundo".

Por um caminho ou por outro, o fato é que o nome acabou por designar a permanência de mulheres de presos na cadeia, por uma ou mais noites. Algumas vezes, as mulheres levavam também os filhos — e as crianças faziam muita algazarra nas galerias.

Por mais que fosse benéfico o convívio estreito entre os presos e seus familiares, a permanência de mulheres e crianças nas prisões, praticamente como internos e internas, era obviamente inadequada — especialmente para os pequenos. Pior: alguns presos obrigavam suas mulheres a ter relações sexuais com outros detentos, para pagar dívidas, retribuir algum favor ou simplesmente cair nas boas graças dos "xerifes" da cadeia.

A prática do *Jupirão* acabou proibida quando duas mulheres foram encontradas na Penitenciária Milton Dias Moreira, na Frei Caneca, em plena quarta-feira. As visitantes estavam lá desde o fim de semana. Era demais. A prática foi sumariamente suspensa.

13
Malandros e cidadãos

Em 1982, antes das eleições, eu realizara uma série de entrevistas com delegados, detetives e escrivães em diferentes delegacias distritais da área metropolitana. Eram parte de um projeto de pesquisa sobre os valores e a visão de mundo dos policiais civis. Passei dias sentada em delegacias, observando o trabalho. Conversei com detetives, escrivães e delegados. Naquele ano de campanha política, havia uma enorme frustração com a carência de recursos humanos e materiais na Polícia Civil, mas também notava-se uma esperança de que o novo governo traria mudanças.

E trouxe mesmo. A primeira revolução instaurada pelo gaúcho na estrutura da segurança pública do Rio foi a já mencionada extinção da Secretaria de Segurança, para evitar a tutela do Exército. Brizola promoveu a Defesa Civil, a Polícia Militar e a Polícia Civil ao status de secretarias de Estado. O comando das instituições ficou a cargo de policiais de carreira. Na prática, as duas secretarias respondiam agora apenas ao governador — ou seja, estavam sob o comando do poder civil.

A Polícia Militar ficou sob a chefia do coronel Nazareth Cerqueira, o primeiro negro no comando de uma instituição que via pretos e pardos como suspeitos potenciais. Com formação humanista, Cerqueira foi responsável por importantes reformas no âmbito da Polícia Militar do Rio de Janeiro e de outros estados, além de introduzir a temática dos direitos humanos no cotidiano do trabalho policial. Teve, também, atuação importante na implantação das primeiras experiências de policiamento comunitário, não só no Rio, mas pelo Brasil afora. Logo tratou de colocar no papel as orientações que soldados e oficiais deveriam passar a seguir. Eram vários mandamentos, divulgados nas unidades de operação policial:

1) o uso da força deve ser sempre o último recurso, depois de esgotados todos os outros meios não violentos disponíveis;
2) a força somente deve ser usada quando for uma necessidade fundamental, e apenas com objetivos legítimos;
3) o uso da força, quando estritamente necessário como último recurso, deve ser proporcional à situação e aos objetivos legais que se procura alcançar;
4) o uso ilegal da força não se pode justificar por circunstâncias especiais, excepcionais ou emergenciais;
5) o uso de quaisquer armas, principalmente as armas de fogo, deve ser considerado uma medida extrema, limitada por dispositivos legais, e deve ser feito com moderação; deve-se sempre procurar preservar a vida humana e a integridade física, dos policiais, das vítimas de terceiros e dos suspeitos ou criminosos;
6) no caso de ser necessário o uso da força, em situação extrema, e esgotados todos os recursos não violentos, deve ser assegurada a assistência médica, o mais rapidamente possível, a qualquer pessoa ferida ou atingida — incluindo os suspeitos ou criminosos envolvidos.

Até hoje não conseguimos tornar essas recomendações o padrão de conduta entre as polícias. No Rio de Janeiro daquela época, então, havia ainda menos vigilância social sobre o uso da força policial. Apenas dois anos antes, em 3 de abril de 1981, a cidade fora cenário do maior confronto policial da história do país, quando policiais de um grupo de elite do Departamento Geral de Investigações Especiais tentou prender uma quadrilha de assaltantes que se escondia no Conjunto Residencial dos Bancários, na Ilha do Governador.

O tiroteio começou — e José Jorge Saldanha, o Zé do Bigode, viu-se sem os companheiros, sozinho em um apartamento, resistindo à bala ao cerco. Reforços vieram de todos os lados e, durante onze horas, o assaltante enfrentou um contingente que chegou a reunir 400 policiais e bombeiros. Reza a lenda que ele anunciava:

— Podem vir, miseráveis. Podem vir, porque aqui está o Comando Vermelho.

Anos mais tarde, William da Silva Lima, um dos fundadores do CV, contou o episódio na sua autobiografia *Quatrocentos contra um — Uma história do Comando Vermelho*.

Milhares de balas, granadas de gás lacrimogêneo e até bombas incendiárias foram atiradas contra o apartamento onde se escondera o bandido, encravado em um conjunto onde viviam mais de 2 mil pessoas. Transmitida por emissoras de rádio e TV, a batalha só acabou com a morte de Zé do Bigode. Ao final, contaram-se cinco mortos, 24 feridos e 12 apartamentos destruídos. Quem falou em uso proporcional da força?

Os policiais que iniciaram o cerco a Zé do Bigode eram civis. Na corporação, a nomeação de Arnaldo Campana para o comando deixara a maioria esperançosa. Mas logo o entusiasmo daria lugar à revolta. Os benefícios prometidos demoraram a chegar e a política de respeito aos direitos humanos defendida pelo governo Brizola começou a provocar comentários do tipo: "O governo não está dando recursos pra polícia trabalhar e, ainda por cima, só quer saber de proteger malandro."

O discurso de Vivaldo Barbosa na visita à Ilha Grande, defendendo que os presos fossem tratados como cidadãos, provocou resmungos:

Os primeiros beneficiados

São os seguintes os casos já conhecidos de presos políticos que poderão pedir a revisão de suas penas durante a vigência da nova lei de Segurança Nacional:

• **Jessie Jane Vieira de Souza** — Está condenada a 27 anos de prisão pela tentativa de sequestro de um Caravelle da Cruzeiro, em 1970. O sequestro fracassou quando militares, sob o comando do Brigadeiro Burnier, surpreenderam os sequestradores lançando espuma sobre o aparelho e tirando-lhes a visão do que sucedia na pista. Foi condenada a 12 anos por crime de assalto e a 15 por sequestro. Pelo assalto ela recebeu a pena mínima do artigo 28 da lei vigente, que agora, corresponde, no texto, ao artigo 26 do projeto, no qual a pena mínima passou a ser de 2 anos. Pelo crime de sequestro, os 15 anos da lei vigente corresponderiam, segundo sua advogada, Eny Moreira, a 5 anos. Portanto, ela admite a possibilidade dos 27 anos serem transformados em sete. Como ela já está presa há oito anos, poderia ser libertada.

• **Colombo Vieira Souza** — Marido de Jessie Jane, de quem tem um filho nascido em 1976, quando ambos cumpriam sentenças, também foi condenado às mesmas penas, pelo mesmo crime de tentativa de sequestro do Caravelle. Seria libertado no início do próximo ano mesmo que as penas não fossem alteradas, pois por ser menor à época do crime, passou a ter o direito à soltura depois de cumprir um terço da pena.

• **Hermes Machado Neto** — Está preso desde abril de 1973 e cumpre pena de 12 anos, a mínima aplicável pelo Artigo 28 da lei vigente, o que pune assaltos. Segundo sua advogada, Eny Moreira, pode ser solto com a entrada em vigor da nova lei, que baixou a pena mínima desse crime, quando não há a prática de lesões corporais, para 2 anos.

• **Jesus Pareto Soto** — Está condenado a 20 anos de prisão pelo sequestro do Embaixador alemão Ehrenfried von Holleben, em 1970. Recebeu uma pena média entre a mínima prevista pela lei, que é de 12, e a máxima, de 30 anos. Na nova lei a pena fica entre a mínima de 2 e a máxima de 12. Por analogia, uma pena de 20 anos entre 12 anos e 30 anos, equivale a outra de 7 anos entre 2 anos e 12 anos. Como já cumpriu quatro, poderia ser solto dentro de 3 anos.

• **Ines Etienne Romeu** — Foi condenada à prisão perpétua por ter participado do sequestro do Embaixador suíço Giovanni Enrico Bucher, em 1970. Depois, a condenação foi baixada para 30 anos. Segundo seu advogado, a redução que a nova lei permite que através de uma revisão, a sentença seja baixada para oito anos. Como está presa há sete, poderia pedir livramento condicional.

• **Maria Cristina de Oliveira** — Cumpre sentença de 12 anos, por assalto. Como recebeu a pena mínima, pode pedir, segundo seu advogado, Lino Machado, por analogia, a pena mínima da nova lei, que é de dois anos. Está presa há sete anos e poderia ser libertada.

• **Jeferson dos Santos Nascimento** — Está no mesmo caso de Maria Cristina de Oliveira, e tem o mesmo advogado.

• **Nelson Rodrigues Filho** — Preso há sete anos, teve 17 processos, foi condenado em seis (pelos artigos 27 e 28) a um total de 60 anos de prisão. Segundo o advogado João Alfredo Portella, o filho do teatrólogo Nelson Rodrigues poderia conseguir uma redução para 14 anos, o que lhe abriria o caminho para o livramento condicional.

• **Amadeu Almeida Rocha** — É mais um caso de pessoa presa e condenada a 12 anos por participação em ação armada, sem o acréscimo da pena do delito qualificado, quando há lesões corporais. Essa pena, a do artigo 28, tem agora a mínima de 2 anos. Segundo seu advogado, ele foi condenado sem comprovação de participar da Resistência Armada Nacional — RAN.

• **Alex Polari Alverga** — Está condenado a um total de 72 anos depois de ter respondido a 12 processos, em sete dos quais foi absolvido. Condenaram-no por filiação à Vanguarda Popular Revolucionária VPR — e por sequestrar dois embaixadores, o suíço e o alemão, além de ter participado de dois assaltos. Por sequestro foi condenado à prisão perpétua. Assim, houve uma época em que ele esteve condenado a duas prisões perpétuas e ainda a mais alguns anos de prisão. Com os recursos à instância superior, teve as penas abrandadas e agora cumpre os 64 anos restantes da pena de 72. Segundo seu advogado, Lino Machado, ele pode pedir a revisão das penas e chegar a um novo total de 16 anos. Com o livramento condicional, poderia ser solto em maio do próximo ano.

• **José Roberto Gonçalves de Rezende** — Tem 75 anos de condenações que, há pouco tempo, como no caso anterior, eram de duas prisões perpétuas e mais alguns anos, pois, como Alverga, Rezende também participou de dois sequestros. No mesmo raciocínio, poderia ter a pena reduzida para 19 anos e seria libertado, nesse caso, em meados de 1981.

Na penitenciária de Bangu, Jessie Jane e seu filho receberam a visita do Cardeal Dom Eugênio Salles

Presa política no Talavera Bruce, Jessie Jane e o companheiro Colombo Vieira, detido na Ilha Grande, foram os primeiros beneficiados com visitas íntimas entre presos, em 1975. Dos encontros, nasceu a filha Leta.

Na charge de Chico Caruso, os cinco candidatos a governador do Rio de Janeiro: Lisâneas Maciel, Sandra Cavalcanti, Miro Teixeira, Moreira Franco e Leonel Brizola.

Leonel Brizola no dia da posse: festa popular.

Lewy Moraes/Folhapress, 15/3/1983

Visita da Comissão de Direitos Humanos à Penitenciária Milton Dias Moreira investiga denúncias de maus-tratos contra presos.

Evandro Teixeira/CPDoc JB, 20/3/1983

Cozinha de uma unidade do complexo da rua Frei Caneca, hoje demolido: o péssimo estado de conservação das instalações era norma no sistema penitenciário.

Evandro Teixeira/CPDoc JB, 20/3/1983

Na primeira visita ao complexo da Frei Caneca, Avelino Moreira, o recém-empossado diretor do Desipe, mostrou-se impressionado com as condições das cadeias.

Vivaldo Barbosa observa a comida servida aos detentos em visita ao Instituto Penal Candido Mendes, na Ilha Grande.

Diabético, o traficante Rogério Lengruber, conhecido como *Bagulhão*, é transferido para tratamento em hospital da rede pública.

Uma das primeiras ações da administração de Julita no Desipe foi a distribuição de produtos de higiene para os presos.

Cela superlotada do presídio Ary Franco, unidade de ingresso no sistema penitenciário.

Bicheiros presos no presídio de Niterói.

Acompanhada do vice-governador Nilo Batista, Julita Lemgruber visita obras de reforma em Água Santa.

Presos do Ary Franco mostram as marcas do espancamento a que foram submetidos por agentes.

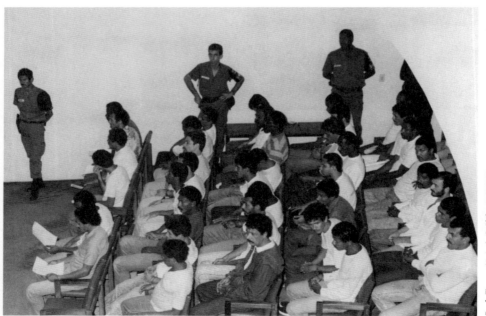

Numa audiência no Fórum do Rio de Janeiro, a juíza Denise Frossard ouviu 156 presos em um só dia.

Ao fundo, os corpos calcinados dos presos da cela A15, da Galeria A, do Ary Franco, onde ocorreu o incêndio que nunca foi totalmente esclarecido.

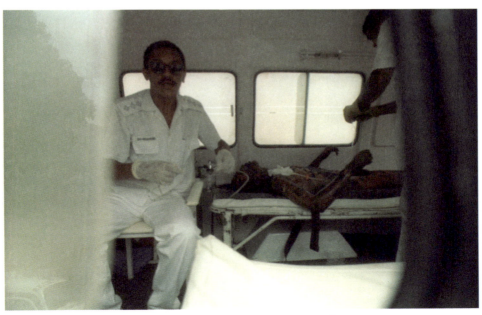

Uma das vítimas do incêndio que matou 33 presos do Ary Franco é transportada em ambulância.

O perito Mauro Ricart, diretor do Instituto Carlos Éboli, mostra à imprensa fotos da cela A15, cenário da tragédia do Ary Franco.

Julita, acompanhada do corregedor Pedro Beccari (primeiro plano, à direita) e policiais da Polinter procuram evidências da venda de saídas de presos do Instituto Penal Vicente Piragibe.

Notícia sobre greve de agentes: houve várias paralisações durante a administração de Julita.

Cordas e estiletes reunidos no pátio do presídio Milton Dias Moreira, após tentativa de fuga.

Julita Lemgruber em entrevista após a fuga do traficante internacional Mateu Sbabo Negri do presídio Ary Franco: evasões eram frequentes e, muitas vezes, facilitadas por funcionários corruptos.

"Banqueiros" do jogo do bicho reunidos para audiência com a juíza Denise Frossard, no Fórum do Rio de Janeiro.

Julita Lemgruber exibe atestados médicos que justificavam a transferência de bicheiros do Ary Franco para o Instituto Penal Vieira Ferreira Neto, em Niterói.

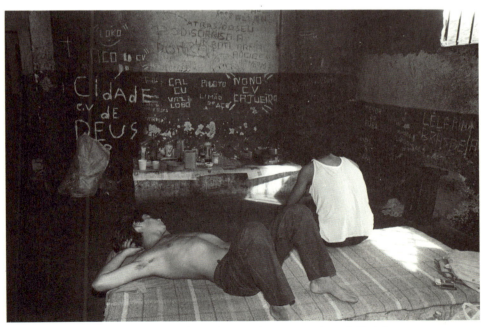
Cela da penitenciária Milton Dias Moreira, no complexo da Frei Caneca: unidade reunia presos do Comando Vermelho.

Buraco aberto na calçada da rua Frei Caneca: ponto final de um túnel cavado pelos presos que começava dentro de uma das unidades.

Julita Lemgruber dá entrevista sobre fugas ocorridas no sistema: 828 sindicâncias sobre evasões em unidades semiabertas.

Nilo Batista e Nair Guerra, do Ministério da Saúde, inauguram hospital para presos portadores do vírus HIV.

A denúncia de que o bicheiro *Piruinha* havia organizado um churrasco no Instituto Penal Vieira Ferreira Neto derrubou o diretor.

Julita Lemgruber no seu gabinete no Desipe anuncia a sindicância aberta para esclarecer o episódio do churrasco de *Piruinha*.

Charge sobre a desativação do presídio de Ilha Grande brinca com as notícias de que presos transferidos também queriam levar seus animais.

Presos são transportados da Penitenciária Candido Mendes para o cais do Abraão, na Ilha Grande, onde embarcariam para o Rio de Janeiro.

A implosão da Penitenciária Candido Mendes, na Ilha Grande, soterrou parte da história do sistema penitenciário.

— Agora a gente tem que chamar o malandro de cidadão. Você há de convir que bandido não é cidadão em lugar nenhum — ouvi de um agente.

Fora das prisões, os policiais também reclamavam. A tortura de suspeitos e criminosos sempre foi rotina nas delegacias. Durante o período militar, o sofrimento dos presos políticos mobilizou parcela da opinião pública que podia se identificar, com mais facilidade, com quem estava sendo brutalmente torturado: jornalistas, professores, políticos, universitários e até padres. Com a anistia e a libertação dos "subversivos", o tema deixara de ser importante. Um editorial do *Jornal do Brasil*, em 31 de outubro de 1980, fez esta análise:

> "As torturas e maus-tratos infligidos aos encarcerados, divulgados quase diariamente, perderam a capacidade de convencer a opinião pública, pois não há mais presos políticos nas masmorras. Quem apanha, agora, é o *lumpen*; e como esta escória social sempre apanhou na prisão, por que comover-se ou protestar?"

O novo governo queria suspender essa pancadaria. Mas o discurso oficial não tinha vingado nas delegacias. Delírios de quem não conhece a dureza das ruas, diziam os policiais. Para eles, as punições físicas eram essenciais para o trabalho. Em um artigo de Maria Victoria Benevides — publicado em uma edição da *Revista da OAB* que organizei, em 1985 —, um policial defendia que só com o uso do pau de arara e outros recursos violentos era possível apurar crimes:

— Não tem jeito, não existe outra forma. Só excepcionalmente podemos fazer um serviço desses: partir da investigação para chegar ao criminoso. Não existe outra forma no mundo, se existisse já teriam feito.

Os tiras estavam perdidos. Não tinham mais direito à pancada. Ao mesmo tempo, também não contavam com mais recursos para investigar de verdade.

— A polícia parou de trabalhar. O policial hoje não se arrisca a dar uma bofetada no malandro porque pode se dar mal. Só é punido quem trabalha — diziam.

Um delegado chegou a me dizer, com a maior candura:

"Quando o Brizola fala em direitos humanos acho que está se referindo ao cidadão de bem. O Brizola quer que a gente respeite quem tem ideias diferentes das dele, mas não o ladrão. Minha formação espírita não permite que eu pratique violência contra ninguém. Desde o momento em que confessou, não se toca mais no cara. Se eu for tratar a pão de ló, como vou apurar? Se o governador souber que o pessoal não está apurando crimes por esse negócio de direitos humanos vai ficar muito aborrecido."

Outro me falou, saudoso dos bons tempos: "Hoje você chega pro marginal e pede os documentos, ele vira pra você e diz: 'Primeiro os seus.' E ainda diz: 'Quem mandou ser polícia? Vai estudar.' Antes você dava logo um tapa nele."

Um dos instrumentos de fiscalização da polícia era o recém-criado Conselho de Justiça, Segurança Pública e Direitos Humanos. Enquanto o Conselho se ocupava de discussões de alto nível sobre a gestão do Estado, uma assessoria especial recebia queixas de violações de direitos humanos. Entre 1984 e 1986, foram registradas 1.222 denúncias. Apesar de contar com uma estrutura pequena, diante da enormidade da sua tarefa, o Conselho fez barulho com alguns casos exemplares. Trabalhando com o grupo Tortura Nunca Mais, esteve à frente de uma apreensão de objetos de tortura usados na sede da Polícia Federal. Na apuração do rumoroso assassinato da estudante Denise Benoliel, abriu sindicância para apurar violações dos direitos de um dos acusados — o porteiro do prédio da moça. A denúncia de uma mulher negra de que tinha sido impedida de entrar numa boate também mobilizou o Conselho, que convenceu Campana a fechar a casa.

Para os policiais, o Conselho era o guardião mais ostensivo da nova política, ajudando a aumentar a insatisfação. Em 1984, declarações descontentes de policiais começaram a surgir no noticiário. Em *O Globo*, em março, um delegado reclamava:

> "O policial civil hoje trabalha apavorado. Já era fiscalizado pelo chefe, pelo juiz, agora pelo Conselho de Direitos Humanos. Se der um tapa num vagabundo, corre o risco de ser punido... por isso, muitos fazem corpo mole."

Enquanto isso as estatísticas mostravam um aumento de 30% nos principais delitos durante 1983. Até o cardeal Dom Eugênio Sales reclamou no *Jornal do Brasil*, em junho, da "crescente onda de violência que aflige nossa cidade". As reportagens relacionavam o aumento da criminalidade com o combate às violações aos direitos humanos.

— Se o governo quer acabar com o crime, que deixe a polícia trabalhar à vontade... — disse um delegado, no *Jornal do Brasil*.

Um editorial do *JB*, em junho de 1984, resumiu o desgaste.

> "Tudo no fundo se resume a um fato razoavelmente simples: a polícia perdeu o que o povo chama, genericamente, de 'moral' (...) E perdeu, entre outros motivos, por causa da confusão de ideias que se criou ultimamente."

Vem dessa época a noção de que Brizola foi o grande culpado pela consolidação do poder do tráfico de drogas nos morros do Rio. Circulavam, então, boatos de que a polícia era proibida de subir as favelas, redutos eleitorais de Brizola. Balela. O que aconteceu foi, realmente, uma dura repressão ao estilo pé na porta de investigar dos policiais cariocas.

Naquele ano, os policiais que participavam da minha pesquisa voltaram à cantoria antiga: "O único português que marginal entende é a porrada", "Eu bato, dou choque, mas só com provas", diziam. Casos de tortura em delegacias, em claro desafio ao novo regime, voltaram a ser noticiados com frequência. Aumentou muito o número de prisões por vadiagem, o que Raymundo Faoro definia como "o mais comum abuso da violência institucional".

A relação com a polícia — especialmente a Civil — durante este primeiro governo Brizola foi se deteriorando até chegar à rebelião. Das prioridades de Campana ao assumir o cargo — "dinamizar a Academia de Polícia, aparelhá-la, rever a questão salarial" —, só se cumpriram os ganhos salariais. Os recursos para compra de material, a melhoria da academia e os equipamentos para a Polícia Técnica não apareceram. Para completar, a tolerância à atuação do jogo do bicho — visto pelo governo Brizola como uma atividade economicamente benigna, sem maiores consequências para a segurança pública — privara de uma lucrativa fonte de renda a parcela dos policiais civis acostumada a receber para não enxergar os pontos de aposta. Para os bicheiros, já não havia mais tanta necessidade de pagar por proteção.

O combate ao jogo do bicho, portanto, tornou-se o grande espaço para o conflito entre a Polícia Civil e as autoridades. Em novembro de 1985, com os ânimos quentes depois de uma assembleia que reivindicava aumento salarial e melhorias no trabalho, 200 policiais saíram pela cidade estourando pontos de bicho, sem se preocupar se estavam ou não na área das suas delegacias. Era a completa quebra da cadeia de comando. A crise também passou a se traduzir na rejeição dos "direitos dos bandidos" e na volta ao pau de arara. Em 1985, o delegado Amil Ney Rechaid sugeria pelos jornais: "Pau no banditismo!"

Enfraquecido, Campana perdeu o controle da organização. O presidente da Coligação das Polícias Civis, Álvaro Codeco, mandou ao ministro da Justiça, Paulo Brossard, um pedido de intervenção federal. Brossard deu declarações bombásticas sobre a crise fluminense. Pela primeira vez, organizações da sociedade civil, como associações de moradores da área nobre da cidade, a Zona Sul, faziam mobilizações contra o aumento dos crimes e "pela paz". Em julho de 1986, um grupo de delegados divulgou uma nota contestando a propaganda oficial, que anunciava a renovação da frota das delegacias e a contratação de policiais. Os policiais civis que transportavam para as carceragens policiais refeições que eram confeccionadas em determinados presídios, como o Hélio Gomes, na Frei Caneca, chegaram a cruzar os braços, deixando as unidades em situação complicadíssima.

Atingido ainda por denúncias de corrupção, Campana teve de deixar o cargo de secretário. Nilo Batista, então presidente da OAB, assumiu o posto nos últimos meses. Brizola, corajosamente, não mudou o curso da administração. Recomendou a Nilo que atuasse com energia:

— Mas com aquela energia legítima que não ultrapasse os direitos da pessoa humana.

Naquele momento, a declaração jogava mais gasolina na fogueira. O mandato de Brizola terminaria, ao fim de 1986, com um saldo amargo. A política de direitos humanos não conseguira empolgar a maioria dos cidadãos. Para muitos, os direitos humanos tinham virado "direitos de bandidos". E, para parte da sociedade, o herói gaúcho se transformara em vilão. Segmentos sociais que haviam se mobilizado contra a ditadura passaram a apoiar o arbítrio, acreditando que se justificava usar de violência para combater a violência. Para lutar contra o crime e os infratores, tudo era permitido. Este é, aliás, o ambiente que até hoje justifica que o emprego das forças de segurança continue a priorizar o confronto — deixando um saldo de milhares de mortes provocadas por ações policiais, principalmente nos grandes centros urbanos e, em especial, no Rio de Janeiro.

14
Jogando a toalha

Não era só a resistência dos agentes à determinação de respeito aos direitos humanos que nos preocupava na sede do Desipe. A falta de dinheiro para os itens mais básicos — material de limpeza, gasolina para as viaturas, pequenos consertos — era exasperante. Projetos que poderiam sacudir as prisões acumulavam poeira nas gavetas: reformas das cadeias, construção de novos presídios, programas de educação e trabalho. Um ano depois da posse, só a obstinação de alguns diretores conseguira atenuar aspectos do quadro dramático que vigorava no início do governo, como Avelino descreveria em um relatório sobre a sua gestão:

> Encontramos o sistema em situação caótica, quase trágica. A falta de investimentos ao longo dos anos fez com que as instalações físicas estivessem absolutamente precárias. Presos, inclusive tuberculosos, dormindo no chão, vazamentos e infiltrações de água, instalações elétricas em constantes panes, rachaduras nas paredes, cozinhas funcionando sem condições de higiene. O próprio sistema de segurança estava vulne-

rável: grades corroídas, portas sem fechaduras. Túneis abertos, fugas constantes, presos com verdadeiros arsenais em seu poder.

Hospitais e ambulatórios sem medicamentos. As poucas escolas com deficiência de tudo. Dos cerca de 9.000 presos, só 200 trabalhavam produtivamente, com remuneração baixíssima.

Situação precária também quanto a recursos humanos. Um guarda para 100 presos. Faltando assistentes sociais, psicólogos, médicos etc.

Presos sem merecer a mínima atenção, sem trabalho, sem poder comprar produtos para suas necessidades básicas de higiene, transformando-se aos poucos em miseráveis maltrapilhos.

Não havia dinheiro para nada. Às vezes não havia nem como pagar aos fornecedores da comida. Avelino caía no desalento. Eu ficava furiosa. Um dia, depois de meses de penúria, resolvi ignorar a hierarquia e fui falar com o secretário de Justiça, Vivaldo Barbosa. Vivaldo, com seu jeito calmo e voz mansa, não conseguia dobrar o pessoal do núcleo central das finanças do governo e fazê-los perceber as prioridades do sistema penitenciário.

Entrei no gabinete, no anexo do Palácio Guanabara, nervosa, falando alto. Nesta altura, o meu pavio curto já estava prestes a explodir. Vivaldo, espantado, levantou-se da mesa:

— Calma, Julita. Deixa eu fechar a porta.

Em silêncio, esperei que ele se levantasse e fechasse a passagem para a antessala. Mal ele se voltou para mim, mostrei uma cópia da carta que havíamos distribuído nas filas de visita dos presídios — aquela que prometia mundos e fundos para os presos e suas famílias — e retomei o meu discurso indignado:

— Se você não tem vergonha de acordar e se olhar no espelho de manhã, eu tenho! É uma hipocrisia termos prometido tanto e não estarmos fazendo nada!

— O governador tem muitas outras prioridades, Julita. Especialmente a educação — justificou Vivaldo.

Era verdade. O projeto dos CIEPs — Centros Integrados de Educação Pública, que o povo chamava simplesmente de Brizolões — era a menina dos olhos do governo. A sensação dos demais integrantes da administração era que toda a verba que pingava no caixa único do Estado desaparecia no colossal sumidouro em que se transformara a meta de construir 500 novas escolas no Rio. E não seriam escolas comuns. Os CIEPs deveriam oferecer às crianças e aos jovens de baixa renda ensino em turno integral, onde o aprendizado padrão seria complementado por atividades culturais e esportivas. Além de todas as refeições, a garotada receberia atendimento médico e odontológico.

Apesar das acusações de megalomania contra o pai do projeto, o carismático Darcy Ribeiro, sempre considerei injusto negar o mérito da iniciativa. O objetivo de construir 500 escolas foi alcançado na segunda gestão de Brizola como governador do Rio de Janeiro. Infelizmente, os governos seguintes praticamente abandonaram a proposta inicial. Muita gente boa hoje, inclusive policiais, acredita que se tivessem dado continuidade à proposta, exatamente como Brizola e Darcy sonhavam, com certeza hoje teríamos um Rio de Janeiro menos violento e mais desenvolvido.

Naquela época, no entanto, nós todos ficávamos frustrados com a prioridade dada aos CIEPs. Inclusive Avelino. Em 1985, ele estava farto do cargo de diretor do sistema penitenciário. Havia dois anos batia ponto no gabinete. Passava a maior parte do dia cuidando de questões burocráticas e da luta que era assegurar recursos mínimos para manter as unidades.

— Não vim aqui para ser um carcereiro — reclamava Avelino, nas horas de maior desânimo.

A cobertura que a imprensa fazia das ações do Desipe era outro motivo de frustração para todos nós. Logo após a posse de Brizola, os jornais destacaram a indignação dos novos titulares do Desipe com as más condições da cadeia e anunciaram realizações. "Vivaldo se declara chocado com o que viu na Ilha Grande", anunciou o *Jornal do Brasil*, em 27 de março de 1983. "Governo quer tirar mil presos das cadeias", avisava o mesmo *JB*, no dia 29 do mesmo mês. "Dentro de um ano o Estado já terá dez minipresídios", anunciava *O Globo*, em 18 de junho de 1983.

Essa fase de boas relações com a mídia não durou muito. Depois de um ano, reportagens positivas se tornaram raras. Em março de 1984, ganharam destaque nos diários denúncias sobre o Desipe feitas pelo próprio coordenador de saúde. "Médico diz que presídios enviam presos sãos para psiquiatria como punição." Segundo o médico, os manicômios eram usados para "amansar" os presos rebeldes.

A história era muito diferente. O que acontecia é que, depois de presos, alguns internos começavam a apresentar distúrbios na cadeia e eram enviados para avaliações. Pode ter havido algum caso de internação desnecessária. Mas nunca foi prática do Desipe mandar criadores de problema para tratamento psiquiátrico — ou teríamos enviado toda a cúpula da Falange Vermelha para o hospício. Muito mais séria, na verdade, era a quantidade de presos que precisava, sim, de atendimento para distúrbios de comportamento, e não tinha. Na verdade, tratamento psiquiátrico sempre faltou para os detentos, nunca sobrou.

Mesmo assim, o caso nos jornais fez um estrago. Logo notícias de mortes causadas por guerras de facções, desvios de alimentos e cadeias lotadas e em péssimas condições — problemas crônicos que, por mais que tentasse, Avelino não conseguia resolver — começaram a se repetir. Em julho de 1984, um estudo da Fundação João Pinheiro sobre as prisões mineiras e fluminenses anunciava que "O sistema penal do Rio de Janeiro atingiu o seu mais alto grau de deterioração. Praticamente nada funciona em níveis mínimos de eficiência". Curioso é que a pesquisa tinha sido encomendada pelo Ministério da Justiça. O mesmo ministério que não liberava verbas para melhorar as cadeias condenadas.

Em março de 1984, o *Jornal do Brasil* publicou um editorial venenoso, intitulado "Barata tonta". O texto, que comparava a administração a um inseto atordoado, em busca de fuga, citava demissões na equipe, precariedade das prisões e considerava verdadeira a história das transferências para instituições psiquiátricas. O jornal afirmava que o socialismo moreno copiava métodos soviéticos. Para uma equipe que tinha comprado briga com meio mundo para defender os direitos dos presos, a comparação era risível. Pena que muitos leitores com certeza acreditaram que era verdade.

* * *

Em 1985, Avelino estava cansado de tanto lutar por verbas, sem sucesso. Mesmo assim, pediu um encontro com o secretário de Justiça Vivaldo Barbosa para propor um projeto de gestão, a ser implantado nos dois anos seguintes. Obras nas cadeias, oficinas de trabalho, cursos — os sonhos de sempre estavam reunidos ali. Vivaldo prometeu pedir os recursos a Brizola. Avelino tirou 15 dias de férias. Precisava esfriar a cabeça. Se, ao voltar, recebesse um não, estava decidido: assinaria a sua carta de demissão. Sentia-se como o jogador que dá a última cartada antes de desistir do jogo.

Logo que voltou, foi falar com Vivaldo.

— O governador prometeu que quando vier o dinheiro da União ele libera para o Desipe.

A falta de recursos do governo federal era um dos problemas crônicos do governo Brizola, oposição rasgada aos militares que ainda mandavam no Planalto. Avelino sabia que este dinheiro poderia nunca chegar.

— Isso não me interessa. Não trabalho para a União, trabalho para o Estado. Vou lhe dizer uma coisa, Vivaldo: se você não arrumar uma solução em cinco dias, eu saio.

Saiu. Para o seu lugar foi convidada a psicóloga Raquel O'Donnell, que então dirigia a Penitenciária Lemos Brito. Nós, da equipe de Avelino, decidimos permanecer na administração por acreditar que aquele espaço deveria ser ocupado por quem já tinha experiência e propostas concretas para o sistema penitenciário. Não queríamos correr o risco de ver o Desipe leiloado entre os caçadores de cargos do PDT.

15
Liberdade condicional

A psicóloga carioca Raquel O'Donnell entrou em uma prisão pela primeira vez quando ainda trabalhava no setor de recursos humanos da Telerj, a antiga companhia telefônica do Rio de Janeiro. Augusto Thompson era diretor do Desipe em 1979, quando a conheceu através de amigos comuns. Numa tarde, ele a procurou com um pedido de ajuda:

— Raquel, tenho um projeto pronto e aprovado para não dar certo. É um projeto que diz que os presos, que a vida inteira ficaram dentro das prisões olhando para fora, pensando em como pular o muro, terão as portas abertas. Vão sair para trabalhar e terão de voltar com suas próprias pernas.

Era o embrião do que viria a ser o regime semiaberto nas unidades fluminenses. Thompson queria implantar o novo sistema, que permitiria que os presos se integrassem gradualmente ao mercado de trabalho, procurando evitar a reincidência nos antigos delitos após o fim da pena. Para isso, seria necessário treinar os agentes. Afinal, os mesmos agentes que tinham a obrigação de impedir as fugas agora teriam de abrir o portão e dar até logo aos selecionados para passar o dia fora da prisão.

Raquel treinou os guardas por um mês, aproveitando as suas férias da Telerj. Ao final, foi se despedir de Thompson.

— Pois é, eu precisava muito de alguém como você, mas nem posso te contratar. Não tenho uma posição sólida para oferecer. A primeira coisa que não der certo aqui eu viro a mesa e saio, e aí você dança junto nessa história — comentou o diretor do Desipe.

Raquel tinha um emprego seguro numa grande empresa, com um bom salário. Claro que não poderia trocar o certo pelo duvidoso. Mas foi o que fez. Queria continuar a trabalhar com aquele baiano carismático. E estava interessada em um desafio maior do que o que poderia encontrar numa empresa de telefonia.

O desafio durou alguns meses. A psicóloga promoveu atividades para integrar os diretores das unidades — "cada um é um senhor feudal", definira Thompson. E também ensaiou o treinamento de grupos de guardas, que mais tarde levaria a cabo de forma bem mais abrangente. Meses depois, Thompson virou a mesa, como previra, e Raquel também deixou o sistema. Voltou à iniciativa privada, até que, em 1982, recebeu um telefonema de Vivaldo Barbosa, convidando-a para uma reunião para discutir a gestão do sistema penitenciário no futuro governo Brizola. Raquel foi, e saiu de lá com um convite para assumir a direção do Instituto Muniz Sodré, em Bangu, destinado aos jovens de 18 a 21 anos. Avelino pretendia fazer do lugar uma instituição modelo.

Raquel não dormiu após o convite. Passou uma noite remoendo o que considerava uma contradição difícil. Sua formação em psicologia a fazia ter convicção de que qualquer preso dotado de boa saúde mental deveria tentar fugir.

"Eu vou ser uma carcereira de luxo. O mandato que a sociedade está me dando é 'Não deixe o preso fugir'. A preocupação não é a reeducação, é que os presos não venham atrapalhar a gente aqui fora", pensava, durante aquela madrugada.

Lá pelo fim da noite, teve uma ideia que encerrou o dilema: "O preso que foge não sai", disse com seus botões.

A fuga não era um caminho viável. Na escapada o preso poderia ser morto ou recapturado. Se tivesse sucesso, teria de passar o resto da vida fugindo, temendo ser preso novamente. A liberdade sempre seria condicional.

Só então Raquel conseguiu dormir. Meses depois, assumiu o Muniz Sodré. Era uma unidade pequena — apenas uns 200 e poucos jovens. Pouco antes de Raquel assumir, em março, uma rebelião terminara em verdadeira batalha contra a PM. Presos atacaram os guardas com garrafas; barrigas foram retalhadas.

Ao chegar, Raquel descobriu que teria de combater inimigos mais prosaicos. Os internos tinham feridas causadas pela sarna. Por causa das más condições de higiene, instalara-se nas cabeças da rapaziada uma superpopulação de piolhos. Coçava-se no Muniz Sodré a mais não poder. A nova diretora declarou guerra aberta aos parasitas, com banhos de sabão medicinal e a determinação de lavar até o último trapo. Os guardas se engajaram, trazendo de casa ferros de passar para esterilizar as roupas. Em pouco mais de uma semana controlaram a epidemia.

Vencida a primeira batalha, Raquel pôde se dedicar a temas muito mais complicados. Não era seu estilo chegar e sair dando ordens a torto e a direito. Queria antes ouvir seus comandados, e para isso convocou uma série de reuniões com as turmas de guardas. No primeiro desses encontros, pediu que os agentes se sentassem em círculo e convidou-os a dizer o que esperavam da reunião.

— A gente espera que a senhora vai dar as ordens aí, a senhora vai impor o seu sistema — falou o mais desinibido.

— Eu acho que vocês estão propondo um jogo. Vamos ver se eu estou entendendo a regra — respondeu Raquel. — A regra do jogo é a seguinte: "A senhora faz de conta que manda e a gente faz de conta que obedece. E não vai acontecer coisa nenhuma, porque não é a senhora, chegando toda cheirosa da Zona Sul, que vai dizer pra nego velho, malandro de fundo de cadeia, como trabalhar. A senhora fala aí como é o seu jeitinho e quando a senhora estiver passando a gente faz do seu jeitinho, e daqui a pouco a senhora vai cair mesmo, isso aqui é uma passagem, e tudo volta a ser como sempre foi."

Silêncio. Os homens olharam para a diretora com cara de quem pensava: "A senhora lê pensamento?" Raquel aproveitou o momento de abalo para "vender" sua proposta:

— Este é um mundo muito difícil, árido, para vocês e para mim. A distância que existe entre um guarda e um preso é pequena. Eles pularam um muro que vocês não pularam, mas vocês vivem dificuldades parecidas. Nosso desafio vai além de evitar que fujam. É tornar isso aqui alguma coisa que tenha algum significado na vida deles e na nossa.

Raquel ainda falou mais. Sabia que era necessário fazer uma parceria com os agentes.

— Eu preciso de vocês, porque quero continuar viva. E vocês precisam de mim, porque fazem muita porcaria. Eu já trabalhei com guarda antes e sei que posso ajudar.

Ao fim da semana de encontros, Raquel tinha feito com que cada uma das turmas de guardas preparasse uma sugestão de plano de ação para a sua administração. Queria instalar na cadeia uma gestão participativa, em que as decisões fossem tomadas sempre após discussões com os vários setores da unidade. Ouviu também o pessoal técnico — médicos, assistentes sociais. Até os presos foram ouvidos, para escândalo de alguns. Uma das suas reivindicações era a visita íntima. No Muniz Sodré, um lugar repleto de jovens explodindo de testosterona, não havia um parlatório como os que funcionavam em outras prisões. Os presos sugeriram transformar uma das galerias, desativada por estar em péssimo estado, no seu motel. Era uma boa ideia, mas dinheiro para isso não havia.

— Se vocês conseguirem fazer, através do trabalho de vocês e de doações, tudo bem. O que eu posso fazer é liberar o telefone — disse Raquel.

Em pouco tempo o parlatório estava funcionando, cheirando a tinta fresca, até com lençóis novos. A malandragem da rua contribuíra para a alegria dos irmãos presos.

Dois anos depois de assumir a prisão, Raquel deixou a direção para ter um filho. Quando era hora de pensar em voltar, Avelino a chamou:

— Lá já está organizado, dá para outro diretor tocar. Agora preciso de você em outro *front*.

Em 1984, Raquel assumiu a Lemos Brito, uma cadeia de segurança máxima no Complexo da Frei Caneca, próximo ao Centro do Rio de Janeiro. A história lá era diferente. Cerca de seiscentos presos considerados de alta periculosidade e uma situação de grande tensão, já que o Terceiro Comando tentava impor o seu domínio sobre a cadeia. Vários dos guardas vendiam privilégios e desviavam víveres. Meses antes, o sumiço do carregamento de óleo diesel de um caminhão tinha sido um escândalo no Desipe. Outros fechavam os olhos para a opressão dos líderes do coletivo sobre os demais presos — desde as ações mais mesquinhas, como tomar a carne das refeições dos mais fracos, até os espancamentos e assassinatos. Depois de ouvir histórias de arrepiar, Raquel fez um trato com Avelino:

— Quero ter a liberdade de trocar todos os guardas, se for preciso.

A reunião com os guardas na Lemos Brito foi bem diferente. Depois de uma rápida apresentação, Raquel colocou logo as cartas na mesa. Sabia que alguns bons funcionários queriam ser transferidos da unidade e que o pedido fora negado pelo diretor anterior. Raquel anunciou que autorizaria a mudança:

— Vou lamentar a saída, mas não vou punir alguém porque é bom.

Mas havia outras duas categorias de funcionários, continuou Raquel.

— Um é o funcionário público que tem um outro emprego lá fora e nem é um grande funcionário nem um mau funcionário, é um feijão com arroz. Queria dizer a vocês que nessa administração vamos tentar fazer a diferença e vai ser para arregaçar as mangas. Se você está querendo moleza, ter outros três empregos lá fora, não convém ficar porque não vai dar certo. E tem uma terceira categoria que vai para a cadeia. Pode ficar, mas do lado de lá do muro, com os bandidos. Quem roubar na minha administração e eu souber está frito. Qualquer nível de corrupção e violência vai ser punido. Portanto, se manda, porque não vai prestar!

Raquel encerrou o discurso com o pedido de que os agentes escolhessem o seu futuro:

— A secretária está ali fora com uma lista com o nome de vocês. É só colocar ao lado "fico" ou "saio".

Só meia dúzia de guardas ficou. Felizmente, mil novos funcionários estavam sendo contratados, recém-aprovados por um concurso público para agentes penitenciários. Com sua experiência em recursos humanos, Raquel coordenara o treinamento dos novatos, durante a licença-maternidade. Dentre os novatos, escolheu a sua equipe. Houve pouco tempo para fazer mudanças profundas na Lemos Brito. Seis meses depois, seria chamada por Vivaldo Barbosa para descascar um abacaxi bem maior: a direção do Desipe.

Raquel relutou em assumir o cargo. Acabara de entrar na Lemos Brito, sentia que estava apenas começando o trabalho na cadeia. E a perspectiva de dirigir 23 unidades com mais de dez mil presos parecia opressiva. Decidiu aceitar, desde que o governo se comprometesse com duas iniciativas: criar uma escola penitenciária para formação de agentes e um plano de carreira, que oferecesse perspectivas de desenvolvimento profissional para eles. Pedidos aceitos, Raquel tomou posse em julho. Um dos seus primeiros compromissos foi uma assembleia da Associação de Agentes Penitenciários, à qual compareceu com Vivaldo Barbosa. O secretário confirmou que tanto a escola quanto o plano de carreira seriam implantados em poucos meses.

O movimento reivindicatório acalmou um pouco, mas logo voltou à carga. Em agosto, os agentes estavam revoltados e passaram a fazer assembleias periódicas de mobilização. Numa delas, chegaram a reunir 700 agentes — um quorum inédito para uma entidade que sempre fora esvaziada. Vivaldo Barbosa prometera ir à reunião, mas na última hora cancelou a presença. Os ânimos se exaltaram. "Greve!", "Greve!", pedia a multidão. Raquel, constrangida, colocou panos quentes na situação e prometeu a presença de Vivaldo na assembleia seguinte.

No dia marcado, dezenas de pessoas esperavam na sede da Federação das Associações de Servidores Públicos. Vivaldo, mais uma vez, não foi e enviou um assessor. O clima dos participantes era de revolta — mas, para surpresa dos presentes, uma das mais indignadas era a própria Raquel. Emocionada, ela pediu demissão ali mesmo:

— Lamento muito, sejam quais forem as explicações do secretário, não vou compactuar com isso. Estou saindo do cargo.

A assembleia emudeceu. Ninguém podia acreditar que a diretora do Desipe tomara o partido dos manifestantes.

O gesto de Raquel deixou a equipe que estava à frente do Desipe estarrecida. Refeitos do susto, decidimos continuar a trabalhar pela continuidade da proposta de humanização do sistema penitenciário. Por isso, resolvemos que o substituto de Raquel deveria sair da equipe. Assim, foi escolhido por nós — e referendado pelo governo — o nome de Domingos Braune, promotor de Justiça a assessor jurídico do Desipe.

Com Braune na direção, acabei por ocupar o cargo de coordenadora responsável pelas áreas de educação, serviço social e assistência jurídica, que exerci até o fim do governo.

16
De volta

Em 1990, Brizola candidatou-se novamente a governador do Rio de Janeiro. O político havia concorrido à presidência em 1989, contra Fernando Collor e Luiz Inácio Lula da Silva. Perdera de Lula por uma pequena margem (0,63%) a vaga no segundo turno. Mas, no Rio de Janeiro, levara 52,1% dos votos do estado, mostrando que seu capital político sobrevivera aos quatro anos de governo Moreira Franco. Assim, não foi surpresa quando, em outubro de 1990, Brizola recebeu 61% dos votos e ganhou o direito de voltar a ocupar o Palácio das Laranjeiras, numa consagradora vitória no primeiro turno.

Durante a campanha, eu tinha me mantido a distância, trabalhando na área de pesquisa no sistema penitenciário. Durante todo o período Moreira eu recusara qualquer cargo de direção. Aproveitara aqueles quatro anos para me dedicar ao estudo de alguns temas que me interessavam particularmente: a questão da reincidência penitenciária e dos desvios de comportamento de agentes penitenciários. Mas quando a vitória começou a se desenhar no horizonte, o advogado Nilo Batista me chamou para uma conversa no seu escritório, no Centro do Rio de Janeiro. Pediu-me que fizesse um diagnóstico do sistema penitenciário. Escolhido para compor a chapa com Brizola, como candidato a vice-governador, ele também acabaria sendo o homem forte na área de segurança pública — entre 1991 e 1993, chegou a acumular a Secretaria de Justiça e a de Polícia Civil com a vice-governadoria.

Fizemos o relatório. Era desanimador. As condições físicas das 25 unidades do Desipe receberam a seguinte classificação: RA — razoável; RU — ruim; P — péssima. Não havia a opção "boa". Só 12 foram consideradas "razoáveis". Nas outras, problemas como alas prestes a desabar, esgotos a céu aberto, cozinhas sem condições de uso. Até mesmo a novíssima Penitenciária de Bangu 1 já começava a dar sinais de desgaste, apresentando falhas nos sistemas eletrônicos de segurança. O sistema abrigava 9.249 presos e 2.379 agentes. A carência de pessoal era enorme. Psicólogos e psiquiatras, por exemplo, eram pouquíssimos — no entanto, era preciso parecer deles para permitir, por exemplo, que o preso pudesse cumprir a sentença em regime semiaberto. As cadeias não dispunham de funcionários na área administrativa. Por conta disso, presos datilografavam documentos sigilosos e agentes treinados para vigiar celas passavam a atender o telefone. Gastava-se em dois meses com refeições terceirizadas o suficiente para reformar todas as cozinhas das cadeias.

Em dezembro, depois de receber o relatório, Nilo me deu uma nova missão. Agora, eu deveria coordenar o grupo que iria planejar a gestão do Desipe. Mais uma vez, topei. Ao fim de uma de nossas reuniões, uma assessora de Nilo me entregou um monte de pastas. Eram currículos de pessoas que queriam emprego no sistema penitenciário. Retruquei de imediato:

— E o que devo fazer com isso?

— Mas você não sabe não? — respondeu a assessora, surpresa.

— Sabe o quê?

— O Nilo já decidiu que você vai ser a diretora do Desipe.

Não gostei nada. Afinal, que história era esta? Quem estava surpresa era eu. Alguém decidir por mim uma coisa desta importância? Não disse que sim, nem que não. Apenas insisti numa conversa com Nilo, a sós.

Dois dias depois, eu estava no escritório dele. Entrei decidida:

— Nilo, obrigada por pensar em mim, mas não quero voltar ao Desipe em cargo de direção. Já bastou a experiência do primeiro governo.

Durante aquele período de planejamento, eu imaginava que acabaria trabalhando na assessoria de Nilo. Não tinha qualquer vontade de assumir maiores responsabilidades na administração do sistema penitenciário. Mas Nilo tinha argumentos sólidos para não aceitar a minha negativa ao seu convite para assumir a direção-geral do Desipe. Carismático, com sua voz rouca e jeito cativante, ele insistiu:

— Julita, você é a pessoa em quem eu mais confio nessa área! Isso é uma coisa de amizade. Se o amigo em quem eu mais confio não me ajudar numa hora dessas... Vou ficar na mão.

Relutei. Mas ele continuou a argumentação, descrevendo como a rotina administrativa seria diferente, inclusive no que dizia respeito à obtenção de recursos, já que ele seria ao mesmo tempo secretário de Justiça e vice-governador. Não repetiríamos a história do primeiro governo Brizola, não viveríamos mais de pires na mão a pedir verbas para as prisões. Arrancaríamos do governo os recursos necessários para nossos projetos. Acreditei. Como não acreditar?

Pedi um tempo para pensar, mas deixei o encontro inclinada a dizer sim. Afinal, teríamos recursos para promover grandes transformações no sistema penitenciário. Quem sabe, muitas daquelas que não tínhamos conseguido realizar no primeiro governo Brizola? Fiz uma reunião com amigos que haviam trabalhado ou ainda trabalhavam no Desipe, para ouvir avaliações. A maioria me incentivou. Pedro Beccari, o autor dos divertidos relatórios da Vicente Piragibe, era o único contra.

Pedro estava certo de que o novo período no Desipe seria uma repetição da penúria do primeiro. Foi minha vez de usar o discurso sobre o novo poder de Nilo. Dessa vez será diferente, garanti. Precisava dele e se ele não aceitasse trabalhar comigo, desistiria do cargo. Já tinha planejado que ele assumisse a Correição Interna, órgão que investigava os atos irregulares ou ilegais dos funcionários. Era uma área crucial para o combate à corrupção e à violência, problemas centrais do Desipe. Eu queria valorizar a função, e Pedro — com a sua inteligência, sensibilidade e seriedade — seria a pessoa certa. Sem convicção, ele se comprometeu a ficar um ano — "para dar o pontapé inicial". Depois, sairia.

Saí da reunião com um organograma do futuro Desipe montado. Dias depois, em novo encontro com Nilo, aceitei o desafio — não sem fazer algumas exigências, entre elas a de que não aceitaria qualquer interferência partidária nos rumos da política penitenciária. Como eu já tivera problemas desse tipo no primeiro governo Brizola, esta era uma questão que não podia ficar pendente. Nilo acatou inteiramente minhas alegações. Eu não aceitaria intromissões do PDT nem na escolha da equipe que trabalharia comigo, nem em questões internas, como a transferência de presos entre os diversos estabelecimentos. Enfim, a tal pasta de currículos já ia para a gaveta.

17
Bronca em frente ao espelho

Tomei posse como diretora do Desipe em 15 de março de 1991. Houve discurso e solenidade, mas não quis que meu marido e meus três filhos adolescentes comparecessem. Tinha decidido que faria o máximo para preservá-los do insano cotidiano das cadeias do Rio. Em casa, não falava sobre as ameaças de morte, as crises, as greves — nada que traduzisse o risco embutido na função. A família pouco sabia do que acontecia no meu gabinete da rua Senador Dantas.

Ao chegar lá pela primeira vez, tive uma sensação de familiaridade. Eu conhecia quase todo mundo, da secretária ao servente. Tudo estava mais ou menos igual à época em que era assessora de Avelino. Diferente era a minha posição. Não fosse o curto período de Raquel O'Donnell, seria a primeira mulher a dirigir o sistema penitenciário, uma instituição que tinha a macheza como pilar. Ingenuidade ali era pecado mortal. Fraqueza, sentença de morte — ou caminho para a rápida sujeição. Sabia que teria de ser dura. E fui. Todas as manhãs, em frente ao espelho, me preparava para o que viria, repassando erros dos dias anteriores e fortalecendo o espírito para enfrentar o que começava.

Passava batom e uma descompostura na mulher de 46 anos que via refletida.

A lista de afazeres de cada jornada ficava bem à vista. Sobre a mesa grande, de tampo de vidro, havia uma luminária comprida, com uma lâmpada fluorescente. Ali, eu pregava uma série de papeizinhos adesivos, cada um com uma tarefa ou problema para ser resolvido. A cada tarefa que cumpria, um adesivo ia para o lixo. Em geral, só deixava o gabinete quando a luminária estava livre dos papéis e eu tinha encaminhado cada uma das questões.

Minha posição não admitia adiar a solução dos problemas. No Desipe, tudo era urgente. As unidades prisionais viviam um caos intolerável. Pouco tempo depois da posse, decidimos apresentar à imprensa a dramática situação das prisões fluminenses. Como tinha sido feito no primeiro governo Brizola, queríamos registrar, publicamente, as péssimas condições em que havíamos recebido as unidades. As matérias foram publicadas em 28 de abril de 1991, no dia seguinte a uma entrevista comigo. O popular *O Dia* foi o mais enfático: "Presídios são um caso de polícia", denunciava a reportagem, que falava de "presídios caindo aos pedaços, corroídos por infiltrações, com as instalações elétricas, hidráulicas e sanitárias funcionando precariamente". O texto informava, ainda, que

> "as poucas cozinhas que funcionam apresentam muitas deficiências e as condições de higiene são lastimáveis. Os prédios não têm revestimento externo ou interno e os fios desencapados são uma permanente ameaça de morte para os desavisados".

Apesar de toda essa precariedade, cada preso custava ao Desipe 3,4 salários mínimos por mês.

Mesmo assim, contava o jornal, "nem tudo está perdido para Julita Lemgruber". "Ela está otimista com a filosofia que o novo governo do estado pretende implantar de dar condições ao presidiário para que ele possa se reintegrar na sociedade", comentava a repórter, sem ironia. A matéria acrescentava que pretendíamos "construir cerca de 5 mil vagas na área de Bangu (20 unidades para 250 detentos)" e trocar o complexo da Ilha Grande por um presídio no continente e um hospital com 500 leitos.

De boas intenções estávamos cheios. Tínhamos planos grandiosos, mas fomos obrigados a começar de forma modesta. Uma das nossas primeiras ações foi distribuir kits com escovas de dentes, pasta e sabonetes aos 9 mil detentos. Queríamos reduzir a influência de lideranças de facções sobre a massa carcerária, e desde os tempos de Avelino, no primeiro governo Brizola, aprendera que a penúria de grande parte dos presos os tornava dependentes das chamadas lideranças para satisfazer suas necessidades mais básicas. Acabavam como massa de manobra dos chefes de facções, obedecendo a suas ordens até mesmo para matar companheiros. Enquanto isso, o governo se omitia.

A distribuição dos itens de higiene seria mensal, anunciei na época, esperançosa. Fizemos um acordo com uma rede de supermercados, devedora de impostos, que passou a saldar a dívida com o fornecimento dos kits. Por seis meses eles nos enviaram os produtos, repassados a todas as unidades. Acabou a dívida, acabou a distribuição. O orçamento apertado do Desipe não dava para as emergências, muito menos para artigos de higiene. Preso limpo era luxo. E eu logo iria perceber que, como no primeiro governo, as cadeias não eram prioridade na hora de dividir os recursos do Estado.

18
Pintura de guerra

Uma das decisões difíceis que tive de tomar, mal havia assumido o posto de diretora do Desipe, foi relacionada a uma greve de agentes, o primeiro de vários movimentos corporativos que enfrentei na minha administração. Tínhamos apenas três meses de governo quando a campanha salarial dos agentes começou a se acirrar. Em julho, o sindicato iniciou uma operação tartaruga, prometendo cumprir rigorosamente as determinações do regulamento penitenciário. Escolta de presos? Só se o veículo estiver nos trinques, com rádio funcionando e pneus em bom estado. Rigor nas revistas dos visitantes. Enfim, a promessa era deixar o jeitinho de lado — o suficiente para abalar um sistema que só funcionava no limite.

O movimento aconteceu, mas a adesão não foi tão grande assim. Em outubro, começaram a se organizar assembleias para votar a greve. Nilo Batista prometera uma gratificação que representava um aumento de 100% aos servidores da Justiça — na época, com a inflação galopante, este índice não era nada de mais. No entanto, a demora na concessão do aumento angustiava a todos nós.

Quando ficou claro que haveria greve, convoquei uma reunião dos diretores de unidades no meu gabinete. Desde o primeiro dia, instituí a prática de sempre discutir decisões importantes em encontros com toda a equipe. Mesmo que não houvesse crise, o grupo se encontrava ao menos uma vez por mês para trocar informações. Mas daquela vez havia. E grande.

Uma greve de agentes penitenciários é coisa séria. Em geral, os agentes não deixam de ir às cadeias. Alegando compromisso com as suas responsabilidades, continuam a dar plantões em equipes reduzidas. Os presos deixam de ter visitas e banhos de sol, os serviços técnicos não funcionam, oficinas e salas de aula deixam de ser abertas. Tudo isso contribui para aumentar o nível de tensão, que normalmente já é quase insuportável. Para os presos, as visitas dos familiares não representam apenas conforto moral, mas o acesso a itens básicos de sobrevivência: remédios, pasta de dentes e selos de correio. São artigos que vêm na bolsa dos parentes, junto com prazeres como o cigarro ou uma fatia de bolo. Suspender visitas é receita certa para *virar a cadeia*. E quando *a cadeia vira*, os protestos podem chegar a rebelião.

Eu estava decidida a garantir o funcionamento normal das cadeias e forçar os agentes a tomar uma posição. Ou eles continuavam a negociar com o governo, ou assumiam a greve para que eu pudesse chamar a Polícia Militar. A solução de chamar a PM para substituir os agentes era uma alternativa complicada. Os policiais militares, sem treinamento e sem compromisso com o sistema penitenciário, acabam sempre deixando o clima da prisão ainda pior. Mas continuar indefinidamente com operações tartaruga, atiçando os ânimos dos presos, seria inaceitável.

Naquela tarde, a maioria dos 25 convocados para a reunião no meu gabinete tinha um só pensamento: evitar a entrada dos PMs. Eu não podia levar tudo a ferro e fogo, diziam. A discussão se prolongou por três horas. Tânia Dahmer, que ocupava a chefia do serviço social, acabou chorando, dizendo que eu estava absolutamente equivocada. Se eu deixasse a PM entrar, perderia o controle e muita violência acabaria acontecendo.

Tite Borges, vice-diretor do Desipe, concordava. Eu estava sendo intransigente, ele me dizia.

Exausta, precisava tomar uma decisão. Resolvi ligar para Nilo Batista, o secretário de Justiça. Relatei brevemente o que acontecia, expliquei que não havia consenso e pedi a sua opinião.

— Eu confio absolutamente em você. O que você decidir está decidido — disse Nilo.

A confiança que Nilo tinha em meu trabalho sempre fora muito importante. Mas, naquele momento, suas palavras não me tranquilizaram. Ao contrário. Afinal de contas, não dividir a decisão seria assumir sozinha toda a responsabilidade de possíveis erros e acertos. Se tudo desse certo, palmas para o governo. Se desse errado, a culpada seria eu.

Não havia mais o que discutir. Voltei para o grupo e a conversa continuou. Sentia os ombros endurecidos de tensão. A responsabilidade era enorme. Vidas poderiam ser perdidas. Se algum conflito sério acontecesse, iriam me crucificar. Afinal de contas, fora o brevíssimo período de Raquel O'Donnell na direção do Desipe, o órgão nunca fora dirigido por alguém que não tivesse uma instituição por trás. Todos os antigos diretores do sistema penitenciário eram promotores ou defensores públicos, com fortes entidades de classe a lhes dar suporte. Eu, além de não ser defensora ou promotora, não tinha formação jurídica e, ainda por cima, era mulher. Mesmo temendo as consequências de uma possível decisão equivocada, eu sabia que, se cedesse, passaria o resto da minha administração na mão dos agentes.

Já não suportava mais ouvir os argumentos. Pedi licença e fui ao banheiro. Mal a porta se fechou, explodi em lágrimas. Chorei, chorei e chorei, até que a opressão que sentia no peito diminuiu.

Mais controlada, lavando o rosto, me olhei novamente no espelho. Encarei o rosto abatido daquela mulher assustada, com manchas pretas onde o rímel escorrera. Passei em mim mesma mais uma das minhas repreendidas. Eu não podia ficar assim. Havia um trabalho a ser feito, uma decisão a ser tomada, e eu não iria deixar que a opinião dos demais me impedisse de agir como acreditava ser certo.

Os presentes à reunião certamente estavam inquietos. Eu deixara a mesa havia uns bons vinte minutos. Paciência. Teriam de esperar um pouco mais.

Lavei o rosto e chamei a secretária. Pedi que trouxesse minha bolsinha de maquiagem. Cuidadosamente, apliquei a base, pintei os olhos e passei o pó. A cada retoque, sentia-me mais forte, como se estivesse me pintando para a guerra. Uma máscara para proteger e esconder minhas fragilidades. Passei o batom e, com passos decididos, voltei para a sala. O grupo fumava, tomava mais um dos incontáveis cafezinhos da tarde e conversava de pé, à espera. Quando entrei, todos se voltaram para mim. Uma interrogação em cada rosto. Sentei-me à mesa e comuniquei:

— Vocês podem voltar para as suas cadeias e começar a organizar a estrutura, pois a PM vai entrar. Eu não vou ceder.

No dia seguinte, os jornais anunciavam o meu pedido de auxílio à Polícia Militar para manter a ordem nas unidades. A greve aconteceu, a PM ocupou as cadeias, mas mesmo assim foi impossível manter a rotina usual. No Complexo da Frei Caneca, houve revolta dos familiares com a suspensão das visitas. Uma multidão passou o dia nos portões, recusando-se a sair e parando o trânsito. Caminhões dos bombeiros e do Batalhão de Choque impediram que a confusão aumentasse. No Hélio Gomes e no Evaristo de Moraes, presos queimaram colchões e quebraram camas — nada de maior gravidade.

Nunca me arrependi da decisão que tomei. Era a hora de marcar uma posição de firmeza. Enquanto os PMs entravam nas cadeias, recebi de um dos diretores, presente à reunião da véspera, uma braçada de rosas com um cartão: "Para a nossa dama de ferro. Somos seus soldadinhos de chumbo."

A greve continuou por 20 longos dias. Durante esse período, o movimento sindical perdeu fôlego. As assembleias foram se esvaziando. Alguns servidores voltaram ao trabalho. Sem nenhuma vitória para mostrar, o sindicato procurava uma saída para encerrar o movimento sem mais desgaste. Comecei a receber recados de que eles gostariam de fazer uma reunião de negociação.

— Não recebo — encerrava a conversa.

Eu estava furiosa com o jeito com que a liderança se comportava nas assembleias, como informavam os relatos que chegavam a mim. As críticas eram grosseiras, de baixo calão. Para um tipo esquentado como eu, era motivo para desconsiderar qualquer possibilidade de diálogo.

Queria derrotá-los pelo cansaço. Mas a situação estava difícil nas unidades. A PM mobilizada, causando tensão nas cadeias; o efetivo de agentes desfalcado. Todo mundo queria o fim da greve, inclusive os grevistas. Só eu mantinha a queda de braço.

Um dia, Renildo Lordelo, um dos meus melhores companheiros no Desipe, veio me procurar com a incumbência de negociar um encontro.

— O sindicato só quer uma reunião com você. É apenas uma saída honrosa para eles, para poderem dizer na assembleia que foram recebidos, entregaram as reivindicações e que elas serão examinadas pela direção do Desipe.

E, como eu ainda relutava, Renildo se exasperou:

— Os guardas vão ter de se ajoelhar e pedir pra voltar a trabalhar, Julita?

Vencida, concordei com o encontro.

No dia seguinte, 25 de julho, o jornal *O Dia* noticiava: "Trégua suspende greve nos presídios." A matéria informava que os servidores tinham concordado com "uma trégua de 48 horas proposta pelo governo". E o comando do movimento comemorava o "avanço da categoria e a abertura de um canal de negociações".

19
"Se pode bater, a gente bate"

No início de junho de 1991 cheguei um dia de surpresa ao Ary Franco. Tinha recebido uma ligação naquela manhã, com o tipo de notícia que me deixava furiosa. A Defensoria Pública recebera a denúncia de que 39 presos tinham sido espancados pelos guardas do presídio. Deixando de lado os compromissos do dia, rumei para a unidade de Água Santa, acompanhada do procurador-geral da Defensoria, José Carlos Tórtima, o mesmo que tentara implantar uma gestão participativa na Esmeraldino Bandeira durante o primeiro governo de Leonel Brizola.

Ao chegar, segui direto para a sala do diretor e perguntei, sem rodeios:

— Denunciaram que um grupo de presos apanhou dos guardas e está machucado. É verdade?

O diretor apressou-se a negar. Absolutamente. Não aconteceu nada, afirmou. O mesmo fez o chefe da segurança. Não me convenci.

— Muito bem, então eu vou dar uma volta pelas celas.

A volta pelo presídio teve o efeito esperado. Sempre que queria saber das coisas, ia conversar diretamente com os presos. Desta vez, eles confirmaram a existência dos feridos e informaram a sua localização — a galeria A, uma das três do Ary Franco.

A história, que mais tarde seria apurada por uma sindicância, era um exemplo da brutalidade ritualizada, eventualmente presente nas relações entre carcereiros e presos. Os presos eram novatos, pouco antes transferidos da Polinter, a Divisão de Capturas da Polícia Civil que ficava na praça Mauá, região central do Rio, para o Ary Franco. Tradicionalmente, a unidade de Água Santa é a porta de entrada no sistema — o interno é alojado ali até ser enviado para outras unidades. Na noite seguinte à chegada dos internos, às 22 horas, o inspetor que chefiava o plantão foi até a galeria A para a vistoria de costume. Na cela 20, os presos conversavam e o agente determinou que fossem dormir e calassem a boca. Era a hora do silêncio. Se não fosse atendido, levaria todos para o Maracanã.

O Maracanã era uma grande sala no Ary Franco onde costumavam acontecer as preleções para os novos internos. Hoje, abriga armários dos funcionários. Mas na época era também o lugar destinado aos castigos.

Alguém na cela respondeu, zombeteiro:

— É ruim, hem!

Foi a fagulha que acendeu uma explosão de violência. O inspetor abriu a cela e mandou que os presos tirassem as roupas. Só de cuecas, os homens foram levados para o Maracanã.

Lá, o inspetor exigiu que o engraçadinho se apresentasse. Os presos continuaram em silêncio e foram avisados de que tinham cinco minutos para abrir o bico. O inspetor sairia, e na volta queria que o piadista se identificasse.

Na volta, já veio o inspetor acompanhado de outros quatro agentes. Pensaram melhor? Iam dizer quem era o culpado? Ninguém se apresentou, nem houve qualquer denúncia. Então o chefe mandou que o grupo fosse dividido em grupos de cinco. Os homens tinham de ficar ajoelhados, com os braços estendidos para a frente, mãos abertas, palmas para cima.

Enquanto isso, dois agentes percorriam as fileiras, batendo nas mãos e nos pulsos com tubos de borracha dura. Iam e voltavam ao longo do grupo, sempre distribuindo os bolos com as palmatórias improvisadas. Ao chegarem ao final da fila, perguntavam:

— E agora, vão dizer quem fez isso?

O chefe do plantão, com uma *moca* — um grosso porrete de madeira, geralmente usado para bater nas grades em busca de barras serradas — supervisionava o trabalho, dando as ordens.

Depois da primeira sessão, ele avisou que iria distribuir sopapos a cada meia hora, até que apresentassem o culpado. O castigo durou toda a noite, até as 4 horas da madrugada. Quando cansaram da palmatória, os guardas passaram para os bastões de madeira. Socos e pontapés também foram distribuídos à vontade.

Cheguei à cela indicada e encontrei os presos com as mãos cheias de bolhas e equimoses, resultado da intensidade do castigo. Nas costas e nos braços, as manchas das pancadas dos bastões. A comprovação da denúncia que fora negada várias vezes pelo chefe da segurança me deixou furiosa. Não que esperasse encontrar cenário diferente. Os defensores públicos haviam contado que, durante a inspeção, indagaram ao tal chefe sobre os porretes que ficavam guardados em uma lixeira na inspetoria e ouviram o seguinte:

— Esses porretes servem para dar porrada nos presos e todo mundo sabe disso... O secretário de Justiça sabe e a diretora-geral também sabe.

A história voltava à minha mente quando eu me dirigia a passos largos para a sala da inspetoria. Sentia, literalmente, o sangue ferver. Um grupo de guardas estava reunido lá, talvez comentando a minha chegada. Quando entrei, eles se calaram, aguardando. Sem meias palavras, indaguei:

— Vem cá, vocês estão querendo me enganar? Eu não sou idiota Fui lá na cela e encontrei os presos todos machucados.

Como os presos interrogados, era a vez de os agentes guardarem silêncio. Apenas olhavam com ressentimento aquela diretora que vinha arranjar confusão e se meter no que não lhe dizia respeito.

Insisti:

— Eles me contaram, eu vi as manchas. Vocês bateram neles com aqueles porretes que usam para bater nas grades.

— Que porrete, doutora? Não tem porrete nenhum — respondeu um dos agentes.

Falavam junto a uma mesa de escritório. Uma intuição fez com que eu desse a volta ao redor da mesa. Embaixo, havia uma lata de lixo de metal. Cheia até a boca de porretes.

— E agora? O que vocês me dizem? Vão continuar negando que os porretes existem?

Irada, esvaziei a cesta na mesa. Vários dos 13 bastões encontrados tinham um nome rabiscado na madeira: "Direitos humanos". Mais tarde me contaram que alguns porretes eram chamados de "Julita Lemgruber". Estes, eu nunca vi.

A tortura do Ary Franco foi registrada na delegacia mais próxima e virou notícia nos jornais. No inquérito policial, os presos disseram que os guardas definiram a pancadaria como o "comitê de recepção" com que brindavam os recém-chegados. Na sindicância aberta sobre o episódio, outros dois casos, igualmente graves, surgiram.

O primeiro acontecera no dia 27 de maio, quando 21 presos foram transferidos do Hélio Gomes para o Ary Franco, depois da descoberta de um túnel. O mais insalubre e deprimente dos presídios, o Ary Franco era castigo para quem vinha de outras unidades. Só sete eram comprovadamente organizadores da fuga, mas outros 14 foram enquadrados na mudança.

Quando o Serviço de Operações Externas (SOE), responsável por transferências do tipo, chegou, por volta das 18 horas, encontrou os internos pacificamente à espera. Mesmo assim, a violência começou de imediato. Pancadas de porrete, coronhadas com escopetas, tapas, pontapés e socos empurravam os detentos para um corredor polonês. Só às 20 horas os presos chegaram ao Ary Franco, onde foram mais uma vez agraciados com as gentilezas do pessoal do SOE, no famoso Maracanã. Lá, os guardas incorporaram novas torturas ao arsenal. Exigiam que os presos gritassem que eram *viados* e apalpavam os seus traseiros — a pior humilhação para os presidiários, quase todos metidos a machões até o último fio de cabelo.

O episódio não teve a participação dos agentes do Ary Franco, mas é certo que eles nada fizeram para deter a turma do SOE. O mesmo agente que comandaria a sessão de borrachadas semanas depois registrou o caso no livro de ocorrências, usando uma expressão que geralmente se aplica a móveis velhos: "Participo a V.S.a. que ingressaram nesta unidade, oriundos do Presídio Hélio Gomes, 21 (vinte e um) internos por volta das 20 horas, os mesmos foram recebidos no ESTADO (escoriações), permanecendo no Maracanã até o chefe de Disciplina tomar providências."

O outro caso de agressão investigado pela sindicância ocorreu na madrugada de 3 de junho, quando sete presos do Instituto Penal Edgard Costa, em Niterói, serraram uma das barras de ferro do seu alojamento. Com uma corda improvisada, desceram até o pátio. Dali, pretendiam galgar o telhado do prédio da cozinha e pular o muro que os separava da liberdade.

Ainda no pátio, foram avistados e detidos. Sem resistência — nenhum estava armado —, obedeceram quando os mandaram deitar no chão. Um inspetor inaugurou as pancadas. Chutes e pisões foram distribuídos por ele e outros dois agentes. Logo depois, os sete foram levados para um local de castigo chamado buque. Não chegava a ser uma cela, mas um cubículo de 2 metros e meio de comprimento, escondido sob o vão de uma escada que dava acesso à guarita da inspetoria. O teto baixo, formado pela própria escada, não permitia que ficassem de pé. A escuridão era completa. E os guardas passaram a jogar água nos internos, transformando o chão de terra, sujo de dejetos de aprisionados antigos, em lama. Nus, os presos ficaram 16 horas naquela gaiola, agachados todo o tempo.

Durante esse período foram retirados quatro vezes para apanhar mais. Mas a tortura também era psicológica. Um agente fez roleta-russa com um dos detentos. Tirando cinco dos seis projéteis da arma, mandou que o preso abrisse a boca e colocou o revólver ainda carregado com uma bala. Quatro vezes ele acionou o gatilho. Por pura sorte, a arma não disparou. Contra outro preso, o agente atirou uma bala que passou a centímetros do seu rosto. Na volta, tome mais baldes de água.

A sindicância indiciou 26 agentes — do Ary Franco, do Hélio Gomes, do Edgard Costa e do SOE. Eu esperava que dali para a frente os agentes entendessem que o Desipe mudara. Era bom eles desconfiarem que eu estava falando sério quando dizia que não iria admitir violência. Aliás, uma semana depois do episódio no Ary Franco, mandei que o diretor reunisse as quatro turmas de guardas para uma conversa comigo. Em todo o sistema penitenciário os agentes de segurança trabalham em turnos de 24 por 72 horas e é bastante difícil reunir todas as turmas no mesmo dia, seja lá para o que for. É comum os agentes terem seus bicos — em geral na segurança privada — para complementar o salário que o Estado paga.

Reunidos os agentes, comecei aquilo que comumente se chama de "preleção", insistindo que o novo governo do estado do Rio de Janeiro trouxera uma proposta para o sistema penitenciário bem distinta das outras administrações. Para o preso infrator das regras e do regulamento, caneta neles. Eu não estava querendo cadeia "mamão com açúcar" como alguns funcionários imaginavam, apenas desejava que as leis fossem cumpridas, o regulamento penitenciário obedecido e os castigos para o preso indisciplinado aplicados com rigor, mas dentro da legalidade. Lembrei a eles que, ainda nos anos 1970, quando começara a "frequentar" as cadeias, comumente ouvia que "a arma do guarda é a caneta". Estava na hora de voltar aos tempos em que os guardas acreditavam que a disciplina se impunha com anotações nas fichas dos presos. Esses registros podiam resultar em perdas de benefícios, como a visita íntima, ou impedir que conseguissem livramento condicional.

Terminada a minha fala, perguntei aos agentes se queriam perguntar algo, fazer alguma consideração. Sinclair, um mulato de jeito bonachão, resumiu a conversa:

— Sem problemas, doutora. A gente dança conforme a música. Se pode bater, a gente bate. Não pode bater, a gente não bate. A senhora é quem manda.

A mensagem da legalidade precisa ser expressa alto e bom som, com todas as letras. Para mau entendedor, meia palavra não basta.

20
Carandiru carioca

Era dia do funcionário público — 28 de outubro de 1991. Feriado para todos os funcionários estaduais, e também no Desipe. Esperava passar o dia em casa, com a família, mas lá pelas 11 horas da manhã recebi um telefonema preocupante de Renildo Lordelo, coordenador de segurança do sistema penitenciário e pessoa de minha inteira confiança.

— Chefe, é melhor a senhora ficar de sobreaviso porque está acontecendo um problema grave no Ary Franco. Eu estou partindo para lá. Parece que uns presos da galeria A serraram grades, pularam para o corredor e não querem voltar para as celas.

Os presos tentavam chegar a uma cela vazia, onde dias antes fora descoberto um túnel, e recusavam-se a voltar para seus cubículos. A situação era tensa, tanto que o experiente Renildo estava preocupado:

— Estou com medo de que o pessoal da segurança acabe fazendo alguma bobagem. Vou para lá. Já determinei que não façam nada até eu chegar.

Concordei, esperando que a chegada de Renildo resolvesse o que parecia ser um incidente sem grande gravidade. Mas, cerca de uma hora depois, Renildo ligou de novo. Sua voz, agora, estava diferente. Mais do que preocupação, havia uma nota de desespero.

— Chefe, como eu temia, aconteceu uma tragédia. Houve um incêndio na galeria. Tem um monte de preso queimado, alguns já mortos. Vem logo pra cá. A cena é chocante.

Senti a pulsação acelerar enquanto ouvia as péssimas notícias.

— Afinal, o que aconteceu?

— Parece que um guarda deu uns tiros para o alto, tentando fazer com que os presos voltassem pra cela. Os presos se assustaram com os tiros e entraram, mas começaram a queimar colchões. Ninguém sabe como, mas o fogo se espalhou muito rápido e deu no que deu.

Saí correndo para trocar de roupa. Um carro, solicitado por Renildo, já estava a caminho da minha casa para me levar a Água Santa. Liguei, então, para um assessor direto, homem experiente, especialista em recursos humanos. Apressadamente, relatei a tragédia que acabara de ocorrer. Era preciso agir rapidamente para providenciar socorro e descobrir as causas do desastre.

— Vou passar pela sua casa a caminho do Ary Franco. Você vai comigo.

Esperava tudo, menos a resposta que ouvi:

— Julita, lamento muito, mas não vou, não. Não tenho estômago para isso. Pelo que você está me contando, isso aí é coisa pra mulher. Só quem tem útero e dá à luz consegue aguentar esses trancos.

Nunca entendi muito bem a relação entre o útero e a capacidade de lidar com as chocantes cenas de um incêndio, mas percebi que não adiantaria discutir. Parti para o Ary Franco decidida a dispensar o subordinado. Se eu não podia contar com ele numa hora dessas, ele não servia para a minha equipe.

Mesmo com o trânsito mais tranquilo por conta do feriado, era preciso quase uma hora para ir da minha casa, na Barra da Tijuca, até o subúrbio de Água Santa. Numa época sem telefones celulares, durante o trajeto só me restava imaginar o que acontecera. Como é que um simples ato de indisciplina poderia ter escalado até este nível de violência? Já tivéramos diversos episódios de rebeldia, nunca uma rebelião. Em muitos desses tumultos se queimavam colchões. Os presos botavam fogo no material que tinham à mão por vários motivos. Para protestar, para encobrir uma tentativa de fuga, para afastar os guardas. Mas, em geral, o fogo era logo debelado e os episódios não tinham maiores consequências. O que teria acontecido no Ary Franco? Que incêndio seria esse? Quantos teriam morrido? Será que o atendimento médico estava dando conta?

Fiz todas essas perguntas a mim mesma naquele percurso interminável, o mais tenso da minha vida. Ao chegar, encontrei uma multidão reunida na calçada, aglomerada junto aos portões. Familiares desesperados gritavam querendo informações, jornalistas pediam declarações.

Entrei sem falar com ninguém. Fui direto à galeria A.

Construído em 1974, no governo Chagas Freitas, o Ary Franco carrega uma aura sinistra. Como unidade para onde são enviados os presos vindos das delegacias, tinha a fama de lugar infernal, a despeito de ficar no bairro de Água Santa. A violência ali era mais frequente que nas outras cadeias. Para alguns guardas, dar um *sacode* no detento que ingressa no Desipe é uma maneira de ensinar-lhe o seu lugar. Quebrar a espinha moral do condenado. Mostrar o que está por vir. Diziam que este era o "batismo" dos presos; e os safanões, a "água benta".

A arquitetura do lugar contribui para o clima pesado. As muralhas chegam a ter oito metros de altura. O prédio tem cinco andares, dos quais três ficam no subsolo. A galeria A é a que fica mais longe da superfície. O ar ali é abafado e o calor, desumano. Normalmente, um odor forte de celas sujas e corpos suados entrava pelas narinas dos visitantes. Naquele dia, entretanto, havia outro cheiro no ar. Carne queimada.

Já no corredor, na entrada da galeria, vi os primeiros corpos calcinados. Corpos, não. Estavam reduzidos a esqueletos enegrecidos. Jamais esquecerei aquela cena, que me perseguiu por noites a fio. Esqueletos que ainda pareciam tentar fugir de um terror brutal. Alguns caídos no chão, apoiados nos joelhos, braços estendidos a pedir socorro. Outros deitados, visivelmente vencidos pelo calor das chamas, mas também com mãos à frente, em desespero. Na cela 15, onde começara o incêndio, assim como ao longo do corredor, espalhavam-se restos de corpos humanos — fragmentos de pele, um pé aqui, outro acolá. Os que tentavam fugir do calor infernal deixaram pedaços de seus próprios corpos pelo caminho. Eu não conseguia acreditar no que via. Por alguns minutos, fiquei ali paralisada, emocionada, sentindo meu coração em frangalhos.

Logo meu horror, diante daquela cena dantesca, deu lugar à revolta. Só conseguia pensar em quem teria sido o filho da puta que permitira que aquilo acontecesse. Alguém teria de ser responsabilizado. Uma tragédia dessas não poderia ficar impune. Deixei a galeria e segui pelas escadas e pelos longos corredores, rumo à administração, para saber o que teria levado àquela carnificina.

Ouvi a maior parte da história naquele mesmo dia, mas os depoimentos continuariam a ser colhidos por semanas, numa das sindicâncias mais rigorosas da história do Desipe.

No dia 24 de outubro, a segurança da unidade descobrira um túnel cavado para fuga na cela 18 da galeria A. A cela fora esvaziada e trancada, os presos transferidos para celas vizinhas. Mas o buraco fora fechado apenas na ponta que dava acesso à área externa do presídio. A perfuração feita a partir do interior da cela continuara aberta.

Três dias depois, na noite de 27 de outubro, um domingo, os agentes de plantão viram um preso no corredor, fora da cela. O cadeado da cela 18 estava arrebentado. Do lado de fora do buraco, um toco de vela ainda acesa mostrava que os presos tentavam reabrir o túnel.

Só quatro agentes estavam de plantão na unidade naquele dia. Então fizeram o bate-grades, rotina em todos os presídios: com bastões de madeira batiam nas barras para checar se estavam inteiras. Em nada menos que sete celas descobriram grades serradas, na preparação de uma fuga em massa. A solução era transferir todos dali, e o único lugar disponível seria o salão interno que, pelas grandes dimensões, ganhara nome de estádio de futebol.

— Tem que botar todo mundo no Maracanã! — disse Antônio Bonfim.

Maranhense criado no Rio de Janeiro desde os 5 anos, Bonfim tinha se tornado agente penitenciário por necessidade. Por volta de 1983, perdera o emprego de representante de uma firma que comercializava extintores e materiais de combate a incêndio. Um dia, passando por uma rua na Gamboa, próximo ao Centro do Rio, viu uma fila grande. Curioso, quis saber o que era. Disseram-lhe que era para fazer inscrições para o Desipe. Entrou na fila, fez o concurso, passou.

No primeiro dia, no Presídio Edgard Costa, em Niterói, sentiu-se como o domador ao entrar na jaula dos leões pela primeira vez. Eram uns 700 presos, mantidos soltos, fora das celas. Houve um momento em que se viu sozinho no pátio, com uns 400 internos passeando por ali. Sentiu medo. Muito medo.

— Só se o cara for insano não vai ter medo nos primeiros dias — iria lembrar mais tarde.

Depois de se surpreender muitas vezes por chegar inteiro ao fim de cada plantão, acostumou-se. Passou realmente a se sentir à vontade ao ir para o Ary Franco. Lá, com outros gatos pingados, sentia-se forte no comando de 1.200 presos, dentre eles alguns dos mais perigosos do sistema.

— Em Água Santa você se julga um semideus. Você se acha um cara superpoderoso, perde a noção do perigo — iria dizer, depois do incêndio.

Mesmo assim, Bonfim e seus companheiros não estavam tão embriagados pelo comando a ponto de esquecer que estavam em gritante inferioridade de forças. Era preciso levar os presos para o Maracanã para conter a insubordinação e fazer os reparos nas grades. Mas era bem mais fácil dizer do que fazer. Os presos se recusaram a sair. A equipe tentou obter reforços, mas não conseguiu. O jeito foi manter agentes vigilantes durante toda a noite, sentados junto à cortina de ferro que fecha a galeria.

No dia seguinte, uma nova equipe chegou para plantão. Bonfim e seu chefe ficaram para reforçar o grupo, novamente de apenas quatro agentes. Mais tarde, o chefe da segurança do Ary Franco, Roberto Gama Siqueira, chegou para ajudar. Ainda por cima, era dia de visita. Deixar os presos das outras galerias sem ver os parentes era a receita certa para a confusão se espalhar ainda mais.

A manhã foi passando e os presos da galeria A começaram a sair das celas. Caminhavam pelo corredor, eram repreendidos, voltavam às celas e logo tratavam de escapulir novamente. Cadeados de outros cubículos foram arrombados. Apesar disso, não houve tentativa de quebra-quebra ou ameaças contra os agentes. Lá pelas 10h30, uns 280 presos circulavam pelo corredor quando Gama conseguiu falar com o coordenador de segurança, Renildo. Renildo deu orientações, pediu que solicitassem a presença do Batalhão de Choque mas aguardassem a sua chegada antes de qualquer atitude. Depois, me telefonou.

Por volta das 12h15, segundo relatou a sindicância, o agente Cosme Hernando Guimarães acionou o alarme para convocar os policiais militares que faziam a guarda externa. Os nove agentes de serviço na unidade, com a ajuda de quatro PMs, queriam acabar com a bagunça. Chefiados por Gama, entraram pela galeria fazendo estardalhaço, com gritos e tiros para o alto. Contavam com o fator surpresa para intimidar os presos, que, assustados, correram de volta para as celas.

— Todo mundo nu! Todo mundo pro solário! — gritaram os agentes.

O solário era a área dos fundos da cela, única parte onde a luz natural entrava nas celas subterrâneas, depois de varar três andares. Uma a uma, as celas foram abertas pelos agentes e os presos saíam nus, com os braços erguidos, correndo para as escadas que levariam ao Maracanã. Ao longo do caminho, os agentes e os PMs gritavam e distribuíam pancadas, como se tangessem uma boiada.

Os 33 presos da cela A-15 se agruparam no fundo do cubículo. As grades da cela estavam serradas, mas o cadeado ainda estava intacto. Com medo de ser alvejados pelos guardas, agora armados, eles amontoaram colchões de espuma — comprados havia uma semana — junto às grades e atearam fogo.

Foi então que aconteceu o que ninguém ainda conseguiu entender. A sindicância é que relata:

"Um ruído abafado se fez ouvir em toda a Galeria e a cela A-15 começou a arder em chamas. Três presos, em desespero, se atiraram pelo vão das grades serradas, entre as chamas, caindo no corredor. Completamente queimados, seguiram com os outros em direção às escadas. Impactados com a tragédia que se presenciava, os presos das celas próximas imploravam aos guardas para que fosse aberta a porta da A-15."

O inspetor Cosme correu à inspetoria para pegar a chave do cadeado. Como informou o relatório, três presos, já muito queimados, se espremeram pela abertura serrada entre as grades. Quando Cosme conseguiu abrir a porta, gritou para que os demais saíssem. Quinze internos se arrastaram para fora. Outros 15 ficaram na cela. Os presos vizinhos pediam para ser liberados e ajudar a salvar os companheiros. Cosme abriu as celas e os detentos ajudaram a atirar baldes de água no fogo. Mas já não havia ninguém para salvar.

O batalhão de choque da PM foi chamado e entrou na galeria, para conter possíveis tumultos. Os presos das demais celas, temendo mais violência, começaram a cantar o Hino Nacional.

Só depois chegou o Corpo de Bombeiros.

Enquanto eu escutava o relato do chefe da segurança, soavam a toda hora, lá fora, as sirenes das ambulâncias que chegavam para recolher os feridos. Os 15 sobreviventes estavam reunidos no pátio, gemendo, sem conseguir mover-se. Estavam tão deformados pelas queimaduras que os agentes, que os conheciam havia anos, não conseguiam reconhecê-los.

Impactada pelas cenas que vira, eu mal ouvia o que me diziam. Tudo parecia uma miragem. Não, eu não podia estar vivendo aquilo. Eu não merecia aquilo. Fazia das tripas coração para administrar um sistema penitenciário degradado, sem recursos humanos e materiais minimamente adequados, lutando contra a corrupção e a violência de uma parcela dos agentes. Não, definitivamente aquilo não terminaria sem que os responsáveis fossem punidos com todo o rigor da lei.

Procurei me concentrar na narração do que acontecera e os agentes confirmam o que Renildo já me contara. Os presos tinham escapado para o corredor e tentado entrar na cela A-18 para acessar o túnel escavado lá. Ou seja, se a direção da unidade tivesse agido com presteza e mandado tapar o buraco completamente, ninguém teria tentado experimentar o dito-cujo e uma tragédia poderia ter sido evitada.

Enquanto isso, Gama comentava:

— Por alguma razão, o fogo lambeu muito rápido e queimou tudo. A gente acha que os internos guardavam alguma substância altamente inflamável na cela. Quando ela entrou em contato com o fogo, causou esta tragédia.

Tudo errado. Não taparam o buraco e, ainda por cima, diante do tumulto, resolveram usar armas. Os agentes que fazem a segurança interna não podem portar armas, até porque os presos podem tirá-las dos guardas e dominar qualquer situação.

A verdade é que as explicações não eram minimamente satisfatórias.

Pedi então que me trouxessem os presos da cela 8, oposta à 15, aquela onde houvera o incêndio. Comecei a ouvir um a um. Todos contavam a mesma história, que em grande parte coincidia com a dos guardas. Era verdade que estavam no corredor, indiferentes aos pedidos dos guardas para que retornassem à cela. De repente, viram os agentes armados e dando tiros na direção deles. Apavoraram-se e voltaram para as celas, que foram trancadas. Um agente apontava uma arma para eles. Os presos da cela 15 encostaram colchões nas grades da cela e botaram fogo.

Neste momento é que o relato dos presos divergia dos agentes. Eles contavam que, minutos depois de os detentos da 15 atearem fogo aos colchões, um dos agentes retornara com uma espécie de frasco cheio de um líquido branco. O agente jogou o frasco dentro da cela e houve uma explosão. As chamas engoliram o cubículo. Os presos, desesperados, buscaram uma saída, mas a cela estava trancada.

História combinada? Difícil dizer. A verdade é que, pelo estrago causado, o que originara aquela tragédia não parecia ser um fogo comum.

Em meio ao tumulto, Iracema Dantas, a assessora de imprensa do Desipe, tentava lidar com os repórteres aglomerados na porta do presídio. Ela era muito jovem — tinha apenas 22 anos — mas já trabalhava havia alguns anos na Secretaria de Justiça, onde começara como estagiária. Mesmo assim, levou um susto quando chegou ao Ary Franco e os repórteres das emissoras de TV apontaram as câmeras para ela:

— Qual é a posição oficial sobre o que aconteceu?

Iracema não seria tola de responder.

— Gente, eu vou descobrir o que houve e depois venho falar com vocês.

Foi ver a cela incendiada. O primeiro cadáver que avistou foi o de um preso que na semana anterior, numa festa na Penitenciária Lemos Brito, lhe dera de presente uma placa esculpida em madeira. Ele fora transferido para o Ary Franco com um grupo de internos que aprontara um tumulto na unidade, dias antes. O rapaz estava literalmente colado às grades da cela.

Iracema caiu em pranto. Mais de uma hora se passou até que se recuperasse o suficiente para pensar em voltar a falar com a imprensa. Veio me perguntar o que fazer, mas eu não conseguia pensar em entrevistas naquele momento.

— Não sei, não dá pra falar nada agora — respondi.

Estávamos todos muito tensos, e a última coisa que queríamos era atender jornalistas.

Felizmente, Iracema fez o que tinha de ser feito. Organizou uma coletiva de imprensa. Sabiamente, pediu que os repórteres entrassem sem câmeras, apenas para receber as primeiras informações. Naquele momento, ainda havia muito nervosismo e incerteza sobre os acontecimentos. Ninguém tinha condições de gravar entrevistas para TV ou rádio. Mas ao menos os jornalistas, que já aguardavam havia quatro horas nos portões da unidade, tiveram o relato oficial do que ocorrera — além de rodadas de água e cafezinho.

Nos portões, o tumulto não diminuiu, já que as famílias de presos continuavam a esperar notícias. Rostos sofridos e suados, mãos contorcidas pelo nervosismo, pais, mães e filhos aguardavam. Quem saía do presídio era cercado pelos parentes em desespero. A Polícia Militar montou um cordão de isolamento para conter a multidão e permitir o acesso ao prédio. Vizinhos da rua Monteiro da Luz, solidários, ofereciam água e algum conforto. Por volta das 16 horas surgiu uma lista com nomes, supostamente de presos mortos. Houve tumulto, gritos na disputa para ver o documento. Não demorou para que descobrissem que os nomes tinham sido escritos no papel por meninos da rua. Era um trote.

— Não brinquem com o nosso drama — suplicou uma das mães, Alrenice Monteiro.

O incêndio do Ary Franco ocupou por semanas as páginas dos jornais. "Incêndio pode ter sido proposital", arriscou o *Jornal do Brasil* no dia 29. "Presos foram chacinados pelos guardas", escreveu *O Globo*, em 30 de outubro. A cobertura continuou neste tom, falando da superlotação do presídio, da violência e das rebeliões anteriores. Mas também registrou a nossa revolta com as mortes. No próprio dia 30, *O Dia* já noticiava: "Nilo põe dois agentes na cadeia." Era o relato da prisão preventiva de Roberto Gama e Cosme Guimarães, suspeitos de serem os principais responsáveis pela mortandade.

A tragédia do Ary Franco, ocorrida no primeiro ano da minha gestão, marcou para sempre a minha administração. E a mim mesma.

21
A verdade sob as cinzas

Logo após o incêndio, *O Globo* publicou um documento em que alguns presos acusavam: "A diretora do Desipe, Julita Lemgruber, quer abafar tudo." Nada poderia estar mais distante da verdade. Para mim, a apuração das causas do incêndio no Ary Franco era uma questão de honra. Descobrir os responsáveis pelo que acontecera passou a ser minha prioridade. Desde os primeiros depoimentos, os presos identificaram os agentes Gama e Cosme como os maiores suspeitos. Mas o que, de fato, ocorrera? O que fora atirado na cela? Sabia que não teria paz até ir ao fundo dessa história.

Pedro Beccari, o corregedor, era o encarregado da sindicância. Pedro vinha fazendo um trabalho rigoroso na Correição Interna, fundamental para o objetivo de tentar diminuir a corrupção e a violência no Desipe. Não era uma função fácil. Vigorava no sistema penitenciário uma cultura de acobertamento das irregularidades e de impunidade. Para averiguar um espancamento, por exemplo, era preciso enviar o preso para o exame de corpo de delito. Nesses casos, o agredido tinha de estar muito revoltado para manter a denúncia. Antes de deixar a unidade, ouvia todo tipo de ameaça dos agentes.

— Melhor dizer que caiu, senão...

No caminho, o motorista do camburão ia dando os piores solavancos para assustar os transportados. E não era raro que parasse o veículo no sol, deixando os presos cozinhando no compartimento praticamente sem ventilação em que viajavam.

— Doutor, a gente tira a roupa, vai só de cueca, senão a camisa e a calça ficam encharcadas. E tem de segurar o documento com a pontinha do dedo, pra não ficar todo molhado — contou um detento para Pedro.

A situação melhorou muito quando uma portaria de Nilo Batista determinou que os peritos policiais fossem às cadeias para realizar os exames de corpo de delito, evitando a necessidade de transportar os presos.

No dia seguinte ao incêndio, Pedro deu início ao processo de investigação, com o prazo de um mês para apuração das responsabilidades. O titular da Corregedoria levou outros quatro auxiliares para ajudar, mas o relatório final só saiu em dezembro.

Naquele primeiro dia, Pedro foi à cela 15 da galeria A, o cenário da tragédia. Durante a inspeção, encontrou alguma coisa que não identificou. No meio de uma poça de água, algo escuro que de longe parecia um pedaço de madeira. Mexeu com a ponta da caneta. E foi aí que viu a unha que ainda restava. Era o pedaço de um pé.

Essa imagem e outras que veria nos dias que se seguiram não deixavam Pedro dormir à noite. Passou muitas madrugadas pensando nos presos desesperados, consumidos pelo fogo, trancados sem ter como fugir. As horas de trabalho alimentavam ainda mais essas visões de terror. Andou dias e dias pelos hospitais Souza Aguiar e do Andaraí, conversando com os feridos, tentando que lhe contassem algo em um fio de voz. Um dia, tentou tomar o depoimento de um preso, considerado um dos casos mais graves. Sentou-se ao seu lado, explicou o seu propósito. Fez uma pergunta. Silêncio. Só então percebeu que o paciente estava morto.

* * *

Mauro Ricarti, diretor do Instituto de Criminalística Carlos Éboli, foi personagem central das investigações sobre o incêndio. Os peritos registraram as marcas de balas que haviam perfurado paredes e tetos de várias celas. Os agentes não negaram os tiros, mas garantiram que não pretendiam atingir os presos.

— Demos tiros sim, mas não em cima dos presos. Demos tiros para aterrorizar mesmo. Numa situação dessas, tem de ser assim — admitiu um deles, dono de um revólver calibre 38.

Os peritos também constataram que 16 presos apresentavam marcas das agressões distribuídas na malfadada tentativa de transferência das celas para o Maracanã. A sindicância iria comprovar, com base nos depoimentos dos presos, que um ex-agente penitenciário que cumpria pena no presídio era o principal autor da violência. "Ao invés de ocupar uma cela, como os demais apenados, o ex-Agente Penitenciário, assegurado por um corporativismo nocivo, desfruta de regalias, inclusive dormindo no Alojamento destinado aos Agentes Penitenciários", relatou a sindicância.

Mas o centro da investigação era o suposto frasco que teria sido atirado por um agente. De início, a imprensa noticiou uma versão atribuída a agentes do Ary Franco, que disseram que os próprios presos teriam revidado a invasão da galeria com uma espécie de "coquetel molotov" ou bomba caseira, origem do fogaréu intenso que consumiu a cela 15. Nada disso foi confirmado pela sindicância. Segundo todos os depoimentos de presos, o fogo se alastrara com rapidez e intensidade extraordinárias depois que um agente atirara um objeto na cela 15.

— Foi um massacre, um holocausto que eu jamais tinha visto em 27 anos de perícia criminal — declarou Ricarti, numa entrevista aos jornais.

Ricarti declarou que o calor fora tão intenso que muitos dos esqueletos — tudo que restou dos corpos de vários internos — se quebraram. A temperatura teria atingido mais de 1.500 graus centígrados. Ossos rachando com o fogo! É apavorante imaginar o que passaram aqueles presos

Eu me lembrava dos corpos que vira em Pompeia, na Itália, muitos anos antes. A cidade romana fora destruída por uma erupção do vulcão Vesúvio, no ano 79. No século XIX, as escavações das ruínas revelaram os corpos dos moradores, em atitude de desespero ou resignação, preservados por um manto duro de cinzas e lava. Essas esculturas de sofrimento ainda estão lá, entre as ruínas de Pompeia.

Mas o que teria causado essa erupção em Água Santa? Sérgio Leite, um dos peritos do Carlos Éboli, citava "fósforo branco" ou "magnésio" como dois produtos químicos que poderiam ter causado o fogo intenso. Um coquetel molotov não faria o mesmo, disse.

— Uma bomba teria causado danos nas paredes e no telhado, o que não foi observado — completou.

Parecia improvável que detentos, que tinham de suar para conseguir fósforos, tivessem em mão produtos químicos raros e de manipulação complicada, que entram em combustão em contato com o ar ou com a umidade. Amostras de material colhidas das paredes da cela foram enviadas para um laboratório especializado da Universidade de Campinas, em São Paulo.

Beccari e os demais investigadores ouviram 49 presos sobre o caso. A maioria desses depoimentos foi desconsiderada, já que grande parte dos presos, alojados em celas distantes da 15, simplesmente não teria como enxergar o que acontecia naquele ponto da galeria.

— Eu vi pelo espelhinho, doutor — diziam os internos.

Mas Pedro não acreditava que, em meio àquela confusão, com tiros soando, gente gritando, o pau comendo, algum preso fosse ter a pachorra de ficar espiando o que acontecia nas outras celas por um pequeno espelho, que além disso teria de estar claramente apontado para a cela 15.

Só os presos de quatro celas mais próximas foram considerados testemunhas válidas. Entre esses, Pedro elegeu como fundamentais dois da cela 8, oposta à 15. Os dois mostravam segurança no que diziam e tinham, pela posição em que estavam, amplas condições de observar o que acontecia em frente. Os dois confirmaram a versão de que o agente penitenciário Cosme Guimarães atirara um frasco na cela. Elvis, o primeiro, descreveu o frasco como "branco opaco". Daniel, o segundo, diz que era "um frasco de metal".

O que poderia ser esse frasco?

A sindicância levantou a hipótese de que fosse uma bomba de efeito moral, que alguns policiais militares levavam. Na época, a PM trabalhava com dois tipos de bombas: uma granada de efeito moral, um cilindro branco de plástico, explosiva; e uma granada de gás lacrimogêneo, cor de alumínio.

Até hoje não se sabe qual foi a substância que, em contato com o fogo, provocou a elevação de temperatura que causou tanto estrago. O pior é que, como escreveu Pedro Beccari no seu relatório, tudo poderia ter sido evitado se Gama, o chefe do plantão, e Cosme, tivessem obedecido às recomendações de Renildo, o coordenador de segurança. Renildo determinara que pedissem o apoio do Batalhão de Choque e aguardassem a sua chegada. Os presos, apesar de insubordinados, não se mostravam agressivos. Mas Gama não iria permitir que eles levassem a melhor. Tanto ele quanto Cosme eram novos na unidade — Gama chegara dois meses antes, Cosme, havia apenas 19 dias. "Parece inegável que isso tudo passou por um componente de vaidade de ambos os agentes: tinham sua estima pública, sua reputação profissional a considerar. E os presos, obstinados na sua posição dentro da galeria, estavam a desacatá-los", observou Beccari.

A frase de Gama, gritada aos presos no início da remoção para o Maracanã, reforça esta hipótese:

— Agora vocês vão conhecer o outro lado do Gama!

Gama é quem acabaria conhecendo o outro lado da vida. Com vários elogios na ficha funcional, foi demitido do Desipe junto com Cosme em fevereiro de 1996. Em fevereiro de 2003, os dois foram absolvidos no inquérito policial. Mesmo assim, suas vidas permaneceriam ligadas às mortes de 33 detentos, resultantes do incêndio. Os outros agentes sofreram punições menores, como a redução do salário.

※ ※ ※

Dias depois da tragédia, Sauler Sakalen, o segundo na coordenação de segurança do Desipe, foi designado como novo diretor do Ary Franco. Sauler já havia trabalhado na unidade e conhecia muitos dos presos. Era a pessoa certa para acalmar a revolta contida que ainda agitava a prisão. O clima estava tão pesado que os agentes não se atreviam a voltar à galeria A, onde ocorrera o incêndio. Mal um guarda apontava na escada, mais de 400 presos começavam a gritar e bater objetos. O barulho era ensurdecedor. Por conta disso, a comida passara a ser levada pelos faxinas, sem o acompanhamento dos agentes.

Sauler sabia que a unidade estava em pé de guerra. Ao chegar à prisão, foi logo visitar a galeria A. Os presos haviam feito duas faixas com lençóis e pendurado nas grades. Uma dizia "Desipe assassino". A outra bradava "Queremos vingança".

Os olhos dos presos estavam fixos no diretor recém-chegado, esperando a reação. Sauler não vacilou. Estava habituado a situações de confronto e sabia que, no embate com os presos, era preciso mostrar firmeza desde o primeiro momento — ou sair derrotado. A primeira coisa que fez foi arrancar as faixas.

Jorge Neguinho, liderança por ali, comentou com o vizinho:

— Não falei *pra tu* que ele ia arrancar?

Sauler parou no meio da galeria e dirigiu-se aos internos em voz alta, para que todos ouvissem:

— Olha só, malandragem, morreram 33 presos. Nenhum era meu parente, nenhum era meu amigo. Eu estou aqui para evitar que morra mais gente. Se continuar esse clima aqui, vai morrer mais gente. Agora vocês vão escolher! Vocês me conhecem e sabem como é que eu trabalho. O que vocês querem? Jogar uma pá de cal nesse troço e começar a caminhar ou querem mais problema? Eu vim trabalhar! Tem ideia, tem papo? Vai ter. Tem problema? Vai ter. O que vocês querem?

Os presos se entreolharam. Então Jorge Neguinho concordou:

— Seu Sauler, a gente tá com o senhor, o negócio é não ter mais problema, os amigos já *morreu* mesmo, ninguém vai trazer de volta.

Neguinho só fez uma reivindicação: todos os dias, às 6 horas da tarde, um dos internos poderia entrar na cela incendiada, ainda interditada pelos peritos, para acender uma vela. Assim foi feito: todas as noites, uma luz lembrava os mortos da A-15.

Quando, enfim, a polícia técnica liberou o uso do lugar, Sauler fez uma obra completa: trocou encanamentos, colocou chuveiro, pintou as paredes. A cela ficou novinha. Mas quem disse que os presos queriam ficar lá? Preferiam dormir amontoados nas outras celas lotadas do que ir para a 15. Sauler ria:

— Na rua vocês dão tiro, matam gente. Aqui ficam com medo de fantasma!

Só quando chegou uma turma de presos transferidos de Campos, que não conhecia o passado do lugar, a A-15 ganhou novos habitantes.

22
Uma prisão para os guardas

O combate à pancadaria e à propina foi minha obsessão durante os anos que passei na direção do Desipe. Administrando uma instituição onde tudo faltava, em se tratando de bens materiais, eu acreditava que poderia realmente melhorar o sistema, mesmo sem grana, se diminuísse os níveis de corrupção e violência nas cadeias. Para isso, bastavam competência e coragem. Meu trabalho era manter atrás das grades quase 10 mil homens e mulheres presos por violar a lei. Não podia aceitar que alguns funcionários também agissem como criminosos, realizando extorsões, desviando gêneros alimentícios, agredindo presos.

Por conta disso, minha relação com os cerca de 2.300 agentes de segurança penitenciária — os ASPs — foi sempre tensa. No governo anterior, como eles mesmos diziam, "a porrada comia solta". Era difícil para os agentes aceitar que os tempos tivessem mudado. Além disso, havia a percepção, muito consolidada pelo noticiário, de que o primeiro governo Brizola tinha sido conivente com a criminalidade. Analistas afirmaram, na época daquela primeira gestão, que a política de humanização teria desestabilizado as cadeias. Segundo os críticos, tal política produzira um profundo ressentimento nos agentes. Na maioria, eles não conseguiam compreender os objetivos das novas regras. Sentiam-se desrespeitados e por isso haviam assumido uma postura omissa.

— A cadeia agora é mamão com açúcar. Para os presos está mole, todo mundo passando a mão na cabeça — diziam entre si alguns deles, no início da minha administração.

Eles não me conheciam bem. O coordenador de segurança do Desipe, Renildo Lordelo, com sua larga experiência nas cadeias, pensava diferente:

— Com a Julita, é disciplina 100, violência zero.

Nunca fui mãezona dos presos. Nem dos agentes. Na verdade, acho que fui bastante dura com estes últimos. Era preciso. Havia muitos deles completamente fora de linha: ou eram *pauzeiros* — como eram conhecidos os mais violentos — ou facilmente se envolviam em transações com os presos.

A marcação cerrada sobre os ASPs gerava punições frequentes. Com o aumento do número de agentes presos ou condenados, foi necessário criar uma unidade prisional especial para eles. Era um problema alojar os antigos guardas com outros presos, mesmo em celas especiais. Não só eles poderiam atrair a vingança dos internos, como por vezes acabavam na camaradagem com os colegas ainda na ativa. Assim, recebiam "benefícios" absolutamente ilegais, como saídas da prisão, para "auxiliar" a administração. Como ficou constatado na sindicância do incêndio no Ary Franco, um ex-agente, que cumpria pena naquela cadeia, dormia no alojamento dos antigos companheiros e até "disciplinava" os outros presos, a mando dos guardas.

Foi assim que, em maio de 1993, inauguramos a Penitenciária Pedrolino Werling de Oliveira, destinada a guardar unicamente agentes penitenciários, policiais e bombeiros presos. Batizada com o nome de um agente que fora um excepcional servidor do sistema penitenciário, a Pedrolino foi depois transferida para Bangu 8. Desde 2008, com o fechamento da unidade de custódia Ponto Zero, ela passou a abrigar presos considerados vips. Em 2009, estavam entre os internos da unidade o banqueiro Salvatore Cacciola, o deputado estadual Natalino Guimarães e o ex-chefe da Polícia Civil do Rio de Janeiro, Álvaro Lins. Um agente da unidade desabafou em uma reportagem de *O Estado de S. Paulo*:

— Milionário, policial civil, deputado, miliciano e bicheiro juntos é demais para os agentes darem conta.

Agente penitenciário não é policial. A missão da polícia é garantir a segurança do cidadão e combater o crime. O agente tem responsabilidade distinta: a custódia do preso. Além de manter a ordem e a disciplina nas cadeias, eles têm a obrigação de zelar pela integridade do interno sob a sua guarda. E, de certa forma, devem também garantir que os presos tenham acesso aos serviços que lhes são garantidos por lei.

Infelizmente, essa diferença não existe para muitos agentes. Grande parte deles se vê como policiais penitenciários. Essa identidade foi reforçada durante o primeiro governo Brizola, quando eles conquistaram o direito de portar armas. Ora, nas cadeias os agentes não podem andar armados — só os policiais militares, responsáveis pela guarda externa, têm esse direito. Arma para quê, então? Na época, o argumento utilizado, sem dúvida verdadeiro, era de que o trabalho colocava os guardas em situações de risco e que eles precisavam usar armas para se defender. Certo. O problema é que o porte de arma abriu caminho para que os agentes atuassem como seguranças privados, exatamente como seus colegas da polícia. Não é de espantar que, para muitos deles, o trabalho como agente penitenciário tenha passado a ser secundário, se comparado aos rendimentos que poderiam ser auferidos nesses *bicos*.

Por conta disso, começamos a perceber um número absurdo de licenças por problemas de saúde. Agentes saudáveis, sem males conhecidos, recebiam longas licenças médicas, sempre renovadas. Com o tempo, descobrimos o que acontecia. Os agentes iam à Biometria (setor da Secretaria de Administração, onde eram concedidas as licenças médicas) e, quando entravam na sala do médico, colocavam a arma em cima da mesa. Só então anunciavam que precisavam da licença. Pois não, pois não, dizia o médico, tratando logo de assinar os laudos. O problema era tão grave que Nilo Batista teve de pedir ao secretário de Administração que os médicos fossem mais rigorosos.

Tendo em vista a afinidade dos agentes com os amigos policiais, não é de estranhar que o Desipe também tenha uma autodenominada tropa de elite. O Serviço de Operações Externas — SOE — foi criado no governo Moreira Franco como uma força especialmente treinada para fazer a escolta nos deslocamentos de presos e apoiar os agentes em casos de tumultos e rebeliões. Quando assumi a direção do sistema penitenciário, estava decidida a acabar com o grupo. Já tinha ouvido comentários sobre barbaridades cometidas pelo SOE — espancamentos de presos, ameaças a familiares, extorsão de parentes de internos, o diabo. Conversas com a equipe de segurança me convenceram que o serviço tinha um papel importante no sistema — só precisava ser disciplinado. Mas não conseguiram me fazer aceitar os uniformes que o grupo queria adotar. Os agentes do SOE queriam vestir uniformes pretos — julgavam-se o Bope do Desipe, ou alguma SWAT tupiniquim. Eu aceitava que os uniformes deveriam ser diferenciados, para que se distinguissem dos demais agentes. Mas preto era demais. Sem remédio, tiveram de adotar uniformes cinza. Depois que deixei o Desipe, eles conquistaram o que queriam. Fazem parte, hoje, dos homens de preto.

23
O canudinho da liberdade

Tenho que reconhecer: nos primeiros meses no Desipe fiquei tão dedicada a combater desvios de conduta dos agentes que muitas vezes deixei de perceber que entre eles havia muita gente séria. Funcionários que tentavam tratar os internos com humanidade e correção, mesmo nas prisões caindo aos pedaços, nos exaustivos e tensos plantões de 24 horas, infindáveis na monotonia do abrir e fechar cadeados várias vezes e do *confere* de presos pela manhã e à noite.

Alguns episódios me fizeram perceber a dificuldade que eles enfrentavam. Uma tentativa de fuga no Presídio Hélio Gomes foi um deles.

Estávamos no final da manhã, num dia de calor sufocante. Cheguei ao presídio para verificar uma nova denúncia de presos espancados. Ao entrar, logo percebi que algo anormal estava acontecendo. Um certo nervosismo dos guardas do portão de entrada, algo estranho no ar, olhares apreensivos. Antecipação de novas punições? A essa altura os funcionários já sabiam que violência contra os presos, quando descoberta, não ficava impune.

Mas, daquela vez, não era esse o motivo do clima tenso. Um preso tentara uma fuga. Sentado no chão, junto à entrada da sala do diretor, ele berrava a plenos pulmões:

— Socorro! Estou passando mal! Alguém me ajude!

Era um rapaz nos seus 20 anos, magérrimo, cara angulosa e cheia de espinhas. Parecia um adolescente. Acabara de tentar a sorte em um dos métodos tradicionais — e perigosos — de fuga: o caminhão do lixo.

Naquela época, o lixo da cadeia era acondicionado diariamente em grandes tambores de metal, de mais ou menos 1,50 cm de altura. Uma vez por semana, o caminhão de lixo entrava na unidade para fazer a coleta. Os latões então eram colocados no veículo. Volta e meia, um preso tentava se esconder em um dos tambores, em meio aos restos malcheirosos. Para ganhar a liberdade, precisava literalmente mergulhar na imundície. Mas isso não era tudo. O fugitivo também arriscava a vida. Guardado por dias, o lixo fermentava e exalava gases extremamente tóxicos. O preso fugitivo precisava se cobrir com os detritos. Há notícias de que vários morreram intoxicados nessas tentativas.

Havia ainda outra dificuldade para quem tentava escapar assim. Na saída, o caminhão parava e os guardas testavam os latões com varas compridas, arrematadas por pontas agudas de ferro. Se houvesse alguém escondido no lixo, pularia, ferido com o golpe. A única maneira segura de escapar pelo caminhão de lixo era comprar a fuga, garantindo que os guardas "esquecessem" de checar um dos latões.

Apesar disso, de vez em quando um preso decidia apostar na sua boa sorte e contar com o desmazelo dos agentes, que nem sempre checavam todos os tambores. Era o que tinha feito o preso que tentara fugir do Hélio Gomes naquele dia. Quando percebeu que estavam prestes a espetar o latão em que estava, levantou-se e gritou.

Quando cheguei, ele tinha acabado de ser detido e levado para falar com o diretor. O preso não parava de gritar.

Os agentes me informaram da fuga. Uma ambulância era aguardada. Naturalmente, pensei logo: o preso levou um pau.

É muito comum, em casos em que a fuga não é "acertada" com funcionários, os agentes aplicarem um corretivo — uma sessão de sopapos para o preso "aprender a respeitar o guarda" e não se meter a besta.

Observando o rapaz com mais cuidado, verifiquei que não era este o caso. O preso respirava com dificuldade. Os gases tóxicos do lixo já tinham provocado danos. O canudinho de refrigerante que levara para respirar não tinha evitado que fosse intoxicado.

Subi a escada que levava à sala do diretor do Hélio Gomes. O fugitivo estava sentado perto da entrada. Queria ouvir dele o que acontecera.

— E aí, rapaz? Como é que você está?

Ele recomeçou a gritar:

— Eu tô passando muito mal! A senhora não está vendo que eu estou passando mal? Afinal, quem é a senhora?

— Calma, rapaz — respondi — Sou a diretora do Desipe. Já chamaram a ambulância. Você vai ser atendido, vai para o hospital.

Não conseguia tranquilizá-lo. Quanto mais eu tentava acalmar o preso, mais ele se exaltava. Continuou gritando e começou a xingar, reclamando da demora da ambulância. Brigava como se não tivesse sido ele próprio o causador daquela situação.

Foi me dando raiva. Muita raiva. Senti o sangue me subindo pelas veias e uma vontade enorme de meter a mão naquele idiota que arriscara a própria vida e agora, tratado com humanidade, prestes a receber atendimento médico, mantinha-se agressivo e desrespeitoso. Eu pensava com os meus botões: "Se eu fosse um agente, acho que metia a porrada neste sujeito."

Naquele exato momento tive a clareza de como deveria ser difícil para o guarda manter a cabeça fria e não revidar as zombarias, desafios e xingamentos que costumavam enfrentar. Dali em diante, comecei a tomar muito mais cuidado ao avaliar episódios de violência de guardas contra presos. Quantas situações semelhantes à que eu tinha presenciado um guarda precisava enfrentar num plantão de 24 horas?

* * *

O episódio do Hélio Gomes me fez lembrar de uma experiência que me impressionou nos anos 1970, realizada por um psicólogo social nos Estados Unidos. Philip Zimbardo, então professor na Universidade da Califórnia, reproduziu o ambiente prisional no campus daquela instituição de ensino superior. A experiência, absolutamente *sui generis*, nunca fora tentada anteriormente. Foram recrutados estudantes universitários que sabiam apenas que receberiam uma remuneração razoável para participar de uma pesquisa do professor por algumas semanas. Alunos com problemas evidentes de personalidade foram afastados nas entrevistas de seleção. O grupo de estudantes então foi dividido. Alguns alunos, escolhidos aleatoriamente, foram destinados à função de guardas. Outros, também definidos às cegas, fariam o papel de prisioneiros. O experimento incluía "celas" em que os presos eram detidos.

O projeto teve de ser interrompido depois de menos de duas semanas. Dos alunos que exerciam a função de guardas, vários se tornaram figuras cruéis e desumanas. Entre os estudantes no papel de presos, imperava um sentimento de submissão absoluta, medo e conformismo. Poucos apresentavam comportamento agressivo.

Esse estudo, que se tornou um clássico na literatura sobre prisões, levanta a possibilidade de haver uma "patologia do aprisionamento". Em determinadas instituições — aquelas que o sociólogo americano Erving Goffman chamou de "instituições totais", onde pessoas trabalham, se divertem, comem e dormem juntas —, o constrangimento do convívio forçado ao longo das 24 horas do dia acaba por gerar uma patologia singular, provocando comportamentos também patológicos, reforçados por estereótipos trazidos de fora.

Assim, estudantes universitários, prévia e cuidadosamente selecionados, não resistiram às condições impostas pela prisão fictícia e se transformaram rapidamente, provocando a interrupção da experiência.

24
Visitantes em busca de Petra

Era noite. Cansada de mais um dia no Desipe, eu voltava para casa, com motorista e um segurança, ambos armados. Algumas ameaças tinham chegado ao gabinete e, mais uma vez, lá estava eu acompanhada de guarda-costas a maior parte do tempo. Quando a situação se complicava pra valer, o time era reforçado: motorista, dois policiais comigo e um carro com outros dois homens seguindo atrás. O que não ajudava nada a me tranquilizar, ao contrário. Sempre achei que, se quisessem me pegar mesmo, de nada adiantaria aquela escolta. Mas não seria eu quem iria dizer que não acreditava na eficácia de todo aquele aparato.

Por isso, lá íamos nós, em direção ao condomínio de casas onde eu morava, numa estrada pouco iluminada e com o asfalto sempre em frangalhos. Se precisássemos fugir em alta velocidade, possivelmente seríamos logo impedidos por pneus furados.

Em geral, o lugar tinha pouco movimento e raramente se via algum passante noturno. Mas naquela noite havia um Fusca na entrada do condomínio. Parado, luzes apagadas, com dois homens dentro e pinta de coisa sinistra mesmo. Passamos pela guarita de entrada e o segurança perguntou ao porteiro se ele sabia o que o Fusca estava fazendo ali e quem eram seus ocupantes. O porteiro respondeu que deviam ser namorados de alguém que trabalhava numa das casas e estavam aguardando as moças. Fomos em frente.

Subimos a ladeira que ia dar em minha casa. O segurança e o motorista saltaram comigo e ficaram por alguns minutos olhando em volta, tentando pegar na brisa noturna algum sinal de perigo. Achei a preocupação exagerada e disse que eles fossem embora e não se preocupassem. Afinal, pensei com meus botões, se alguém quisesse tentar alguma coisa contra mim, não seria num Fusquinha meio caindo aos pedaços.

Entrei em casa e encontrei minha família já à mesa, jantando. Juntei-me a eles. Mal tocara os talheres quando ouvi os gritos lá fora.

— Parado aí, senão vai levar bala — berrava o segurança.

— Socorro, a gente não fez nada! — respondeu outra voz.

Corri para ver o que acontecia. Em frente à porta da garagem, o segurança e o motorista apontavam as armas para os dois homens que estavam minutos atrás no fusquinha, agora estacionado junto à minha calçada.

— O que houve? — perguntei, de longe.

— Estamos dando uma geral, doutora. A gente estava descendo a ladeira e cruzamos com o Fusca subindo. Demos a volta e viemos seguindo o carro até aqui — explicou em voz alta o segurança, enquanto revistava os dois suspeitos.

Mãos para o alto, pernas afastadas, os dois gritavam, apavorados:

— Doutora, por favor, a gente só veio pegar o cachorro, diz pra eles que não somos bandidos.

"Cachorro? Que história maluca é essa?", pensei. Foi então que uma lembrança mudou a cena como um giro de caleidoscópio, transformando o suposto perigo em uma situação patética. Petra, nossa cadela de raça dog alemão, tivera recentemente uma ninhada numerosa. Fazia tempo que eu estava tentando distribuir as 12 crias. O sujeito só poderia ser o amigo do nosso caseiro que combinara ficar com um dos filhotes.

Esclareci o engano, expliquei o caso aos seguranças e disse que eles fossem embora. Assim que eles partiram, mais calmos, voltei-me para os interessados no cão.

— Esperem um pouco aí. Vou lá dentro buscar o cachorrinho.

Os dois se entreolharam e o amigo do meu caseiro respondeu:

— Não queremos mais cachorro nenhum, dona.

E continuou, aos prantos:

— Nunca a gente passou por uma coisa dessas. A gente não é bandido e foi tratado como bandido. A gente agora só quer ir embora.

Eu me desmanchei em desculpas, expliquei que os seguranças apenas cumpriam sua obrigação e lamentei o susto. Até o dinheiro para as vacinas e os primeiros pacotes de ração ofereci. Ainda abalados, acabaram aceitando levar o animal.

Finalmente, voltei para a sala. A mesa de jantar estava vazia.

— Quer que esquente a comida de novo? — perguntou a empregada.

— Não precisa. Eu não conseguiria comer nada — respondi.

25
Atacados por armas biológicas

Uma bomba-relógio me esperava quando assumi a chefia do Desipe, em 1991. Os muitos presos que contraíram a Aids nos anos 80 estavam, naquele início da década de 1990, muito debilitados. Se não recebessem um atendimento especializado e de qualidade, em pouco tempo teríamos uma mortandade nas prisões do Rio de Janeiro.

O sistema de saúde do Desipe não tinha a menor capacidade de lidar com a síndrome, que exige tratamento intensivo e prolongado. Sempre precário, o atendimento das unidades de saúde do sistema piorara muito nos últimos anos. O Hospital Central estava sucateado. Operações de emergência eram encaminhadas para o Souza Aguiar e outros hospitais municipais.

As transferências de presos para a rede pública causavam enorme transtorno para a equipe dos hospitais, prejudicando o atendimento à população. Em 1992, quando Rogério Lengruber, o Bagulhão, foi removido de Bangu 1 para tratar de complicações resultantes do diabetes, temíamos que o Comando Vermelho aproveitasse a oportunidade para libertar o seu "general". Bagulhão passara os últimos meses numa dieta de doces, pão e macarrão — verdadeiros venenos para quem tinha de manter controlada a glicose no sangue. De nada adiantava fornecermos a alimentação apropriada para a sua condição. Valendo-se da sua autoridade, Bagulhão obrigava outros presos a trocar a sua ração pela dele. Parecia estar decidido a ficar doente e assim deixar Bangu 1, nem que fosse de ambulância.

A tática deu certo. Bagulhão foi transferido para o Hospital Penal e, depois, para o Hospital Municipal Miguel Couto. Nada menos que 50 policiais foram designados para dar segurança ao hospital. Seis ficavam dentro da enfermaria em que Bagulhão estava isolado. O esquema durou oito dias — ao fim dos quais o traficante morreu, por insuficiência hepática e hipertensão.

Se já era complicado atender a essas emergências, imagine cuidar de centenas de presos portadores da síndrome. Precisávamos criar um hospital especializado. Mas onde encontrar os recursos para isso?

Os primeiros casos confirmados de Aids no Brasil foram registrados em São Paulo, em 1982. Quem viveu aqueles anos lembra do abalo que a chegada da síndrome provocou. Nos primeiros tempos, quando ainda não estavam disponíveis as drogas de hoje, quem contraía a "peste gay" — era assim que alguns jornais populares chamavam a Aids, por ter se espalhado, inicialmente, entre os homossexuais — estava quase sempre condenado à morte.

Nas prisões, a prática de sexo desprotegido e o uso de drogas injetáveis multiplicaram as vítimas da síndrome. Em 1988, testes em 5 mil presos do Rio de Janeiro haviam mostrado que 10% dos detentos eram portadores do vírus HIV. Em São Paulo, em 1992, o índice era de 17%. A doença era responsável por 80% dos óbitos registrados no sistema.

A ignorância criou grande rejeição aos doentes. Quando um preso deixava a unidade para ser atendido, os colegas não queriam que ele voltasse do hospital para a cadeia. Naturalmente, era preciso que ele retornasse. Nesses casos, o coitado ficava numa quarentena forçada — fechado na cela, sem circular muito, para não chamar a atenção.

Surgiram projetos de prevenção. Foram realizadas inúmeras palestras para explicar que a Aids não se espalhava como gripe. Começamos a distribuição de preservativos, embora a Igreja Católica e outros grupos religiosos viessem nos acusar de incentivar a "pederastia" entre os detentos. Mas o temor continuava. Entre 1990 e 1994, registramos 406 mortes de detentos — destas, 136 estavam relacionadas ao vírus HIV.

Funcionários passaram a exigir material de segurança para trabalhar. Encomendamos cinco mil pares de luvas e 1.500 kits — com capa, máscara, luvas e um saco plástico — para uso em emergências. Sabíamos que eles estavam apavorados com incidentes que se apresentavam como um estranho efeito colateral da síndrome no ambiente das prisões. Para alguns presos, a doença passara a ser uma arma biológica.

Diogo, um homossexual normalmente pacífico da cadeia Lemos Brito, certa vez se desentendeu com um funcionário e resolveu atacá-lo com uma chuva de sangue. Quebrou um copo e fez um corte na base do pescoço. O ferimento não atingira a jugular, mas de qualquer maneira o sangue pingava. Diogo queria a todo custo jogar o sangue no tal funcionário que o aborrecia. O alvo fugiu correndo, assim como os demais agentes da prisão. Diogo, ofegante, histérico, ficou de pé contra uma parede, o copo na mão direita e o braço esquerdo, pingando sangue, apontado para a frente, como uma arma.

Sauler Sakalen era o chefe de vigilância da unidade. Tinha boas relações com o preso: uma vez lhe dera um par de chinelos usados. Alguém tinha de acabar com aquela situação. Sabia que a parada era com ele. Foi chegando perto do infeliz. Pegou no bolso um maço de cigarros. Lembrava-se de que Diogo fumava muito.

— Quer acalmar maluco, é cigarro. Você põe na boca, ele fica olhando o teu cigarro, com vontade, e esquece o que está fazendo — ensinaria, mais tarde.

Sauler mostrou o cigarro para Diogo.

— Quer?

O preso balançou a cabeça, dizendo que sim. Sauler se aproximou mais. Tirou um cigarro do maço. Diogo estendeu a mão ensanguentada para apanhar, mas Sauler disse, prestativo:

— Deixa que eu ponho na sua boca, você está com a mão toda suja.

Agora já estava bem perto do preso. Colocou o cigarro nos seus lábios e acendeu. O gesto amigável desarmou Diogo. O braço ensanguentado, antes retesado, relaxou. Deixou que Sauler o levasse até uma cadeira. Um enfermeiro foi chamado para fazer os curativos. Diogo se acalmou. Fora destas crises, não era um mau sujeito. Tornou-se até faxina da direção do Lemos Brito.

Não foi o único incidente desse tipo. Em 1988, o preso Pedro Paulo de Oliveira, revoltado porque seria transferido para o Ary Franco, fez um corte nos pulsos, recolheu sangue em um copo e jogou no rosto de um agente que trabalhava no Hospital Penal. O agente passou anos fazendo testes, com medo de ter contraído o vírus da Aids. Em 1990, Pedro Paulo saiu da prisão — só para voltar em pouco tempo. Foi apanhado quando praticava uma modalidade incomum de assalto. Entrou em uma loja com um copo com sangue, que dizia ser seu, e recortes de jornal sobre o ataque de 88. Se o lojista não lhe entregasse o dinheiro do caixa, prometia um novo banho de hemácias contaminadas. Um policial que por acaso estava entre os fregueses conseguiu dominá-lo.

Em 1993, finalmente conseguimos os recursos para construir o novo hospital para os portadores do HIV. O dinheiro surgira de uma iniciativa nacionalmente inovadora, em termos de administração penitenciária. Um acordo pacientemente costurado por Edson Biondi, o coordenador de saúde do Desipe.

Obstetra, Biondi tinha sido por muitos anos responsável pela enfermaria do Ary Franco. Entrara em 1974, para atender aos presos em um cubículo de uns seis metros quadrados, embaixo de uma escada. Dureza, mas Biondi gostava. Ali, praticava uma fascinante clínica médica. Além disso, sabia que fazia a diferença na qualidade de vida dos detentos. Nem remédios tinha. Quando os representantes de laboratórios farmacêuticos chegavam no seu consultório, pedia que deixassem o máximo de amostras, para levar para o presídio. Empregado na maternidade pública Carmela Dutra, certa vez surrupiou uma caixa de soro — com a permissão do diretor — para tratar asmáticos do Ary Franco.

Biondi conhecia de perto, portanto, as dificuldades do atendimento aos presos quando assumiu a coordenação de Saúde do Desipe, no início do segundo governo Brizola. Quando foi convidado, avisou:

— Eu assumo, mas vou atrás do Sistema Único de Saúde.

Criado em 1988, a partir da nova Constituição, o SUS ainda era uma novidade no cenário brasileiro. Parecia improvável que seus recursos pudessem ser destinados ao sistema penitenciário. Além disso, nenhum de nós sabia direito como credenciar os hospitais penais no SUS. Biondi iniciou uma romaria pelos gabinetes do Ministério da Saúde para convencer as autoridades de que era vantajoso apoiar a recuperação da rede hospitalar penal.

— Para atender a um detento na rede pública, às vezes precisamos fechar toda uma enfermaria, por questões de segurança. Se pudermos usar a nossa própria rede, será muito melhor para nós e para os demais usuários — explicava Biondi.

Para colocar o projeto em prática, tivemos de transpor uma infinidade de obstáculos burocráticos. Primeiro, criar cadastros de pessoa jurídica e providenciar documentos para os hospitais e o Desipe. Mais tarde, abrir sete contas bancárias no nome dos hospitais, sem recurso algum para depositar. Biondi conversou com o gerente de uma agência do Banco do

Brasil. Pediu, conversou, deu-lhe uma bebida no Natal. As contas ficaram meses abertas, sem que pingasse nelas um tostão, à espera da conclusão do processo.

Também houve resistências políticas a superar. O cirurgião plástico Pedro Valente, secretário de Saúde do Rio de Janeiro, era contrário à medida. Valente defendia que o SUS não fora criado para contemplar a população carcerária. Insistimos muito, até que, durante uma viagem de Brizola, quando Nilo ocupava o posto de governador interino, conseguimos marcar uma reunião com o secretário. Havíamos entregado a ele os documentos necessários para firmar o convênio com o Ministério da Saúde.

— Se você não assinar hoje, amanhã vou publicar no *Diário Oficial* uma decisão transferindo os hospitais penitenciários pra você — avisou Nilo.

Pedro Valente aceitou a decisão. Em 1992, o Rio de Janeiro tornou-se o primeiro estado a firmar um convênio entre as unidades de saúde do sistema penal e o SUS. Numa Quarta-feira de Cinzas, entraram os primeiros cruzeiros na conta. Biondi irrompeu no meu gabinete, eufórico, sacudindo os extratos bancários.

— Olha aqui os extratos! Estamos no Sistema Único de Saúde! Entrou dinheiro!

No começo, os depósitos eram pequenos e espaçados. O próprio Biondi, com alguns auxiliares, preenchia nas horas vagas as autorizações de internação hospitalar — AIHs — necessárias para comprovar os atendimentos. Aos poucos, essa rotina burocrática foi adotada em todos os hospitais e o repasse de verbas aumentou. Enfim, havia recursos para novos investimentos. Fizemos uma comissão de dez pessoas para administrar os fundos. Finalmente, podíamos adquirir remédios e fazer consertos. Quando conseguimos reunir uma quantia apreciável em caixa, iniciamos a reforma do sucateado Hospital Central.

"Hospital de presos supera os do estado", avaliava o jornal *O Dia* em 8 de agosto de 1993, num texto do repórter Tim Lopes. "O Hospital Central Penitenciário é um paraíso se for comparado aos hospitais da rede estadual", começava a matéria, citando uma declaração do presidente do Sindicato dos Médicos do Rio de Janeiro.

Ali, pela primeira vez, percebi que a divulgação de boas iniciativas em favor dos presos, ao invés de aplausos, pode atrair críticas ferozes. Os programas mais populares das rádios criticaram o investimento. Comentários raivosos estimulavam o ressentimento da população mal assistida: como é que pessoas que haviam cometido crimes, infringido as leis, poderiam merecer tratamento digno?

As críticas voltaram a se repetir quando criamos o hospital dedicado exclusivamente aos internos portadores de HIV, especialmente aqueles no estágio final da doença. Para isso, decidimos adaptar um pequeno hospital que já funcionava nos fundos da Penitenciária Vieira Ferreira Neto, em Niterói. Fizemos do lugar o Centro de Referência da Aids do Desipe. Era uma unidade modelo: trinta leitos, UTI, consultórios clínicos, psiquiátrico e odontológico, biblioteca, arquivo, refeitório e capela.

Também nesse caso, percebi nas reportagens, ainda que positivas, um misto de admiração e rancor. O atendimento aos doentes de Aids no Rio de Janeiro era precário, enquanto criminosos desfrutavam de serviços que faltavam aos que pagavam impostos e viviam na linha.

Eu entendia, mas só podia lamentar. Pela primeira vez, em anos de penúria, tínhamos a satisfação de ter recursos para administrar com dignidade, ao menos na área da saúde. Esse orgulho ninguém iria nos tirar.

26
Morte na noite de Natal

— Julita, aconteceu uma tragédia.

Engoli em seco e colei com força o aparelho de telefone ao ouvido para não perder nem uma palavra. Estava aproveitando o feriado do fim de 1991 com a minha família, na casa de praia de alguns amigos. Várias hipóteses aterradoras passaram pela minha cabeça — outro incêndio, uma rebelião com mortes. O que seria agora?

Nilo Batista, que me telefonara do Rio de Janeiro, continuou a história. Um paciente do Heitor Carrilho, o hospital psiquiátrico do Desipe que funcionava na Frei Caneca, fora liberado para passar o Natal com a família. Era uma saída terapêutica — recurso importante para o tratamento de autores de delitos que, julgados doentes mentais pela Justiça, cumprem pena em instituições psiquiátricas. Nessas saídas, sempre autorizadas pelo juiz da Vara de Execuções Penais, pacientes selecionados pela equipe técnica do hospital tinham a chance de voltar a casa e encontrar parentes e amigos. Era uma oportunidade de reatar ou manter os vínculos do interno com a família, fundamental para que no futuro eles pudessem deixar o manicômio.

Daquela vez, deu errado. O paciente assassinou o padrasto.

Mas o pior — do ponto de vista do Desipe — é que ele tinha sido liberado pelo diretor do hospital sem que o juiz assinasse a autorização obrigatória.

— Você deve se livrar imediatamente desta pessoa. A administração precisa dar uma resposta — recomendou Nilo.

Sim, era preciso agir. Mas sabia que não queria demitir Anaton Albernaz, o diretor do Heitor Carrilho. Telefonei para ele:

— E agora, o que faço? O Nilo quer te demitir.

— Eu não tive culpa. A equipe técnica é que liberou alguém que não podia ser liberado — garantiu.

A lista de internos do Heitor Carrilho escolhidos para deixar a unidade tinha 26 nomes. O juiz tinha autorizado a saída de 22 — mas quatro, incluindo um certo Pedro Paulo, ainda não tinham recebido o aval judicial. Era véspera de Natal, um sábado, e Anaton estava trabalhando no Heitor Carrilho — o hospital era praticamente sua casa, e era comum que o diretor aparecesse nos fins de semana — quando a irmã de Pedro Paulo chegou para buscá-lo.

"O juiz autorizou todo mundo, vai autorizar este também", pensou Anaton. E liberou a saída do paciente.

Pedro Paulo matou o padrasto no dia seguinte. Estava convencido de que a vítima pretendia tomar da família a casa em que vivia a irmã. Foi preso vagando pela Central do Brasil, roupas ainda sujas de sangue.

Anaton certamente não era um administrador convencional. Frequentemente discutíamos sobre liberalidades que ele tomava no hospital. Mas tinha uma qualidade fundamental como gestor: não queria se deixar vencer pela mesmice. Anaton não rezava a ladainha de que, sem dinheiro, o jeito era cruzar os braços. Muito podia ser feito sem grana, e nisto ele jogava no meu time. Aliás, jogava também no time do manicômio — era um dos integrantes das peladas que aconteciam no campo de futebol. Tinha o maior orgulho da horta e do pomar que plantara na unidade: abacateiros, pitombeiras, mangueiras e coqueiros davam sombra, frutos e atraíam passarinhos. Um dia, houve uma grande fuga da unidade vizinha, a Milton Dias Moreira. Os presos serraram as grades de uma janela e, com a ajuda de um cúmplice, amarraram uma corda que ia da cela até um pé de graviola. Onze escaparam pela corda, pendurados.

Os seus superiores mandaram cortar todas as árvores. Anaton respondeu:

— Não corto.

— Corte, ou corto você — determinou o diretor do momento.

Na semana seguinte o mandante do arvoricídio deixou o cargo. Anaton replantou tudo.

Com a ajuda da equipe, particularmente de uma psicóloga chamada Elza Ibrahim, o diretor iniciou uma série de atividades que, além de ocupar os internos, levou um pouco de humanidade para aquele ambiente brutal e carregado. Formada em psicologia pela PUC no Rio de Janeiro, Elza escolhera atuar sempre em hospitais psiquiátricos públicos. Fez parte de uma geração que queria mudar o sistema de saúde mental — e, até certo ponto, conseguiu introduzir avanços expressivos no sistema penitenciário.

Entre os pacientes e a confraria dos colegas, o coração de Elza frequentemente estava com os presos. Uma de suas críticas era o uso, muitas vezes desmedido, de drogas poderosas, como o Haldol, vulgarmente conhecido como *sossega-leão*.

Uma vez, viu um paciente pedir à médica de plantão:

— Doutora, eu não estou mais aguentando, para de me dar esse Haldol, eu não estou mais aguentando.

O paciente estava claramente impregnado — como os médicos chamavam aqueles que, por uso excessivo da droga, passavam a apresentar enrijecimento dos membros, a partir do pescoço. Os doentes impregnados tinham dificuldade de olhar para baixo e os passos se tornavam lentos e incertos.

A médica, que estava escrevendo, nem sequer olhou para o doente. Só respondeu:

— Não, você vai ter de continuar.

O paciente pegou uma cadeira e partiu para cima da doutora. Se os enfermeiros não o tivessem contido, teria feito um estrago. Elza entendeu o agressor. Ele tinha conseguido que a médica pelo menos olhasse para ele.

O manicômio também vinha sendo, havia alguns anos, o destino de homens e mulheres envolvidos com tráfico de drogas e considerados dependentes químicos. Para Elza, era uma brutalidade manter aqueles internos em convivência forçada com os doentes mentais. Não havia qualquer separação entre os grupos, e os dependentes viviam momentos de terror, trancados na enfermaria com esquizofrênicos que tinham cometido crimes brutais, imaginando quando eles teriam um novo surto.

A pedido dos internos, Elza organizou um grupo de apoio para os dependentes químicos que se reunia com regularidade na biblioteca da unidade. Muitos funcionários jamais entenderam o alcance daquele trabalho e apenas rotulavam os participantes dessas reuniões de "chincheiros da doutora Elza". Não importava, Elza acreditava no que fazia e isso era suficiente. Tempos depois, seus esforços foram reconhecidos por muitos juízes.

Elza deixou os guardas do Heitor Carrilho de cabelo em pé quando, junto com alguns outros profissionais, decidiu organizar passeios para os pacientes. Todo mundo tinha medo de uma fuga em massa. Já podiam ver as manchetes sobre a escapada de loucos criminosos. Elza teimou e conseguiu o sinal verde da direção. Os riscos da operação foram reduzidos. Só iriam ao passeio pacientes aprovados pela equipe técnica, que tivessem condições de deixar o hospital. Entre estes, foram escolhidos os internados havia muito tempo sem receber visitas e sem saídas nos fins de semana.

Assim, num belo dia de dezembro de 1992, trinta internos entraram em um ônibus acompanhados de três agentes de segurança e dois enfermeiros, munidos de Haldol injetável. Partiram para a Praia do Flamengo. Foi um deslumbramento. Muitos não saíam do manicômio havia mais de 15 anos. Ficaram boquiabertos ao ver a altura dos prédios da avenida Presidente Vargas. Um dos pacientes, de tão emocionado, teve um acesso de vômito no ônibus. Quando chegaram à Praia do Flamengo, em vez de fugir, os internos rolaram na areia e se jogaram na água, como crianças.

— Eu nem lembrava mais como era a praia — disse Antônio Rodrigues Duro, o Tuninho, havia 26 anos no manicômio.

Houve outros passeios, inclusive à Quinta da Boa Vista. Para uma excursão ao Posto Seis, em Copacabana, as estagiárias do Heitor Carrilho conseguiram doações de roupas de banho. Houve sessão de provas de sungas e maiôs (biquínis não foram permitidos. Anaton achou que aí já era demais). Escolhidos os trajes, partiram para mais um dia de banho de mar. Voltaram sem um único incidente.

Os agentes do Heitor Carrilho não gostavam da novidade. Achavam que os passeios deixariam os pacientes muito agitados.

— Isso é *mamãezada* de vocês. De noite, quem aguenta os pacientes somos nós.

Outras novidades, introduzidas pelos técnicos do Heitor Carrilho, foram os bailes de forró com direito a bolo e refrigerante, quando se reuniam pacientes das alas masculina e feminina. Os seguranças ficavam de fora, para que os internos pudessem se expressar com mais liberdade, observados apenas pelos técnicos.

Anaton teve a virtude de apoiar a maioria dessas iniciativas. Além disso, realizou reformas importantes no Heitor Carrilho. Acabou com as celas de castigo, onde os internos eram trancafiados por dias, em um ambiente infecto e escuro. Também reduziu os casos de violência de agentes de segurança contra os pacientes. Por tudo isso, eu não queria demitir o diretor do manicômio.

Realizamos uma sindicância rigorosa. Anaton foi punido e suspenso do cargo. Depois retornou. Saiu do Heitor Carrilho anos depois, por conta de uma fuga, supostamente facilitada por um membro da equipe. Mas ainda sente uma falta imensa do hospital e das árvores que plantou.

Outro momento difícil relacionado ao Heitor Carrilho foi a denúncia sobre o uso de choques elétricos no tratamento de pacientes, em julho de 1992. Alguns casos, bastante raros, eram indicados para a eletroconvulsoterapia, nome científico dado aos choques elétricos. Os choques eram usados, por exemplo, em pacientes que apresentavam catatonia — uma forma de esquizofrenia que pode levar a períodos de perda total da capacidade motora, quando o paciente nem mesmo se alimenta ou ingere líquidos. No outro extremo, a terapia também era indicada em momentos de grande agitação, que poderiam significar risco para a própria vida do paciente e dos que o cercavam.

Atualmente, o uso da eletroconvulsoterapia é regulamentado pelo Conselho Federal de Medicina e só pode ser realizado em clínicas com acompanhamento de anestesista, mas naquela época não havia consenso sobre o assunto. Uma promotora da Vara de Execuções Penais recebeu a informação de que a terapia era usada no Heitor Carrilho e decidiu agir contra a prática, que chamou de obsoleta e cruel. A máquina de eletrochoques foi apreendida pelo Ministério Público. Na denúncia que redigiu, a promotora citou uma passagem do meu livro, *Cemitério dos vivos*, em que eu me referia ao uso do eletrochoque no sistema penitenciário como forma de tortura semelhante àquela infligida aos opositores do golpe militar de 1964.

Claro que a contradição chamou a atenção para a denúncia da promotora. A diretora do Desipe, que já escrevera com indignação a respeito dos choques, agora aceita que eles sejam aplicados em um hospital sob a sua responsabilidade. No livro de 1979, eu realmente condenara a prática e defendera a sua abolição. Mas, com o tempo, aprendera que em algumas situações a eletroconvulsoterapia poderia salvar vidas. Mesmo assim, a situação era um prato cheio para a imprensa.

Nilo Batista, na qualidade de secretário de Justiça, solicitou a um famoso psiquiatra, Luiz Alberto Py, parecer técnico sobre o tema. Py resumiu da seguinte maneira a questão:

> "As maiores restrições à convulsoterapia estão relacionadas com a dramaticidade do tratamento, e não com seus efeitos colaterais, embora estes existam. (...) Os tratamentos químicos têm, usualmente, efeitos colaterais piores. Convém lembrar que o eletrochoque é um tratamento rápido, enquanto os tratamentos químicos são usualmente de longa duração, o que prolonga e piora os efeitos colaterais."

Para encerrar, Py recomendou: "É fundamental assinalar que todo hospital psiquiátrico deve estar capacitado a oferecer este tipo de tratamento ao grande número de pacientes que dele necessitam."

Com a divulgação do parecer de respeitado psiquiatra foi possível acalmar a zelosa promotora.

27
Diretora de presídio acaba em camburão

Final da tarde de um dia de janeiro de 1992. Eu me preparava para encerrar o dia quando o telefone tocou e fui convocada com urgência para uma conversa com Nilo Batista. Lá fui eu para a Secretaria de Justiça. Ao chegar, uma assessora de Nilo veio correndo me dizer:

— Tenho uma bomba para mostrar pra você! Você vai ficar pasma.

Sentei-me, enquanto ela apanhava um pequeno gravador. Começamos a ouvir gravações de ligações telefônicas que partiam do Instituto Penal Vicente Piragibe, em Bangu.

Eu mal podia acreditar no que ouvia. A diretora, Margarida da Conceição Leão Ferreira, negociava tranquilamente os valores cobrados para autorizar a saída de um preso. Em outro telefonema, em conversa com uma pessoa identificada como a assistente jurídica da prisão, Marília Pimentel de Mesquita, parecia estar preocupada com a notícia de que havia uma investigação sobre um cheque assinado por um preso.

Voz 1 — Então eu comecei a pensar: Meu Deus, quem? Quem pagou em cheque?

Voz 2 — *O João, o Lima e o Wagner. Só.*
Voz 1 — *Só, né?*
Voz 2 — *Mais ninguém. Nenhum desses cheques foi direto pra nossa conta.*

Em outra conversa, Marília telefonava para um funcionário da Assembleia Legislativa, chamado Ivo, tentando localizar um preso para avisá-lo de que este havia sido beneficiado com um alvará de soltura:

Marília — *Ivo? Doutora Marília. E o Reinaldo, o senhor sabe onde ele está?*
Ivo — *Não, mas já chegou o alvará.*
Marília — *Lá não chegou nada e ele tem que ir junto lá. Ele tem de assinar o alvará na Vara. Todo alvará tem de ser assinado pelo preso.*
Ivo — *Vou ver se localizo ele. Puxa, ele esteve lá em casa ontem de manhã.*
Marília — *O alvará saiu quando?*
Ivo — *A partir de ontem, conversei com o juiz e tudo...*
Marília — *O juiz determinou que soltasse, mas pra soltar ele tem que assinar. O juiz não sabe que ele está na rua. Sabe que ele está saindo pra trabalhar.*
Ivo — *Reinaldo sabia disso, que o alvará ia sair hoje.*
Marília — *A diretora pediu pra mim falar com o senhor, que o senhor falasse com o Reinaldo, que ele ficou de dar, quando terminasse o alvará dele, 200 mil cruzeiros a ela.*

Fazia algum tempo que eu ouvia boatos sobre esquemas no Vicente Piragibe. Até mencionara o assunto às duas amigas, acima de qualquer suspeita, que tinham recomendado Margarida para o cargo de diretora. As duas questionaram Margarida sobre os rumores. Tânia Dahmer, que era a chefe do serviço social, perguntou de cara:

— Margarida, estão comentando que na tua cadeia os presos saem à noite e pagam para ficar fora, você sabe de alguma coisa? Você pode até não saber, mas isso pode estar acontecendo.

Margarida reagiu com surpresa, horrorizada. Era tudo intriga de funcionários que não gostavam dela, pois era muito rigorosa, disse. Agora, no entanto, o esquema estava comprovado. Mesmo assim, era difícil acreditar no que eu ouvia. E foi mais espantoso ainda receber a notícia de que meu telefone também havia sido grampeado para que "a polícia pudesse monitorar as conversas da diretora comigo".

Seria possível que desconfiassem de mim? Será que imaginavam que eu poderia fazer parte daquela trama? Fiquei irada, mas me contive. Já tinha um abacaxi grande o suficiente para descascar. As evidências indicavam que a diretora da unidade negociava com presos saídas não autorizadas judicialmente. Os presos que cumprem pena em regime semiaberto podem trabalhar fora dos muros e visitar as famílias com alguma regularidade, desde que liberados pelo juiz da Vara de Execuções Penais. As autorizações judiciais nem sempre aconteciam, os presos ficavam muitíssimo frustrados e tentavam burlar as limitações legais de todas as formas, inclusive através da corrupção de funcionários. Quando as autorizações chegavam, as unidades passavam a ter a responsabilidade adicional de fiscalizar o chamado trabalho "extramuros", já que alguns aproveitavam as saídas da cadeia para voltar a praticar crimes.

No caso do Vicente Piragibe, a investigação mostrou que a diretora e a assistente jurídica permitiam, por contra própria, saídas de presos durante a semana, ou nos fins de semana. O benefício custava pelo menos meio salário mínimo. A denúncia chegara ao gabinete de Nilo Batista por uma carta de um preso, que explicava o esquema. Segundo ele, os pagamentos a Margarida chegavam a 200 mil cruzeiros por mês — o salário mínimo na época era 96 mil cruzeiros.

Ficou decidido que, na madrugada do dia seguinte, seria desencadeada a operação para desmascarar o esquema. Eu e Pedro, o corregedor do Desipe — o mesmo que, no primeiro governo Brizola, dirigira o Vicente Piragibe —, iríamos nos juntar ao time de policiais escalados para a visita surpresa à unidade. Na madrugada do dia 23 de janeiro, seguimos para um posto de gasolina na avenida Brasil, onde deveríamos encontrar os policiais. Pensávamos que seríamos um grupo de meia dúzia de pessoas. Pedro e eu ficamos de boca aberta quando lá chegamos e encontramos à espera nada menos que 30 policiais civis e 13 viaturas. A operação tinha até um nome: "Apareceu a Margarida".

Minha surpresa foi ainda maior quando vi, entre os carros da polícia, um automóvel com o logotipo do *Jornal do Brasil*. Como, eu me perguntava, a operação teria vazado para os jornais? Eu tinha feito tanto segredo que não contara nem à minha assessora de imprensa, Iracema. Mas a explicação era outra. Para que o caso tivesse repercussão controlada na mídia, Nilo convidara uma repórter do *JB* para cobrir a operação policial que iria desmascarar o esquema.

Eram 2 horas da madrugada quando chegamos ao Vicente Piragibe. Os agentes penitenciários que nos receberam não acreditavam no que viam. Uma caravana de carros da polícia, a diretora-geral, o corregedor e, para piorar a situação, uma repórter! Nervoso, o PM que vigiava o portão resolveu exigir a minha identificação e a de todos os outros presentes para permitir a entrada. Depois de comprovar que era mesmo a diretora-geral, segui para a área administrativa. Mandei que os agentes reunissem todos os presos para o *confere*. Era incrível, mas nenhum dos responsáveis pela unidade tinha uma lista de todos os presos que deveriam estar ali. Se houvesse uma fuga ou rebelião e fosse necessário checar a presença dos internos, seria impossível. Tentamos entrar no gabinete da diretora, mas as salas estavam fechadas e os plantonistas não tinham as chaves.

Com uma marreta, arrombou-se a porta. Tivemos de usar um pé de cabra para abrir armários e gavetas. Passamos três horas esquadrinhando os papéis, constatando que a desorganização era enorme. As listas de internos que encontramos eram diferentes das fornecidas pelo Desipe. Presos que deveriam estar cumprindo pena no Vicente Piragibe não apareciam na listagem. De posse das duas relações, foi feito o *confere*. Resultado: dos 226 detentos que deveriam estar ferrados no sono nos dois pavilhões da cadeia até a nossa chegada, 23 estavam sumidos.

Conversamos com os presos e encontramos vários descontentes dispostos a entregar o esquema. Um, detido havia nove anos, contou que vira internos preencherem cheques de 200 mil cruzeiros para "pagar a sua ausência do presídio". Ao longo da madrugada, alguns dos sumidos retornaram e foram apanhados pelos policiais e levados para interrogatório. Durante o dia, os policiais foram aos endereços dos detentos foragidos. Na casa de um deles, receberam a informação de que o preso estava viajando.

As cenas registradas na madrugada do dia 23 apareceriam na primeira página do *JB* de 24 de janeiro. "Festival de bagunça no presídio", anunciava o jornal, que cobriu o caso por vários dias seguidos. Após o registro policial, os demais diários também tinham sido informados da operação. Todos registravam a prisão de Margarida, pela manhã. Os policiais haviam chegado à casa da diretora bem cedo e vasculhado documentos bancários. Na Polinter, Margarida a princípio negou as acusações. Os policiais fizeram com que ouvisse as fitas em que negociava as saídas. Sem saída, ela caiu no choro. Disse que aceitava o dinheiro porque fora ameaçada. Marília, ao saber que Margarida confessara o crime, reconheceu que ligava para os presos a pedido da diretora, mas garantiu que jamais recebera dinheiro por isso. Seis dias depois, dos quais cinco passados numa cela na Polinter, Margarida deu uma entrevista coletiva no escritório do seu advogado em que disse que apenas aceitava "doações", empregadas em melhorias na unidade.

— Estou servindo de bode expiatório. Foi uma injustiça o que fizeram comigo. A direção do Desipe tinha conhecimento dessas doações — garantiu, chorando.

Ficção pura, é claro. Por sorte, foi fácil desmentir as justificativas. Margarida citou reformas no seu gabinete, o conserto da caldeira do presídio e compras de material de limpeza e de uma máquina de cortar grama. Só que a caldeira do Vicente Piragibe estava quebrada havia séculos — a cozinha funcionava com fogão a lenha. A máquina de cortar grama fora adquirida no ano anterior, e já estava quebrada também. E todo o material de limpeza era fornecido pelo Desipe. Tratamos de enviar essas informações para os jornais.

A operação contra a diretora também repercutiu no primeiro escalão do governo. No dia seguinte à prisão de Margarida, Nilo me telefonou:

— O governador quer saber quem indicou essa mulher para dirigir um presídio.

Era a hora de conter os danos políticos causados pela história. Eu teria de dar explicações. Foi aí que me lembrei de uma carta de um deputado do PDT, recebida logo que assumi o cargo de diretora. Ele recomendara Margarida com entusiasmo. Não a escolhera por causa disso, até porque havia avisado desde o início que não aceitaria apadrinhados políticos para os cargos de confiança. Margarida era considerada no Desipe uma profissional dinâmica, competente e séria. Todos gostavam dela.

Botei a minha equipe para revirar o gabinete até achar a carta do deputado. Pelo menos agora a tal carta teria alguma utilidade. Liguei, então, para Nilo:

— Estou mandando para você a carta do deputado. Mande para o governador ver quem indicou.

28
Maconha no cofre

Uma das lições que aprendi com Augusto Thompson, o marcante ex-diretor do Desipe que me abriu as primeiras portas para o universo das prisões femininas, foi não ficar sentada em gabinete. "Cobra que não anda não engole sapo", costumava dizer Thompson. Sempre que recebia uma denúncia ou sabia de alguma crise, costumava ir ver o que estava acontecendo com meus próprios olhos. Algumas vezes, descobria o que nem o diretor da unidade sabia. Por mais de uma vez, demiti diretores ao perceber que eles ignoravam, ou não avaliavam corretamente, o que se passava nas suas cadeias. Acreditavam que podiam dirigir uma unidade prisional sentados nos gabinetes, despachando a papelada, dando ordens de longe. Acabavam sempre levando bola nas costas.

Uma vez, recebi a denúncia de que havia presos espancados em uma unidade do Complexo da Frei Caneca. Como não existia registro de qualquer conflito na prisão, decidi ir checar o caso pessoalmente. Fui direto à sala do diretor com a pergunta:

— Você sabe que há presos machucados aqui? Parece que tem gente que foi espancada em sua cadeia ontem.

O diretor, surpreso, negou.

— Você está enganada, Julita. Aqui ninguém apanhou. Tenho certeza.

Desconfiei que ele talvez fosse um daqueles que preferia o conforto do seu gabinete a conferir com os próprios olhos o que acontecia na unidade, sem se satisfazer em apenas ouvir dos subordinados o que se passava no dia a dia.

Insisti:

— Pois bem, vou andar pela cadeia. Depois volto aqui pra gente conversar.

Não deu outra. Foi só começar a andar pelos corredores para ter a informação, passada em voz baixa por um preso faxina, de que em determinada cela havia vários internos marcados por uma surra recente. Fui ao cubículo e encontrei os feridos. Chamando a segurança, determinei que fossem encaminhados para exame de corpo de delito e voltei, absolutamente irada, ao gabinete do diretor. Como era possível que ele não tivesse conhecimento de algo tão grave em sua unidade?

Logo tratei de substituí-lo. No entanto, sabia que administrar prisões com todo tipo de problemas, muitas literalmente caindo aos pedaços, e com uma crônica falta de dinheiro e funcionários, era uma tarefa heroica. Era preciso muita criatividade e garra para driblar as carências e realizar um bom trabalho. Por isso, costumava relevar pequenas falhas. Mas às vezes, mesmo reconhecendo as pressões e dificuldades que recaíam sobre os diretores, a única escolha possível para preservar o trabalho que fazíamos era a saída do administrador.

Foi assim em fevereiro de 1993, quando aceitei o pedido de demissão de José Henrique Moreira da Silva da direção da Milton Dias Moreira, uma das cadeias do Complexo da Frei Caneca. A história começou com a denúncia de um dos presos da unidade. Ex-agente penitenciário, ele relatou a uma das promotoras da Vara de Execuções Penais detalhes sobre um suposto esquema de venda de drogas, comandado pela própria direção da unidade. Mesmo sem uma ordem judicial de busca e apreensão, a promotora partiu para a Frei Caneca disposta a "estourar" a boca de fumo oficial.

Ao chegar à unidade, pediu ao diretor que abrisse o cofre. Dentro, havia mais de 600 trouxinhas de maconha e alguns papelotes de cocaína. A promotora convocou a Polícia, para que prendesse o diretor em flagrante. Henrique não foi preso, mas sua situação ficou insustentável — especialmente quando a imprensa passou a noticiar a existência de um certo dossiê, feito por um ex-policial militar que cumpria pena na unidade. Segundo ele, uma "quadrilha penitenciária" não só traficava drogas, mas também vendia saídas de presos, facilitava fugas, desviava alimentos e extorquia familiares de internos. "Diretor acusado de chefiar quadrilha dentro do presídio", anunciavam os jornais. Até o *Jornal Nacional*, da TV Globo, cobriu o caso.

Aos amigos Henrique garantia que estava sendo vítima de um esquema armado para tirá-lo da direção da unidade.

— Estão botando na minha conta até assassinatos que eu nem sabia que tinham acontecido. O sujeito que fez o dossiê foi inteligente, pois todos os crimes que ele citou aconteceram. Tem até gente presa por alguns deles.

Henrique passou anos respondendo a inquéritos de todo tipo. Nunca ficou provado seu envolvimento nesses crimes. Além disso, a sindicância interna e o inquérito policial acabaram por comprovar que o diretor cometera um erro, sim, mas absolutamente não era traficante. Toda a droga fora recolhida em revistas no presídio e registrada nos livros de ocorrências da unidade. Infelizmente, Henrique não seguira o procedimento recomendado nessas apreensões: enviar, de imediato, o material apreendido ao Instituto Carlos Éboli, da Polícia Civil. Justamente pela pressão dos problemas enormes do dia a dia, muitos diretores optavam por deixar acumular uma quantidade razoável de droga para, então, encaminhar à autoridade policial competente. Era o que tinha acontecido naquele caso.

29
Quatrocentos mais um

Greves de fome parecem ter saído de moda no Brasil. Talvez porque a consolidação do regime democrático tenha tornado desnecessário esse recurso extremo, da mesma forma que quase não se ouve mais falar deste tipo de protesto nas prisões brasileiras. Mas houve uma época em que as greves eram frequentes. Os presos políticos organizaram várias durante os anos de ditadura militar. Foi assim, por exemplo, que eles conseguiram ser transferidos da Ilha Grande para o continente, nos anos 1970. Logo os presos comuns perceberam que a greve de fome era um instrumento de pressão eficaz e adotaram a tática. Assim, mesmo encerrada a ditadura militar, já no segundo governo de Leonel Brizola, ainda continuavam a fechar a boca quando queriam pressionar a administração a atender suas reivindicações.

Não sei a razão, mas os presos da Esmeraldino Bandeira, em Bangu, eram useiros e vezeiros em fazer greves de fome. Tudo muito bem planejado pela liderança, que armazenava biscoitos e outras guloseimas para consumir enquanto a massa passava fome. Já contei como em 1983 acompanhei uma greve longa na Esmeraldino, que acabou com a transferência da Falange Vermelha para o Ary Franco. No meu período, também fui a Bangu 1 para negociar o fim de outro movimento.

Já falávamos em Comando Vemelho, na época. Era essa a organização que liderava — ou oprimia, por outro ponto de vista — os 1.200 presos da Esmeraldino. Um dia, Edson Zanata, o diretor da Esmeraldino, me ligou para contar que os presos queriam a minha presença. Estavam em greve de fome havia 48 horas e só negociariam o fim do protesto comigo. Eu achava que a maior parte das reivindicações poderia ser atendida sem grandes transtornos. Já o diretor alegava que os presos reclamavam de tudo e, na maior parte das vezes, não tinham razão.

Fui para Bangu disposta a ouvir os grevistas e tentar pôr fim ao movimento. Zanata me recebeu e insistiu em estar presente ao meu encontro com os presos. Eu sabia que uma das demandas era a saída do diretor. Claro que não pretendia ceder neste ponto — tirar um diretor por pressão do coletivo estava fora de cogitação. Mas preferi ficar livre para conversar com os detentos sobre qualquer assunto. Iria só. Foi resolvido que o encontro se daria no ginásio da unidade e solicitei que alguns agentes se mantivessem por perto, para qualquer eventualidade.

Ao entrar no ginásio, parei um instante para olhar em volta, surpresa. Uma multidão bem maior do que eu esperava, entre 300 e 400 presos, me aguardava de pé, conversando em grupos. Entrei e eles logo perceberam a minha presença. Enquanto caminhava em direção ao centro da quadra fui rodeada pelos internos que, num vozerio ensurdecedor, gritavam suas queixas. Pedi silêncio para que eu pudesse ouvir os dois ou três presos que já haviam se aproximado com uma lista contendo as reivindicações do coletivo. Eram os chamados "frentes de cadeia" que compunham a liderança das unidades prisionais, não só na Esmeraldino, como em todo o sistema. A maioria ignorou o pedido e continuou a desfiar um rosário de reclamações. Aos poucos, contudo, foram se acalmando. Em um círculo, estavam à minha volta, à espera. Neste momento, olhei em torno, à procura dos agentes. Não havia um único funcionário à vista. Eu estava sozinha com centenas de presos.

Fiquei furiosa. Estava claro que aquela negligência com relação à minha segurança não tinha sido um simples descuido. Se houvesse algum mais exaltado ali, eu poderia facilmente virar refém. Mesmo assim, resolvi continuar o encontro até o fim. Não podia me mostrar amedrontada diante da massa. Pacientemente, ouvi a longa lista de solicitações. Os líderes falavam, enquanto os demais ficavam em silêncio respeitoso. De um lado, 400. Do outro, só eu. Fui dizendo o que poderia ser atendido, o que não poderia. Agilidade na revista da família, para que pudessem aproveitar melhor a ida dos familiares à cadeia, alongando o tempo de convívio, podia. Botar o diretor na rua, não podia. Expulsar o chefe de segurança, não podia. E assim por diante.

Com muita conversa, consegui o compromisso de que eles iriam suspender a greve. Então voltei ao gabinete do diretor. Ainda estava chocada com a atitude dos agentes e cobrei a ausência dos ASPs no encontro que tinha acabado de ocorrer. Constrangido, Zanata admitiu que os agentes estavam muito incomodados com minha presença. Que história era essa de um diretor-geral entrar no território deles para negociar com presos? Os agentes da Esmeraldino — como muitos outros que encontrei na vida — não entendiam que "negociar" não equivale, necessariamente, a cometer uma ilegalidade ou infringir o regulamento penitenciário. Cabe a quem conduz a conversa identificar o que pode ser atendido sem jogar no lixo leis e regras.

Muitas vezes, depois, fui acusada de negociar com presos, como se a expressão fosse reflexo de algo ilícito e condenável. Foram várias as negociações e não me arrependo de uma única delas. Contanto que eu não infringisse a lei ou o regulamento, julgava sempre produtivo sentar e conversar com presos, ouvir suas queixas e, muitas vezes, excelentes sugestões.

30
Ladrão de galinha

A corrupção é um mal muito mais difícil de ser combatido do que a violência. Ela não envolve uma vítima e um algoz, mas dois indivíduos que se beneficiam mutuamente: o que corrompe e o que se deixa corromper. Em vez de feridas, deixa marcas sutis. Por isso, tentar agir contra desvios e roubalheiras é ainda mais difícil do que reprimir a pancadaria geral.

Mesmo assim, desde o primeiro dia coloquei a briga contra a corrupção como a minha principal meta, ao lado do combate à violência. Era uma questão de honra — e de coerência. Estava cansada de apontar, em palestras, a situação absurda de alguém que cometera um crime, e por isso estava sendo punido com a privação da liberdade, conviver, no ambiente prisional, com o cotidiano desrespeito à lei, inclusive pelos representantes do Estado. Além disso, a corrupção implica a sangria dos recursos públicos — e só eu sabia como eles faltavam para suprir carências de toda ordem. Unidades em situação degradante, falta de vestuário adequado para vigias e vigiados, cozinhas deterioradas, instalações elétricas e hidráulicas em constantes panes — eu tinha uma lista de emergências arquivadas na gaveta, à espera de recursos.

Um dos principais problemas em qualquer unidade penitenciária é o desvio de comida. O cargo de chefe da subsistência — como é chamado o setor de alimentação das cadeias — é sempre posição disputada. Para combater os desvios, criei comissões de recebimento de víveres e distribuí balanças nas unidades para garantir que as quantidades recebidas fossem as registradas nas guias.

Mas isso não era o suficiente para impedir completamente o saque às despensas das prisões. Um caso curioso aconteceu na Penitenciária Lemos Brito, no Complexo da Frei Caneca, Centro do Rio. Sua diretora era Maria de Lourdes Silva Pinto, uma assistente social tranquila como uma mãe de santo. Mora até hoje em um pequeno apartamento no Centro, de onde costumava ouvir a sirene da unidade, implodida recentemente. Doce, discreta, tinha excelente atuação como diretora.

Lourdes era tão séria que foi escolhida para coordenar a implantação do primeiro Cogepa, ou Conselho de Gestão Participativa. O órgão, que reunia representantes de presos, seus familiares, guardas e até mesmo de organizações não governamentais, era a consolidação daquelas mesmas propostas que foram ensaiadas, com maior ou menor sucesso, no primeiro governo Brizola.

Uma tarde ela me telefonou para contar um dilema que vivia.

— Chefe, estou com um problema complicado de resolver — anunciou.

O caso era triste. Um agente tinha sido apanhado na revista rotineira feita na saída da portaria do Complexo da Frei Caneca. Estava levando um frango na bolsa. Mandaram-no explicar-se com a diretora.

Lourdes, coração grande, ficou penalizada. Era um bom agente. Tinha cinco filhos e lutava com dificuldade para mantê-los.

— Estou com o rapaz aqui na minha frente, chorando, e dizendo que ele não aguenta ver os presos comerem carne todos os dias e os seus filhos comendo arroz, feijão e farinha e só muito raramente vendo a cor de um frango ou um bife. Estou sem saber o que faço — disse ela, ao telefone.

O correto, evidentemente, seria encaminhar o agente para a delegacia da área e registrar o ocorrido. O rapaz seria processado, talvez condenado e, certamente, acabaria por perder o emprego. Será que esta punição seria justificada? Valeria a pena perder um bom funcionário por causa de um frango? Resolvi relevar o delito.

— Lourdes — disse —, converse com o agente. Mostre a ele o risco que você corre por não punir esta falta, mas diga que, como foi seu primeiro deslize, você vai lhe dar uma nova chance. Faça dele um aliado da sua administração.

E assim foi feito. Lourdes e eu passamos alguns dias preocupadas. Algum agente insatisfeito com a minha gestão bem poderia usar esse episódio para nos acusar de prevaricação. Felizmente, nada aconteceu. E o risco valeu a pena. O sujeito se transformou num dos melhores funcionários que já serviu ao sistema penitenciário do estado do Rio de Janeiro.

Não posso dizer o mesmo do envolvido em outro flagrante de furto de alimentos, ocorrido no Instituto Penal Edgard Costa, em Niterói. Quando assumi o Desipe, Dolores Rodrigues — então uma jovem magra e pequena, com humor irônico e um jeitão decidido — já dirigia o Instituto Penal Romeiro Neto, destinado às mulheres em regime semiaberto, também em Niterói. Como eu estava determinada a não manter nenhum diretor da antiga administração, Dolores estava destinada a ser rapidamente substituída. O Movimento de Mulheres do PDT pedira que eu a mantivesse no cargo. Lembro-me de que a chamei, logo na primeira semana, e disse que iria observá-la. Se considerasse que ela reunia qualidades para participar da equipe, Dolores seria mantida na direção do Romeiro Neto. Dias depois fui visitar a cadeia. Para minha surpresa, percebi que Dolores era pessoa muito querida, tanto pelas presas quanto pelos agentes. Um dos seus maiores cuidados era ir uma vez por semana ao Fórum do Rio verificar pessoalmente a situação legal das internas — ajuda preciosa para aquelas mulheres, que na maioria não dispunham de advogado. O clima no Romeiro Neto não tinha nada da tensão que se via em outras cadeias.

Ficou famosa, na época, uma história de amor entre presos apadrinhada por Dolores. Certo dia, foi procurada no seu gabinete no Romeiro Neto por um agente indignado. A unidade feminina estava passando por obras realizadas pelos presos da cadeia ao lado, a masculina Edgard Costa. Enquanto assentavam tijolos e viravam o cimento, os internos não perdiam de vista os encantos das moradoras do Romeiro Neto. E foi assim que um deles começou a namorar uma detenta. Quando o namoro foi descoberto, o encarregado da segurança decidiu que o preso seria impedido de voltar ao Romeiro Neto. Afinal, o detento estava contrabandeando amor — esse entorpecente perigoso — para a prisão. Pois Dolores foi em socorro do casal. Não só impediu que afastassem o Romeu do trabalho, como depois de encerrada a obra ainda criou horários para que os dois internos pudessem se encontrar, sob vigilância. Anos depois, os dois namorados se casaram. Dolores foi madrinha.

Quando percebi o perfil dedicado de Dolores, não só a mantive no Romeiro Neto como tempos depois a encarreguei de dirigir a cadeia de onde viera o noivo — o Instituto Penal Edgard Costa, unidade masculina de regime semiaberto, também do outro lado da baía.

O gabinete do Edgard Costa ficava numa casa que antes servia de moradia para o diretor. Com o fim do costume dos diretores de unidades residirem na prisão, a casinha passara a abrigar o gabinete e outros setores administrativos. Um dia, meses depois da sua nomeação, Dolores estava de pé na porta do gabinete, conversando com um interno. Na posição em que estava, podia observar o pátio, mas não era vista por quem passasse ali. Foi assim que ela viu um dos internos deixar a sala de subsistência, onde ficavam guardados os alimentos, carregando um grande engradado na cabeça. Dolores acompanhou a caminhada do detento com os olhos. Então algo chamou sua atenção. O preso passou direto pela entrada da cozinha e seguiu para os fundos da unidade, onde funcionava uma oficina de automóveis na qual os presos trabalhavam.

"Uai. Alguma coisa está acontecendo", pensou Dolores.

Minutos depois, o interno voltou para a sala de subsistência, levando dois engradados vazios. Logo em seguida um carro saiu da oficina. Era o automóvel de um funcionário. Vamos chamá-lo de Jorge.

O carro parou, esperando que o portão fosse aberto. Dolores desceu às pressas a escada, parou ao lado do motorista e ordenou:

— Desligue o carro, saia e abra o porta-malas.

Jorge, que era um homem negro e forte, emudeceu. O rosto ficou cinza. Sem ação, procurava palavras, uma explicação, e não achava nenhuma.

Dolores insistiu:

— Por favor, desligue o carro, saia e abra o porta-malas.

Obviamente, todos os outros agentes sabiam o que estava dentro do bagageiro. Nenhum deles apareceu para dar apoio à diretora no confronto. O motorista sussurrou alguma coisa. Dolores não entendeu. Só na terceira vez compreendeu que ele implorava:

— A senhora não vai fazer isso comigo aqui.

Dolores acolheu o pudor do agente corrupto. Deixou que ele desse marcha a ré e encostasse em um lugar mais discreto. Jorge abriu o porta-malas. Dentro havia arroz, óleo, salsicha, farinha. Mas o que a deixou mais furiosa foi ver várias peças grandes de carne congelada. Naquela mesma tarde, ele mesmo tinha ligado do gabinete de Dolores para a administração central. Estava faltando carne na unidade, avisou, e era preciso repor os estoques rapidamente.

— A senhora sabe, hoje é sexta-feira. Fim de semana sem carne na unidade, o negócio vai ficar quente — disse ele a Dolores, com ar preocupado.

Dolores pediu que o agente detido fosse com ela para o gabinete. Ligou para mim e perguntou o que devia fazer. Nem titubeei:

— Chame o delegado.

Dolores ligou para a 72ª DP. Contou o que acontecera. Levou um sermão do delegado.

— A senhora vai prender o seu funcionário? Tem certeza de que quer fazer isso? Vai botar ele aqui na carceragem, só com vagabundo? Dá uma bronca nele e manda ele embora pra casa.

Jorge, sentado em frente à diretora, aguardava em silêncio o fim da conversa, com certeza adivinhando o que ocorria. Diante da recusa, Dolores tentou chamar o delegado da carceragem feminina da Polinter, que funcionava a 200 metros dali. O telefone só dava ocupado, e ela decidiu ir pessoalmente, deixando um guarda de plantão na porta.

Foi virar as costas e ouvir o ronco de um motor. O carro de Jorge passava a toda pelo portão. O guarda encarregado de vigiar a porta jurou que o agente detido tinha fugido pela janela. Felizmente, os víveres já tinham sido devolvidos ao estoque da unidade.

Dolores fez um relatório, que deu origem a um inquérito policial e uma sindicância administrativa. Uma funcionária foi nomeada para substituir Jorge. Tempos depois, a substituta veio avisar Dolores que ela deveria se cuidar. Corria o boato de que Jorge estava preparando alguma coisa para a diretora. Ela não iria sair bem daquela história.

Dolores não deu importância. Mas se lembrou dessas palavras quando, uma semana depois, saindo do trabalho tarde da noite, percebeu que um carro seguia a sua moto pelo caminho que dava na ponte de Niterói para o Rio de Janeiro. Ela acelerava, o carro acompanhava. Freava, o outro fazia o mesmo. Ao entrar na ponte, Dolores desviou bruscamente a moto, parou no pedágio e correu para uma unidade da Polícia Federal que funcionava ali. O carro que a perseguia freou bruscamente e ficou parado, faróis como olhos espantados na estrada vazia. Não havia como fazer o retorno, e o perseguidor teve de seguir em frente, deixando Dolores para trás, de pernas bambas, mas a salvo.

No dia seguinte, ela estava no meu gabinete:

— Pode me exonerar. Não quero mais brincar disso, não.

Foi um custo, mas consegui convencê-la a permanecer no cargo. Dolores passou o resto da gestão sem outros sobressaltos. Quanto a Jorge, quando deixei o Desipe, os processos administrativos ainda caminhavam sem solução à vista. Pelo que sei, ele continua trabalhando no sistema penitenciário.

31
O esquadrão do flagrante

Já mencionei rapidamente uma das minhas primeiras providências para reduzir os índices de irregularidades: a Supervisão Noturna das unidades prisionais. Em geral, as trapaças nas cadeias acontecem à noite. Quando os diretores e o pessoal administrativo vão para casa, o caminho fica livre para a prática de todo tipo de artimanha. Aí acontecem as fugas, a entrada de prostitutas, de armas e de drogas — ou mesmo de uma simples pizza com cerveja, inofensiva, mas também ilegal. Assim, era urgente criar um mecanismo de fiscalização das cadeias nas madrugadas.

Foi então que surgiu a ideia de criar um grupo de pessoas de confiança, formado por diretores de unidades e integrantes da Corregedoria, para fazer blitz nas cadeias. Pedro Beccari, o corregedor, preparou um questionário que seria preenchido a cada visita dos supervisores: número de agentes por turma, presos em celas de castigo, evidências de violência contra os presos, presença de pessoas não autorizadas etc. Um dos passos fundamentais da vistoria era checar a presença de todos os presos na unidade, um por um. Queríamos impedir os casos em que presos molhavam a mão dos guardas para sair durante a noite — por vezes, para continuar a assaltar ou realizar outros atos criminosos. Também fazíamos o *confere* dos agentes. Alguns deles aproveitavam a madrugada para trabalhar em bicos fora do sistema, às vezes pagando aos colegas para "tirarem o seu serviço".

Todos os diretores de unidades participavam das supervisões, seguindo uma escala de visitas predeterminada. A unidade a ser fiscalizada, entretanto, só era anunciada na hora em que o diretor entrava no automóvel do Desipe. Reservamos um Fusquinha especialmente para esse fim. No início da noite, o motorista do carro pegava com Pedro um envelope lacrado com a relação das unidades a serem visitadas. Às vezes, um diretor fazia a supervisão noturna da própria unidade que dirigia. E se surpreendia com o que encontrava na própria casa.

Em geral, três unidades constavam da relação. Assim, o diretor da Penitenciária Lemos Brito, na Frei Caneca, poderia, numa mesma noite, supervisionar o Presídio Ary Franco, em Água Santa, às 22 horas; a Penitenciária Esmeraldino Bandeira, em Bangu, pouco depois da meia-noite; e, finalmente, visitar uma unidade semiaberta, como o Instituto Penal Plácido Sá Carvalho, também em Bangu, duas horas depois. Por vezes, orientávamos os fiscais a visitar a mesma cadeia em horários diferentes. A ideia central era manter os funcionários sempre na expectativa de uma visita surpresa. No dia seguinte, o supervisor chegava mais tarde ao trabalho.

Apesar de muitos muxoxos e resmungos, todas as unidades tiveram de se acostumar com as fiscalizações. Por vezes, os agentes de plantão tentavam dificultar a entrada dos visitantes. Era um tal de procurar chaves em gavetas e fazer tudo a passo de tartaruga. Enquanto isso, sabíamos, guardas dorminhocos eram acordados, flagrantes disfarçados. Mas nunca tivemos problemas para entrar em qualquer unidade. A não ser uma vez, na Esmeraldino Bandeira. O chefe de plantão negou-se a abrir os portões, insistindo que desconhecia a existência da supervisão noturna. Ora, o tal agente tinha sido presidente do sindicato dos servidores e conhecia o procedimento muitíssimo bem. Depois soubemos que guardas tinham espancado presos na unidade. Solicitei que o agente que recusara o nosso acesso fosse punido. Ele foi me procurar no gabinete para pedir desculpas e implorar que eu relevasse o caso.

— Eu admiro muito a senhora — começou ele, amaciando a conversa.

— Tudo bem, muito obrigada. Mas o que você quer?

— Eu quero que a senhora me perdoe. Eu não tenho nenhuma punição na minha ficha.

No Desipe, qualquer sanção era registrada na ficha do funcionário e passava a fazer parte da sua história profissional, dificultando promoções e benefícios. Mesmo assim, não aceitei as desculpas. O funcionário merecia sua primeira punição e a teria.

Naquela época, implantamos também um sistema de fiscalização dos internos em regime semiaberto. Depois de cumprir um sexto da pena, os presos de bom comportamento podiam receber do juiz da Vara de Execuções Penais a progressão de regime e ser transferidos para unidades onde era permitido deixar a prisão durante o dia para trabalhar, retornando à noite. A ideia era que, gradualmente, os detentos se reintegrassem à sociedade — uma proposta que, por falta de programas de apoio aos presos neste processo, muitas vezes não dava certo.

Alguns presos declaravam estar trabalhando e usavam as saídas para voltar a atuar no crime. Em junho de 1991, por exemplo, policiais de Niterói prenderam um homem, que acabara de roubar um Fusca no bairro de São Francisco. Logo outras vítimas de roubos na região reconheceram o mulato de bigode fino como o assaltante que, munido de um revólver 38, havia levado seus carros. O rapaz era um dos internos em regime semiaberto do Presídio Plácido Sá Carvalho, onde já cumpria pena por assalto a mão armada. Saía de lá diariamente, dizendo que ia trabalhar. Roubava carros e à noite voltava para dormir na cadeia.

Para evitar esse tipo de irregularidade, contávamos com equipes volantes que visitavam os locais em que supostamente os presos deveriam estar trabalhando. Se o interno não era encontrado, repetia-se a visita outras duas vezes. Confirmada a ausência, o caso era comunicado ao juiz, que suspendia o benefício e devolvia o trapaceiro ao regime fechado.

32
Fugas Doril: ninguém sabe, ninguém viu

A notícia foi publicada no jornal *O Dia* de 21 de agosto de 1991. "Diretora do Desipe diz que ninguém vai fugir." Era o título de uma reportagem que seria cômica — se não aludisse a um problema tão grave quanto rotineiro. "A diretora-geral do Desipe, Julita Lemgruber, anunciou ontem que a fuga programada para este sábado pelo assaltante Roberto Alves de Lima, 36 anos, o Preá, do Presídio Esmeraldino Bandeira, em Bangu, não terá sucesso."

A Polícia Militar apreendera duas cartas do assaltante para a mulher, moradora da Cidade de Deus, favela na Zona Oeste do Rio. Em uma, Preá pedia que a mulher lhe enviasse dinheiro para pagar a passagem de ônibus. Em outra, a instruía a esconder em um salto oco do sapato uma chave que poderia abrir as celas. Com as grades abertas, o assaltante prometia fugir por um túnel.

Fizemos uma revista minuciosa no Esmeraldino e não encontramos túnel algum. Mesmo assim, reforçamos a segurança. Nem chance de Preá sumir por algum buraco.

Quem dera tivéssemos sempre avisos desse tipo. As fugas foram um problema grave em toda a minha administração. No Rio de Janeiro, os institutos penais Plácido Sá Carvalho e Vicente Piragibe eram verdadeiras peneiras, cercados por alambrados em pedaços, por onde os presos vazavam. As duas unidades eram destinadas aos presos em regime semiaberto. De todo modo, não tinha havido preocupação de dotar as duas cadeias sequer com os mais simples sistemas de segurança. Os que implantaram as unidades semiabertas provavelmente imaginavam que detentos destinados a logo sair pela porta da frente não iriam sujar os seus prontuários com uma fuga. Doce ilusão. O Plácido Sá Carvalho, por exemplo, tinha um muro baixo, complementado por uma tela arrebentada, que era um convite a uma escapada. Virou piada entre os guardas:

— O preso é transferido para lá ao meio-dia e ao meio-dia e dez já se mandou.

Era de desanimar. Em janeiro de 1992, por exemplo, foram transferidos 35 presos para o Vicente Piragibe. Na mesma noite, 21 deles pularam a cerca e desapareceram.

Em novembro de 1993, fizemos a contabilidade dos fugitivos nas duas unidades. Em 34 meses, tinham desaparecido 2.822 presos — 1.765 do Plácido Sá Carvalho e 1.057 do Vicente Piragibe. Nesse período, havíamos instaurado 828 sindicâncias só relacionadas a essas duas cadeias — uma trabalheira monstruosa para o pessoal da correição. Em novembro, enviei um ofício a Nilo Batista insistindo no meu pleito já antigo de obras emergenciais nas duas prisões. A duras penas, consegui construir uma guarita e consertar o muro do Sá Carvalho. O Vicente Piragibe só seria reformado quando foi escolhido para abrigar os presos da Ilha Grande, no fim do governo.

Nem todos os presos alojados nas cadeias do semiaberto tinham autorização legal para sair da unidade. Muitos presos, que pelo tempo de pena já teriam direito ao regime, jamais conseguiam autorização judicial para trabalhar fora. Para isso, o preso precisava apresentar uma carta com uma oferta de emprego, que obviamente teria de ser obtida pela família ou por amigos, já que o detento não podia sair em busca de uma vaga. Por isso mesmo, os presos acabavam por apelidar o semiaberto de semifechado.

Na verdade, parte dos internos era transferida antes de receber a autorização de saída. E, quando se convenciam de que não receberiam o "abre-te sésamo" legal, esses presos abriam caminho de outra maneira. Nem que fosse comprando a conivência de guardas. Em outra unidade de regime semiaberto, o Edgard Costa, em Niterói, em junho de 1993, 20 presos escapuliram de uma só vez. Saíram por um portão que fora aberto pelo lado de fora — obviamente, com cumplicidade de agentes.

Esse tipo de corrupção infelizmente era bem comum. Tivemos na época muitas fugas "Doril" — como na propaganda de um analgésico, que fazia sumir a dor, os detentos simplesmente sumiam das unidades. Não cavavam túneis, não forçavam portas, não deixavam grades serradas ou cordas para trás. Desapareciam. E, se alguém perguntava o que tinha acontecido com determinado fugitivo, a resposta era difícil de engolir como um comprimido ingerido a seco:

— Tomou Doril. Ninguém sabe, ninguém viu.

Foi assim que sete integrantes do Comando Vermelho fugiram do Ary Franco, inexplicavelmente, em março de 1993. O mais famoso do grupo era o ex-jóquei J. Mendes de Oliveira, que cumpria pena por sequestro. Na fuga, algumas grades foram serradas — uma fraca tentativa de disfarçar a cumplicidade de agentes. Na época, informantes nos disseram que o Comando Vermelho tinha pago 40 mil dólares e ainda uma barra de ouro pela liberdade do grupo.

O valor, publicado em todos os jornais depois de divulgado por Nilo em uma entrevista, seria a propina por "um pacote" de fugas. O fato é que, um mês depois da escapada de J. Mendes, apesar de termos reforçado a segurança do Ary Franco, Eraldo Souza da Silva, um dos chefes do tráfico da favela da Rocinha, saiu pela porta da frente do mesmo presídio, supostamente usando um uniforme de agente penitenciário. Era abril de 1993.

Já fazia três anos, desde abril de 1990, que Eraldo estava no comando da boca de fumo da Rocinha, talvez a principal do Rio de Janeiro naquela época. Logo tornou-se personagem conhecido da imprensa. Em agosto de 1991, todos os jornais publicaram o teor de uma carta a Eraldo assinada por 13 presos da Penitenciária Esmeraldino Bandeira. Apreendida por policiais numa operação em São Conrado, o bairro da Rocinha, a carta pedia a ajuda da "família CV".

Depois de saudar a "digníssima família" do chefão do Comando Vermelho, a carta garantia que os detentos continuavam a garantir a hegemonia do comando na unidade. "Amigo, do lado certo dessa vida errada, encontramo-nos conscientemente zelando por nossa responsabilidade, esforçando-nos ao máximo para que continue reinante e predominante a filosofia de Paz, Justiça e Liberdade."

O texto seguia contando que os presos vinham pedindo a transferência de outros detentos do Comando Vermelho, lotados no Ary Franco, para a sua galeria na Esmeraldino Bandeira, "por via de documentações endereçadas à ilustríssima senhora doutora Julita Lemgruber, diretora-geral do Desipe". Por fim, a missiva chegava ao objetivo final: dinheiro. "Visando solucionar o problema de nossa precária situação financeira, solicitamos a você um fortalecimento para a caixinha." A caixinha, no caso, era um fundo coletivo que tanto servia para resolver necessidades emergenciais, como a compra de um medicamento para um companheiro doente, quanto para financiar fugas.

Depois desse episódio, Eraldo foi preso em 1992 e trancafiado em Bangu 1, com outros membros da direção do Comando Vermelho. Mas tornou-se impossível mantê-lo lá depois de janeiro de 93. Em setembro de 1992, os presos da galeria A tinham usado uma granada para fazer o diretor de Bangu 1, Francisco Spargoli, e o fiscal da Vara de Execuções Penais, Newton Levin, de reféns. Spargoli e Levin ficaram nas mãos dos presos que ameaçavam explodir a granada. Spargoli, numa atitude ousada e arriscada, deu uma cotovelada num preso, um soco em outro. Enquanto lutavam, o chefe da vigilância entrou na galeria, atirando para o alto. Só então foi controlado o início de motim. Tempos depois, Eraldo denunciou a Spargoli que outras seis granadas haviam sido contrabandeadas para dentro da penitenciária de segurança máxima. Também contou que havia um plano para me sequestrar.

Sabe-se lá por que Eraldo tomou essa posição. Com certeza, considerara que atos radicais como sequestros e assaltos com granadas desencadeariam uma onda de repressão que certamente iria atingir em primeiro lugar a eles, os líderes do CV detidos. Talvez já tivesse planos de fugir. Pois o certo é que, depois dessa denúncia, ele não poderia ser mantido em Bangu 1. Foi transferido para a Penitenciária Milton Dias Moreira e de lá para o Ary Franco, de onde desapareceu misteriosamente no dia 13 de abril.

A sindicância mostraria o envolvimento claro de três agentes penitenciários no episódio. Um deles, que deveria estar de férias, fez questão de ir ao presídio e substituir um outro guarda que misteriosamente fora dispensado. No dia da fuga, Eraldo não recebeu os seus visitantes semanais, o que o dispensou de aparecer fora da cela. Apurou-se mais tarde que ele cortou o cabelo naquele dia. Aproveitando o movimento da visita, Eraldo passou por três portões e saiu da prisão disfarçado — alguns disseram que usava um uniforme de agente; outros afirmaram que vestia um terno e pasta, como se fosse advogado. O sumiço saiu em todos os jornais — e o pior é que não ficou só nisso.

Dias depois da fuga de Eraldo, o capitão da PM que dirigia o Ary Franco arrebanhou três funcionários e viajou, no seu próprio carro, para Aquidauana, no Mato Grosso do Sul, onde tinha informação de que Eraldo teria se escondido numa fazenda. Segundo ele, ia para prender o fugitivo. Era "questão de honra" recuperar o criminoso, me disse ele, quando o chamei para explicar por que não acionara a polícia do Mato Grosso, nem nos comunicara sobre a caçada. Houve boatos de que o verdadeiro objetivo da viagem era *mineirar* — extorquir — Eraldo. Conhecia o funcionário e nunca acreditei nos rumores. Mas o capitão voltou sem encontrar sinal do traficante. A repercussão do caso e as graves irregularidades que ele cometera me obrigaram a sugerir que ele pedisse demissão do cargo de diretor do Ary Franco. O caso foi assunto até de editorial no *Jornal do Brasil*, que considerou "muito mal contada" a história.

Depois da fuga de Eraldo, choveram críticas ao governo por ter transferido os fugitivos de Bangu 1 para o Ary Franco. Nos jornais cariocas, a cadeia de Água Santa, tão odiada pelos presos, passou a ser descrita como "prisão de segurança mínima, onde o dinheiro compra a liberdade", como escreveu o *Jornal do Brasil*. Pareciam até estar falando do Vicente Piragibe, uma daquelas unidades cheias de buracos no alambrado. Um exagero.

Era impossível não transferir presos alojados em Bangu 1 para outras unidades, de tempos em tempos. Como já contei, lá só havia 48 vagas — e a toda hora era capturado um novo inimigo público número 1, que precisava ser hospedado nas celas de segurança máxima. Para abrir vaga, não havia mágica: o jeito era mandar presos de Bangu 1 para outras cadeias.

As fugas Doril só diminuíram quando Nilo Batista negociou com o Judiciário a obtenção rápida de prisões preventivas dos agentes suspeitos. Nesses casos, fazíamos a toque de caixa a sindicância e o inquérito policial.

Uma fuga muito bem arquitetada foi a de Mateos Sbabo Negri. Conhecido como Gino, Negri era parte de uma rede internacional de traficantes de drogas. Em junho de 1986, policiais federais advertidos pela Interpol prenderam o italiano naturalizado argentino no Aeroporto Internacional do Rio de Janeiro, ao lado do filho, Ivo, e do conhecido traficante belga Edgard Barbe. O trio tentava embarcar para a Europa levando cinco filtros de piscina. Dentro dos filtros, em vez da areia habitual, cerca de 100 quilos de cocaína. Negri foi condenado a 16 anos de prisão e meses depois fugiu. Em maio de 1991, foi preso de novo pela Polícia Federal com 24 quilos da droga. Sua pena passara para 32 anos. Recolhido ao Presídio Lemos Brito, no Complexo da Frei Caneca, Centro do Rio, começou a arquitetar uma nova fuga.

O plano de evasão foi posto em prática em 8 de setembro de 1993. Neste dia, Carmem Maria Amarante, a vice-diretora do Lemos Brito, recebeu um telefonema de Bandeira, funcionário da direção-geral, passando a determinação de transferência de um interno para o regime semiaberto: Mateo Sbabo Negri. Como era regra nessas comunicações, Bandeira informou o número do memorando, que seria enviado depois à unidade, e o registro do preso.

Carmem, acostumada a receber determinações de transferência semelhantes, tratou de atender ao pedido. Em 10 de setembro, formalizou a remoção do preso para o Vicente Piragibe. No mesmo dia, Negri escapou.

Cinco dias depois, Carmem soube da fuga e de boatos de que a transferência fora forjada. Entrou logo em contato com Bandeira — e comprovou que ele jamais dera o telefonema ordenando a transferência.

A história seria apurada em detalhes na sindicância. Estranhamente, um agente do Lemos Brito, encarregado da área jurídica, que nunca aparecia na direção-geral — vamos chamá-lo de Oscar — fora visto duas vezes no gabinete, dias antes da fuga. Dizia indagar sobre um processo. Lá, procurara o mesmo Bandeira que era encarregado de ordenar as transferências e vira como ele procedia ao fazer essas comunicações. Dias antes da segunda visita, o advogado de Negri se reunira por três horas com seu cliente na sala de Oscar.

Os responsáveis pela apuração do caso não tiveram dúvida de indicar Oscar como o cúmplice de Negri. O esquema tinha se baseado na boa-fé da funcionária — que cometera apenas um deslize. Pelo procedimento padrão adotado no Desipe, depois de receber o comunicado, ela deveria ter ligado de volta para Bandeira para confirmar que o preso efetivamente estava na unidade e seria transferido. Se tivesse telefonado, teria falado com o Bandeira verdadeiro — e o esquema desmoronaria.

Pode parecer que só acumulamos derrotas nesta área. Mas, na verdade, conseguimos evitar muitas fugas. Um esquema semelhante ao de Negri foi desmontado quando impedimos a saída do traficante Isaías da Costa Rodrigues, o Isaías do Borel, em abril de 1993. Isaías era um dos nomes fortes do Comando Vermelho e tinha sido transferido de Bangu 1 para o Milton Dias Moreira em dezembro. Seus comparsas forjaram um ofício solicitando que ele comparecesse a uma audiência na 26ª Vara Criminal. Desconfiado, um inspetor telefonou para o Fórum, para checar a determinação. Descobriu que Isaías não tinha qualquer processo naquela vara. Naturalmente, pretendia usar a viagem até o Palácio da Justiça para tentar a fuga. O traficante foi rapidamente transferido de volta para Bangu 1.

Outra tentativa frustrada foi em junho de 1992. O assaltante Carlos Josias de Oliveira tentou valer-se da semelhança com seu meio-irmão, Antônio Lourenço Filho, para escapar do Presídio Milton Dias Moreira. Ao fim do horário de visita, rumou para o portão de saída, como se fosse um dos parentes, deixando o irmão no seu lugar. Acabou denunciado pela assinatura — a sua diferia da identidade deixada por Antônio. Dois meses depois, o assaltante Carlos Pereira de Oliveira Rosa também tentou escapulir do Presídio Helio Gomes entre os visitantes. Para isso, vestiu-se de mulher e carregou na maquiagem. O plano não deu certo e Carlos voltou ao xadrez.

Nos anos que dirigi o Desipe também descobrimos alguns túneis em construção, fechados antes que os presos escapassem. Cavar um túnel em uma cela nunca foi coisa fácil. O trabalho precisa ser feito à noite, quando há menos vigilância. Depois, sempre faltam ferramentas adequadas. Em 1991, no Evaristo de Moraes, fechamos um túnel que já tinha 20 metros, cavado com facas e cavadeiras improvisadas. Os presos tinham retirado a terra em sacos feitos com os seus cobertores. No Vieira Ferreira Neto, em Niterói, no mesmo ano descobrimos um túnel aberto a partir da tubulação de um vaso sanitário. No Milton Dias Moreira, encontramos um que já chegava à rua, com extensão de 300 metros e 80 centímetros de diâmetro. O buraco terminava numa manilha de esgoto.

Houve uma fuga que fracassou sem a nossa participação. No Ary Franco, em Água Santa, os internos certa vez também conseguiram construir um túnel com sucesso. Mas ia na frente do grupo um preso corpulento, chamado Sarmento. No início, ele progrediu bem pelo buraco. Mas, alguns metros à frente, o túnel começou a se estreitar. Sarmento ficou entalado — não conseguia seguir nem voltar. Os demais presos não tiveram remédio a não ser recuar, arrastando-se de marcha a ré, para a cela — loucos de raiva do gorducho. A essa altura, a fuga já tinha sido descoberta. Só com a ajuda dos bombeiros Sarmento desentupiu o buraco, logo fechado.

Quase não se ouve falar em fugas das prisões do Rio. Tampouco se sabe de casos de violência contra os presos. Será que não acontecem mais problemas desse tipo? Duvido. Parece que o sistema penitenciário está blindado. Não sai notícia lá de dentro. Quando raramente os jornais publicam alguma coisa, geralmente é notinha de pé de página.

Desconfio que a maior causa desse silêncio seja a falta de interesse da nossa sociedade — e, por tabela, da imprensa — sobre o que acontece nas prisões. O assustador aumento da criminalidade que o Brasil experimentou a partir dos anos 1980 gerou um sentimento de grande animosidade contra os autores de crimes violentos. Vivemos em uma sociedade que chora quase 50 mil mortos por homicídio todos os anos.

Por conta de décadas de estatísticas como essa, parece que os brasileiros passaram por um processo de embrutecimento. Boa parte dos cidadãos reage com indiferença ou mesmo com satisfação à violência contra os acusados de crimes. Por essa lógica, acusados trancados em celas superlotadas, em temperaturas absurdas, sem acesso aos direitos mais básicos — espaço, cama decente, comida razoável — estão recebendo o castigo merecido. Qualquer reportagem denunciando esses problemas é bombardeada por cartas de leitores enraivecidos. A maioria dos brasileiros quer trancafiar os bandidos e jogar a chave fora.

Com algumas exceções, o acusado de ter cometido crime não é mais ouvido pela imprensa. Hoje os jornalistas repetem uma máxima quando questionados sobre a cobertura policial: "Não podemos dar voz ao bandido." Mesmo quando, raramente, ouvem um acusado que não use terno e gravata, têm o cuidado de evitar fazer perguntas que ofereçam ao entrevistado uma oportunidade para o discurso político ou para a expressão de liderança. Evita-se até publicar o nome de facções como o Comando Vermelho, para não fortalecer a organização.

Que diferença para a minha época no Desipe, quando regularmente eram publicadas reportagens sobre a estrutura de comando de organizações criminosas (com direito a verdadeiros organogramas) e entrevistas com lideranças! Víamos também com mais frequência do que hoje relatos da vida nas prisões, matérias sobre projetos educativos e assistenciais e denúncias das más condições das cadeias.

Havia, nos anos 1980 e 1990, um grande interesse da imprensa — e da sociedade — de compreender a crescente sofisticação e ampliação da criminalidade. Os presídios eram os lugares ideais para fazer esse estudo. Afinal, lá os jornalistas podiam conversar, em condições controladas de segurança, com as principais lideranças das facções criminosas.

Aparentemente, esse assunto atualmente desperta menos curiosidade — talvez por já ter sido muitas vezes abordado. Além disso, as próprias organizações criminosas estão menos organizadas e têm à frente chefes menos articulados.

O efeito colateral do distanciamento da imprensa em relação ao sistema penitenciário é que a cobertura ficou menos crítica. Infelizmente, as prisões continuam a ser cenário de corrupção e violações dos direitos humanos. Mas poucos parecem se interessar por isso.

33
Negociação em Bangu 1: entre garrafas e granadas

Os presos de Bangu 1 estavam em greve de fome. "A coisa está complicada", me disse o diretor, por telefone. A lista de reivindicações do movimento era impossível de ser atendida.

Era o mês de junho de 1993. Estava há mais de dois anos na direção do Desipe e sabia bem demais que uma greve em Bangu l não era uma greve qualquer. Afinal de contas, Bangu 1 era a única cadeia do sistema que, rigorosamente, poderia ser definida como "de segurança máxima". O prédio em Bangu tinha quatro galerias, cada uma com 12 celas individuais. Câmeras de segurança por todo lado e quase um guarda por preso impunham uma rotina de vigilância sem paralelo. O regime era de "tranca dura", ou seja, os presos ficavam fechados na cela o tempo todo, com apenas uma saída para banho de sol de uma hora, uma vez por dia. Não havia aulas nem oficinas de qualquer tipo. Brincava-se que a prisão era de ociosidade máxima. Enfim, era uma máquina de enlouquecer vigias e vigiados.

A Penitenciária Laércio da Costa Peregrino, ou Bangu 1, foi inaugurada em agosto de 1988, no governo Moreira Franco, como um símbolo da sua política de endurecimento contra o crime. Ao suceder Leonel Brizola, em 1987, Moreira prometeu "acabar com a violência em seis meses" e substituir a doutrina de respeito aos direitos humanos do pedetista por uma política de confronto. Bangu 1 foi até cenário de uma campanha na TV, em que as lideranças das facções criminosas em ação no Rio apareciam atrás das grades da cadeia de segurança máxima. Na propaganda, o governo anunciava que Bangu 1 existia para dar tranquilidade ao povo do Rio de Janeiro e manter os chefões do tráfico afastados e sob total controle. Era tão curioso que o anúncio ganhou uma paródia do programa humorístico *TV Pirata*, da Globo, em que o ator Antonio Calloni aparece satisfeito atrás das grades, ao som do jingle que lembrava a música de um comercial de cerveja e dizia: "Pensou cadeia/ Pediu Bangu 1." Depois de mostrar um revólver e abrir a cela com uma chave, Calloni anunciava:

— Podemos afirmar com segurança máxima: a melhor cadeia do Brasil é Bangu 1! A número 1!

O marketing de Moreira Franco só deixava de fora um dado fundamental: o espaço da unidade era bem limitado — apenas 48 vagas. Na prisão que iria estancar o crime fluminense só havia lugar para um Ali Babá e sua turma.

Enéas Quintal, que depois eu convidaria a ser vice-diretor do Desipe, foi o primeiro a dirigir Bangu 1. Em conflito com seus superiores, deixou a unidade apenas um mês depois. Mas viveu histórias memoráveis naqueles dias. Um dos seus primeiros cuidados foi não preencher todas as 48 vagas da unidade. Propôs que quatro celas ficassem ameaçadoramente vazias, prontas para receber presos que organizassem "alguma situação" em outra unidade.

— A massa carcerária não pode achar que Bangu 1 não tem mais vagas — recomendava.

No primeiro dia em que assumiu a penitenciária, ainda não oficialmente inaugurada, em julho, Enéas abriu as galerias para lideranças do Comando Vermelho. Francisco Viriato de Oliveira, o Japonês, Sérgio Mendonça, o Ratazana e Rogério Lengruber, o Bagulhão, foram os primeiros a chegar. Duas galerias — a A e a B — ficaram com o CV; na C, alojaram o Terceiro Comando. Na galeria D ficaram os chamados "neutros", aqueles que não se filiavam a facção alguma. Ainda não tinham aparecido as novas facções, como a ADA, ou Amigos dos Amigos, hoje grupo numeroso e com bastante poder, dentro e fora dos muros.

Apesar da pequena capacidade, Bangu 1 realmente assustava os presos. Houve tentativas de greve no resto do sistema contra as transferências de líderes para a nova unidade. A revolta chegou até as ruas. Quando Denir Leandro Nascimento, o Denis da Rocinha, foi transferido para Bangu 1, os moradores da maior favela do Rio de Janeiro fecharam o túnel que ligava os bairros de São Conrado à Barra da Tijuca, num ato que assustou a classe média. A Rocinha desceu, dizia-se na cidade.

Contudo, por trás das três portas de aço que isolavam cada galeria em Bangu 1, Enéas encontrou pouca resistência dos líderes. Só o irmão de Escadinha, Paulo Maluco, já conhecido por acessos de descontrole, provocava rebuliço. Desesperado, nos primeiros dias ele tinha crises em que ficava horas a urrar na galeria. Em fúria, jogava fora as quentinhas com as refeições e tentava quebrar a torneira da cela. Os outros presos observavam. Os agentes penitenciários, cansados do escândalo, queriam calar a boca do infeliz à custa de safanões. Enéas não permitiu.

— Se ele apanha, todo mundo vai dizer que estamos trazendo as lideranças para massacrar aqui. A cadeia já é dura o suficiente.

Com seus botões, Enéas pensava que as lideranças do CV nada faziam para controlar Maluco, na esperança de que a atitude do preso provocasse um incidente violento, que acabaria com a aura de seriedade e profissionalismo de Bangu 1. Tempos depois, Escadinha lhe agradeceu a paciência com o irmão. Enéas encarou o traficante e comentou:

— Vocês estavam doidos para que a gente caísse de pau nele, não é?

— Ele fez por merecer — comentou Escadinha.

Com o fim do governo Moreira e a vitória de Brizola, talvez os presos imaginassem que teriam abrandadas algumas das regras de Bangu 1. Não foi o que aconteceu. A disciplina continuava dura. Daí a greve de fome que me levou pessoalmente a Bangu 1. Ali estavam os criminosos mais influentes do Estado, e as decisões que tomássemos em relação ao movimento repercutiriam nas outras unidades. Além disso, eu sabia que, provavelmente, algumas das reivindicações poderiam ser atendidas. O diretor de Bangu 1 era excessivamente rigoroso e acreditava que qualquer pequena demanda atendida significava dar poder ao crime.

Comecei a minha visita pela galeria B, que reunia a liderança mais importante do Comando Vermelho. Nessa época, mais do que dar ordens para fora, eles continuavam mesmo era a impor sua vontade dentro do sistema. Entrei na galeria, contrariando a vontade do diretor, que preferia que eu falasse com os presos da chamada "gaiola", uma espécie de antessala da galeria, cuja porta tinha uma parte gradeada, através da qual os funcionários podiam falar com os presos. Mesmo contrariado, o diretor entrou comigo.

Disse que estava lá para ouvi-los e tentar resolver o impasse. Eles apresentaram suas reivindicações; a principal delas, a transferência de Isaías do Borel, que estava tuberculoso e era portador do vírus HIV, para o Hospital Penitenciário.

Outros pedidos eram bastante prosaicos e fáceis de ser atendidos, como a permissão da entrada de garrafas de 1 litro de refrigerante, em vez de apenas recipientes pequenos.

Quem não conhece o mundo das cadeias pode se perguntar que diferença faz o tamanho da garrafa. Naquele universo de escassez, onde cada trapo, cada saco plástico, é reaproveitado e ganha uma função, garrafas de litro eram preciosas. Os detentos de Bangu 1 não tinham acesso a fogareiros como em outras cadeias. Com as garrafas grandes, eles poderiam ferver água. O método é engenhoso. Pendura-se a garrafa cheia de água por uma corda. Faz-se uma espécie de tocha — chamada de pirulito — de jornal e ela é acesa sob o recipiente Durante o processo, a garrafa é girada todo o tempo; assim, a água aquece, mas o plástico não se derrete. Aí é só usar a água para fazer café.

Outra reivindicação era iniciar mais cedo o horário das visitas. Com as revistas rigorosas, a entrada dos visitantes demorava tanto que, alegavam os presos, por vezes os familiares perdiam grande parte do período de convivência. Essa também, com certeza, poderia ser atendida. Assim, procurei atender aos pedidos que eram razoáveis, com a intenção de encerrar o movimento. O porta-voz dos presos era Rogério Lengruber, o Bagulhão, liderança do Comando Vermelho que agentes que eram meus desafetos diziam ser meu primo.

Terminei a conversa, disse que esperava que suspendessem a greve com a aceitação de parte das reivindicações, inclusive a transferência de Isaías. Parecia que a negociação tinha sido um sucesso. Então comentei com Rogério:

— Pois é, rapaz, não é que dizem que somos primos?

— De que parte do estado é a sua família? — perguntou Bagulhão.

— Do Estado do Rio, lá dos lados de Cachoeiras de Macacu e Friburgo.

— A minha também, doutora. A gente deve ser primo mesmo!

Os guardas devem ter adorado. Afinal, insistiam em dizer que eu fazia acordos com o Comando Vermelho porque era parente do Rogério. Certa ocasião o carro do Desipe que eu utilizava pifou e tive de ir trabalhar com meu carro. Peguei o automóvel Voyage vermelho que meu marido usava, aliás cedido pela companhia da qual era funcionário. Bastou eu chegar ao meu gabinete no Centro do Rio dirigindo um carro vermelho para correr a notícia de que era presente do CV.

Finda a conversa na galeria B, fui para a C para continuar a negociação. Como o isolamento das galerias era total, em Bangu 1 era preciso negociar com uma de cada vez. Haja paciência e disposição. E todos os meus interlocutores eram líderes experientes. Ali não existiam "comédias" — o nome dado aos presos que não mantêm a palavra dada.

Quando eu e o diretor nos preparávamos para entrar na galeria A fomos alertados por um advogado que acabara de conversar com um preso daquela galeria.

— Doutora, não entre não. Eles estão com uma granada e vão pegar a senhora de refém, pedir helicóptero para a fuga, isto vai virar um inferno. Meu cliente, que não concorda com o plano, acaba de me contar.

Evidentemente, decidimos não pagar para ver. Saí de Bangu 1 às pressas, depois de recomendar um "pente-fino" (revista geral) para procurar possíveis armas e granadas.

Para os presos, ser transferido para Bangu 1 significava passar um bom tempo sem poder pensar em fugas. Até então, Bangu 1 era uma unidade à prova de evasões. Por isso mesmo, volta e meia era preciso transferir para lá um criminoso preso recentemente, que em outras unidades poderia articular rapidamente uma fuga. Era sempre uma negociação complicada. Havia muito fora abandonada a tentativa de manter sempre quatro celas vazias. Era um luxo incompatível com as cadeias lotadas do Desipe. Portanto, para receber qualquer novo interno havia a necessidade de se transferir, para outra unidade do sistema, um felizardo que se livraria do lugar que os presos consideravam um inferno.

Pode-se imaginar como eram constantes as tentativas de subornar funcionários do Desipe para obter transferências de Bangu 1. Uma vez, até eu mesma recebi telefonema de conhecido advogado criminalista, que me ofereceu uma quantia bastante razoável — o suficiente para comprar um carro popular — para autorizar a mudança de seu cliente. Infelizmente, a ligação não havia sido gravada, e assim não pude encaminhar à polícia a prova do crime do ilustre causídico.

Era chocante a desfaçatez de alguns personagens que circulavam pelo sistema penitenciário. Não era segredo que alguns advogados auxiliavam seus clientes detidos na gestão de operações criminosas fora das prisões. Em 1992, com base em conversas gravadas por escutas autorizadas de funcionários de Bangu 1, uma promotora da Vara de Execuções Penais denunciou três advogados por intermediar negociações de sequestros.

Por mais de uma vez eu tentei, junto à seção Rio de Janeiro da Ordem dos Advogados do Brasil, a punição de advogados que agiam como pombos-correio. Era fácil perceber que alguns advogados faziam uma diligente ronda, quase diária, pelas unidades do Comando Vermelho. Determinei que as visitas fossem registradas nas unidades, por um período de 30 dias, e levei um relatório para a OAB. De nada adiantou. Era direito do advogado se entrevistar com seus clientes, conforme a necessidade determinasse. Interessante que houvesse tanta necessidade de contato rotineiro, quando se sabe que os processos na Justiça são vagarosos e as novidades raras.

Para lidar com as pressões por transferências de Bangu I e evitar suspeitas sobre as movimentações, resolvi, de comum acordo com o secretário de Justiça, criar uma comissão que decidiria as transferências. A comissão era composta por mim e pelo vice-diretor-geral do Desipe, responsável direto por todas as transferências, pelo juiz da Vara de Execuções Penais, por um membro do Ministério Público, também da VEP, por um policial militar e um policial civil, indicados por suas respectivas corporações, por representantes da Pastoral Carcerária da Igreja Católica e da Pastoral Evangélica. Elaboramos uma forma de avaliar cada caso, individualmente, com peso para diferentes variáveis: importância do preso nas organizações criminosas; liderança fora e dentro de cadeia; tamanho da pena etc. A comissão se reunia com a regularidade necessária, em função de novas prisões e solicitações de encaminhamento de presos a Bangu 1, e decidia quem sairia para dar lugar a um novo ocupante.

Como os presos de Bangu 1 eram todos considerados de alta periculosidade, os livramentos condicionais ali eram raros. Um dia, recebi uma ligação do presidente do Conselho Penitenciário com um aviso: ele estava de partida para Bangu 1 para proceder ao primeiro livramento condicional de preso daquela unidade. A imprensa foi alertada, e nós do Desipe esperamos ler uma bomba no dia seguinte. Imagine o efeito de uma notícia dessas. "Preso sai de Bangu 1 em livramento condicional"! Um preso sairia pela porta da frente da unidade conhecida por reunir os cabeças da criminalidade do Rio.

Ao receber a ordem judicial, determinando o livramento condicional do preso Manoel Calixto, o diretor de Bangu 1 avisou que não cumpriria o que, em sua opinião, seria uma ilegalidade. Havia um mandado de prisão preventiva contra aquele preso, por crime de homicídio, expedido pelo 1º Tribunal do Júri, me explicou ele por telefone. Surpresa, recomendei prudência. Afinal, o presidente do Conselho tinha em mãos uma ordem judicial. E ordem judicial, como todos sabíamos, tem de ser cumprida, e só depois discutida. O diretor de Bangu 1 continuou irredutível. Um dos funcionários da cadeia estava a caminho do Tribunal do Júri, onde iria obter cópia da ordem de prisão preventiva. O presidente do Conselho me ligou enfurecido:

— Seu diretor está me desautorizando e se recusa a cumprir uma ordem judicial!

Do meu gabinete, preocupada, eu imaginava a cena constrangedora em Bangu 1. O presidente do conselho, que chegara à unidade decidido a realizar um ato simbólico, dando o primeiro livramento condicional a um interno de Bangu 1. A imprensa à espera de registrar o momento. E nada acontecia. Horas se passaram. A tensão aumentava. O presidente do Conselho tentava fazer cumprir a ordem, disparando telefonemas para autoridades no governo. No seu gabinete, o diretor da cadeia também acionava os seus contatos para impedir a saída, que realmente seria um vexame para a Secretaria de Justiça. Afinal, o funcionário com a cópia do mandado de prisão preventiva chegou à prisão. O documento anulava a ordem judicial em posse do presidente do Conselho Penitenciário. Não seria desta vez que um preso sairia em livramento condicional de Bangu 1.

34
Jogo do bicho na cabeça

A foto do julgamento realizado no Fórum do Rio de Janeiro em 21 de maio de 1993 saiu em todos os jornais. Cabeças baixas, algemas nos pulsos, os chefes do jogo do bicho ouviram em silêncio, por cinco horas, a sentença que os condenou a seis anos de prisão em regime fechado. No entanto, já fazia uma semana que eles estavam atrás das grades, por decisão da mesma juíza que naquela tarde os mandava em definitivo para o xadrez: Denise Frossard.

Juíza substituta da 14ª Vara, Frossard assumira recentemente o inquérito contra os banqueiros e proibira os réus de deixar a cidade sem autorização judicial. Num procedimento de rotina, os bicheiros compareceram ao Fórum no dia 15 de maio para assinar documentos que comprovavam a sua presença no Rio. Em frente ao Fórum, deixaram um segurança, soldado da Polícia Militar, armado com pistola e um revólver. Foi o suficiente. Alegando que os seguranças armados colocavam em risco a ordem pública, a juíza determinou de imediato a prisão preventiva do grupo.

Com 158 processos nas costas, acusados dos mais variados crimes, de assassinatos a tráfico de drogas, os 14 comandantes do bicho foram condenados por formação de quadrilha. Para isso, a magistrada se baseou nas provas de que a cúpula da contravenção reunia-se regularmente na sede da Liga das Escolas de Samba, no Centro do Rio. A imprensa aplaudiu com um entusiasmo raramente visto. Enfim, diziam, parecia que o Brasil tinha jeito. Era possível colocar na prisão criminosos poderosos. Pouco importava que a condenação fosse polêmica do ponto de vista jurídico. "Ponto para a juíza. O FBI não prendeu Al Capone pelos assassinatos que comandou mas pelo imposto de renda que deixou de pagar", elogiou a revista *Veja*.

Para nós, encarregados do sistema penitenciário, a decisão de Frossard era um problemão. De um dia para o outro, precisávamos acomodar um grupo numeroso de presos de grande influência política e bolsos forrados de dinheiro. Era uma situação de encomenda para balançar o equilíbrio frágil das cadeias. Imaginávamos que, como de costume, os presos seriam condenados e ficariam algumas semanas nas delegacias, aguardando a transferência para o Desipe — período em que poderíamos nos organizar para alojar os famosos contraventores. Ledo engano. No caso dos banqueiros do bicho, Frossard determinou a sua imediata remoção para o Presídio Ary Franco, porta de entrada do sistema penitenciário, logo após a prisão preventiva. No próprio dia 15, eles foram remetidos para o Ary Franco, em um comboio de quatro camburões e dois carros do Bope, que cruzaram a cidade com as sirenes ligadas e armas à mostra, seguidos de perto pelos carros de jornalistas e familiares. Miro ainda conseguiu fazer graça ao descer da caçamba do carro policial:

— Tô acostumado a andar de carro importado e esse negócio aqui é muito apertado — reclamou, bem-humorado.

Meu primeiro cuidado foi discutir com a direção do Ary Franco sobre os problemas que o grupo poderia provocar. Temia que começasse uma série de casos de corrupção. Com os recursos daquela turma, poderia esperar por tentativas de suborno a guardas para obter todo tipo de privilégio, distribuição generosa de dinheiro aos presos para "comprar" lealdades e sabe-se lá que outras artimanhas.

Por outro lado, estava claro para mim que os bicheiros deveriam ter todos os direitos dos outros presos. Eu cuidaria para que eles não pudessem usar de seus variados recursos para obtenção de privilégios, mas também não permitiria que a eles fossem negados os direitos que valiam para toda a massa carcerária. E eu já imaginava que teria problemas por aí. Afinal, logo de cara, a juíza determinara que eles ficassem no Ary Franco — considerada a unidade do sistema com as piores condições de cumprimento de pena, pelas celas coletivas e sempre lotadas, a umidade e o calor sufocantes, a ausência de ventilação nas galerias e as poucas fontes de luz natural.

A internação dos bicheiros no sistema já começava mal. Afinal de contas, não era costume o juiz determinar o local de cumprimento de pena de um réu condenado. Acontecia, vez por outra, de os juízes da Vara de Execuções Penais solicitarem a lotação de presos nesta ou naquela unidade prisional, devido a pedidos de advogados ou da família, ou nos casos em que presos se sentiam inseguros ou ameaçados por outros presos. Mas a juíza determinar que os presos dessem entrada imediata no Ary Franco era uma ingerência pouco usual do Judiciário nas responsabilidades do Executivo.

Administrar os novos detentos exigia equilíbrio, jogo de cintura e autoridade. Os bolsos recheados dos bicheiros permitiam que contratassem os melhores advogados da praça, que tratavam de encontrar meios de suavizar ou reduzir as penas dos clientes. O advogado de Maninho, por exemplo, impetrou um mandado de segurança para evitar que ele fosse obrigado a cortar o cabelo. Como contei, o recurso não deu resultado. Na sessão do julgamento que o condenou a seis anos de prisão, Maninho já compareceu com os cabelos aparados.

Por outro lado, a imprensa cobria intensamente o cotidiano dos detentos na cadeia, registrando as mínimas novidades — desde a entrada de visitantes famosos, como a cantora Alcione e o deputado Agnaldo Timóteo, até o que os bicheiros comiam e vestiam.

Essa vigilância certamente era estimulada por conta de antigos boatos sobre relações amistosas da cúpula brizolista com os comandantes do jogo do bicho, que circulavam desde o primeiro governo. Fossem verdadeiros, Brizola não estaria quebrando nenhum paradigma. Pelo contrário. Havia anos os bicheiros eram vistos e fotografados ao lado de autoridades, em situações festivas como os desfiles de carnaval. Suas atividades ilícitas aconteciam em um regime de tolerância, raramente interrompido por operações policiais que pareciam descobrir subitamente a existência dos pontos de bicho. O disse me disse sobre um acordo do governo com os bicheiros chegou a ser tema de relatórios dos arapongas do Serviço Nacional de Informações (SNI), encarregados no ano de 1983 de vigiar o ex-exilado. Documentos da época, posteriormente divulgados, afirmavam que existia um acordo do alto escalão do PDT e os banqueiros do bicho, que fariam "doações trimestrais", a ser investidas na consolidação do partido e na formação de reservas para a campanha de Brizola à presidência.

Apesar de todos os rumores, posso afirmar que durante o meu período à frente do Desipe jamais recebi qualquer recomendação do governo para favorecer os bicheiros. Nenhum dos meus superiores jamais telefonou para pedir que protegesse este ou aquele contraventor ou facilitasse a pena deste ou daquele banqueiro. Ficamos por nossa conta e risco.

Dos 14 condenados, cinco não foram para o Ary Franco. Raul Capitão, o mais velho, com 80 anos, sofria de mal de Parkinson, enfisema pulmonar e mal andava. Seus advogados tentaram conseguir que ele cumprisse pena domiciliar, mas o Ministério Público se pronunciou contrário.

Numa ambulância, foi levado para cumprir a pena no Hospital Penitenciário. Emil Pinheiro ficou internado no Hospital Central do Exército, com hipertensão. Castor de Andrade — o mais conhecido da cúpula do bicho — e seu filho Paulinho Andrade cumpririam pena na Polinter, na Praça Mauá. Com nível superior, tinham direito a prisão especial, assim como Ailton Guimarães Jorge, o Capitão Guimarães, militar reformado, e José Petrus Kalil, o Zinho, economista.

Na carceragem da Polinter (Divisão de Capturas da Polícia Civil do Rio), a influência dos novos hóspedes logo se fez sentir. Um chuveiro elétrico, quebrado havia meses, foi substituído. Em dois dias, os contraventores já contavam com camas de solteiro, televisão, frigobar e até um celular. O diretor da Polinter só não permitiu a entrada de uma bicicleta ergométrica. Os jornais registraram a liberdade com que as esposas dos bicheiros entravam na cadeia, levando comida para os contraventores, sem passar por revista.

Por contraste, registrou O *Globo* do dia 18 de maio: "No Presídio Ary Franco, visitas só de advogados." Segundo a matéria, os alimentos levados por parentes ficavam na portaria — por norma do presídio, os presos só podiam receber frutas. Os banqueiros dormiam em colchonetes e usavam bermudas e camisetas como os demais detentos. Para não comer da boia oferecida aos internos, recorriam aos sanduíches da cantina, que logo subiram estratosfericamente de preço. Afinal, desde o primeiro dia os bicheiros fizeram questão de mostrar o seu poder econômico. As reportagens publicadas naqueles dias registram que, assim que chegou ao presídio, Miro sacou de um dos bolsos notas de 500 mil cruzeiros (dinheiro graúdo na época) e comentou, em tom de brincadeira, que estava com pouco dinheiro. Segundo as matérias, Miro distribuiu um milhão de cruzeiros para cada uma das cinco celas da galeria E, onde estava.

Nos dias que se seguiram à chegada dos bicheiros, fomos obrigados a lidar com uma romaria de advogados ao Ary Franco. Em um só dia,

28 portadores da carteirinha da Ordem dos Advogados do Brasil foram ver os contraventores. Vários eram parentes e amigos, mas por ter carteira da ordem tinham o direito de ver os presos como advogados.

As visitas dos familiares de presos foram assunto de mais de uma matéria jocosa nos jornais. Como a clientela dos presídios é quase sempre pobre, o guarda-roupa luxuoso, as joias e os cabelos produzidos das mulheres dos bicheiros chamavam a atenção. "Madame vai ao xadrez", noticiava o jornal *O Dia* de 24 de maio. A reportagem elegia a senhora Haroldo Saens Peña, Eny Koplin, como a mais enfeitada. Eny ia ao presídio de tailleur azul e saltos altos ou de legging rosa forte. Sabrina Garcia, esposa de Maninho, era das mais despojadas, mas compreendia as que se produziam para ir ao xadrez:

— Manter a aparência é uma forma de dar força aos maridos.

Assim que os presos se instalaram no Ary Franco, seus advogados começaram a fazer contatos com a Secretaria de Justiça e a me enviar ofícios para solicitar o cumprimento de uma portaria que eu mesma baixara, em 17 de dezembro de 1992, e que regulamentava a lotação de presos no sistema penitenciário.

Transferências de presos entre as unidades eram fantásticas oportunidades de negócio para funcionários corruptos. Para acabar com a venda de vagas, sempre a preços extorsivos, a portaria estabelecia critérios absolutamente claros e transparentes para a lotação e transferência de presos. Havia unidades destinadas a presos com penas curtas; cadeias mais seguras, reservadas a presos perigosos e com penas longas; outras específicas para jovens infratores, e assim por diante. E havia o Sítio do Pica-pau Amarelo.

Era a Penitenciária Vieira Ferreira Neto, a mesma cadeia em Niterói que, no primeiro governo de Brizola, Nildson reformara com a ajuda dos presos. As suas condições privilegiadas — amplo espaço ao ar livre e celas individuais com alguns confortos, como chuveiro e vaso sanitário —

lhe renderam o apelido, referência ao cenário das aventuras de Emília, Pedrinho e Narizinho. Na organização do Desipe, a Ferreira Neto era reservada para presos com mais de 60 anos (desde que já tivessem cumprido um ano de pena) ou portadores de doenças crônicas não contagiosas.

Do grupo que acabava de chegar ao Desipe, boa parte tinha mais de 60 anos: José Caruzzo Escafura, o Piruinha, contava 64 anos; Antonio Petrus Kalil, 68; Haroldo Rodrigues Nunes, Haroldo Saens Peña, 69; Valdemir Garcia, o Miro, 66; Carlos Teixeira Martins, o Carlinhos Maracanã, 66. Até os jornais fizeram graça com a história: "Uma quadrilha para o 'Guiness Book'", noticiou *O Globo* de 30 de maio, afirmando que os contraventores poderiam compor a quadrilha mais velha do mundo. Segundo alegavam seus advogados, vários tinham problemas de saúde crônicos.

Era uma decisão difícil. A prisão dos bicheiros fora aclamada pela imprensa e pela sociedade como um ato de moralização havia muito esperado. Cada ato relativo aos banqueiros era noticiado com destaque na imprensa. Não podíamos permitir que surgissem suspeitas injustas sobre a lisura da nossa administração. Ao mesmo tempo, também não podíamos agir de forma discriminatória contra os bicheiros. Como já disse, eu queria tratá-los como qualquer outro preso.

Denise Frossard determinara, ao decretar a prisão preventiva, que eles fossem encaminhados para o Ary Franco, a unidade de entrada do sistema penitenciário, e não continuassem em xadrezes de delegacia. No entanto, isso não significava, imaginava eu, que eles tivessem que cumprir toda a sua pena na unidade de Água Santa.

Os bicheiros haviam apresentado atestados médicos citando males variados. Até Maninho, o mais jovem, dizia ter problemas. Pedi, então, que os oito banqueiros fossem examinados. A própria médica do Ary Franco avaliou todos. Dois pareciam estar em pior estado: Waldemir Garcia, o Miro, foi examinado no Hospital Central Penitenciário; José Petrus

Kalil, o Turcão, pelo serviço médico do Desipe. Waldemir Garcia tinha doença pulmonar crônica e uma volumosa hérnia inguinal. José Petrus Kalil era hipertenso e diabético. Com seus 130 quilos e um grave edema dos membros inferiores, precisava caminhar uma hora diariamente. Nenhum dos dois conseguia usar o sanitário existente nas celas do Ary Franco — o "boi", ou vaso turco, um sanitário no chão, que exige que o usuário fique de cócoras. Depois de ouvir o relato do coodernador de Saúde do Desipe, Edson José Biondi, telefonei para o secretário de Justiça e comuniquei o resultado. Nilo me disse, quase em tom de desafio:

— Agora eu quero ver você cumprir sua própria portaria.

— É o que eu pretendo fazer — respondi.

Desliguei o telefone, pensativa. Afinal, a portaria não dizia que o Ferreira Neto era o lugar para preso com mais de 60 anos, tendo cumprido um ano de pena, ou com doença crônica? Por que não cumprir uma portaria que eu mesma assinara? O correto seria que eu transferisse todos os que tinham alguma doença crônica, além de ter 60 anos. Mas preferi ser prudente. Assim, decidi que apenas Miro e Turcão seriam imediatamente transferidos para a unidade de Niterói. Depois de 13 dias em Água Santa, por volta das 17 horas de 27 de maio, Miro e Turcão embarcaram cada um em um camburão, rumo a Niterói. Levavam os seus colchonetes e sacolas com lençóis e remédios.

Denise Frossard não demorou a reagir. No mesmo dia da transferência de Miro e Turcão, ela anunciou a sua intenção de investigar "o problema das mordomias esdrúxulas" dos bicheiros na Polinter — problema que não me dizia respeito, já que a delegacia pertencia à Polícia Civil. Notícias de jornais informavam que Castor de Andrade patrocinava uma reforma geral na carceragem. Segundo as notícias, os presos habitavam celas improvisadas com divisórias, que contavam com camas, colchões, aparelhos de rádio e TV, frigobar, ar-condicionado e até telefones celulares —

objetos raríssimos na época. No entanto, a perícia do Instituto Carlos Éboli não comprovaria alguns exageros noticiados na imprensa. Com exceção da de Castor, com nove metros quadrados, os cubículos de Paulinho, Zinho e do Capitão Guimarães tinham cerca de dois metros quadrados, bem menos do que os seis metros determinados pela legislação. Não tinham ventilação, entrada para o sol ou banheiro. Havia, de fato, um celular, que os delegados toleravam alegando que a prisão especial dava privilégios de comunicação para o preso. Foi logo confiscado.

No Ary Franco, por sinal, também havíamos recebido propostas de que os banqueiros bancassem a reforma das celas. O irmão de Anízio, o deputado estadual Farid Abraão, nos procurou logo após a prisão dos bicheiros para expressar sua preocupação com a umidade, a iluminação deficiente e o desconforto na galeria onde estavam os detentos. Dias depois, o diretor do Ary Franco nos comunicou que ele oferecera fazer várias melhorias: construir camas de alvenaria, pintar paredes e iluminar melhor a galeria. Agradecemos a oferta. Reforma, só com recursos do Estado. A história foi publicada no *Jornal do Brasil*. Procurado pela imprensa, Farid negou a oferta.

À tardinha do dia 28 de maio, uma sexta-feira, Nilo me ligou com um aviso grave. Comentava-se no Fórum que a juíza iria determinar minha prisão, por descumprimento de determinação legal. Fiquei chocada. Afinal de contas, quem era responsável pela movimentação de presos dentro do sistema penitenciário? Os juízes da condenação ou os dirigentes do Desipe? Ainda por cima, eu agira com base numa portaria baixada muito antes de os bicheiros darem com os costados no Ary Franco. A revolta me deixou paralisada. Não podia ficar esperando ser presa.

Nilo recomendara que, até que a situação fosse esclarecida, eu deixasse o gabinete e fosse para a casa de alguma pessoa amiga, onde os oficiais de justiça não pudessem me encontrar. Saí do Desipe irada, revoltada, frustrada e desanimada. Fui para a casa de minha mãe, como se tivesse cometido um grave crime e precisasse ficar escondida.

No dia 1º de junho, terça-feira, um oficial de justiça entregou no meu gabinete um documento em que a juíza requeria "cópia do procedimento administrativo que ensejou a transferência". Respondi no mesmo dia, relacionando os problemas de saúde relatados pelos médicos e explicando que desejava tratar aqueles detentos como qualquer outro preso. Anexas, enviei cópias das fichas de atendimento dos dois presos.

Dois dias depois, em 3 de junho, a juíza divulgou a sua decisão sobre o assunto. Citando a portaria que regularizava as transferências, ela frisava que a legislação exigia que fosse anexado um parecer de médico do Desipe atestando que o prisioneiro era portador de deficiência física grave, doença crônica ou incurável. As fichas que eu enviara, continuava a juíza, não tinham assinatura ou CRM do médico que fizera o exame. A assinatura do coordenador de saúde do Desipe, Edson José Biondi, era a única no documento, autenticando a veracidade das cópias. Além disso, acrescentava Frossard, as fichas não faziam referência a doenças crônicas. Para terminar, a juíza determinou que os dois presos fossem imediatamente levados de volta ao Ary Franco, já que "a transferência levada a efeito compromete a seriedade do Órgão" — no caso, o Desipe.

Claro que fiquei furiosa. Mas ordem de juiz a gente cumpre logo e discute depois. Tinha agido assim em setembro de 1991, quando a juíza anunciou que desejava ouvir na mesma audiência nada menos que 156 presos, acusados de participar de conflitos entre facções que, em 1989, resultaram no assassinato de 19 internos, de várias unidades.

— Mas não seria melhor se a senhora fosse aos presídios para ouvir os presos? — sugeri, pensando no pesadelo de transportar dezenas de detentos para o Fórum. Seria um problema prover escolta e viaturas para tantos acusados. Ainda por cima, vários deles eram lideranças de facções. O risco de que tentassem resgatar esses chefões a caminho da audiência era real.

Frossard não concordou. Já tinha planejado tudo — faria apenas três perguntas a cada um. Calculara que levaria apenas alguns minutos por preso; assim, conseguiria ouvir todos em um só dia.

Não havia mais o que discutir. Assim foi feito. Num sábado, mobilizamos 160 policiais para escoltar os presos, que incluíam dois cabeças do Comando Vermelho, Rogério Lengruber, o Bagulhão, e Paulo César Chaves, o PC. O interrogatório durou 11 horas, que Frossard enfrentou à base de sanduíches de mortadela. Os jornais elogiaram a eficiência da juíza.

Agi com a mesma prontidão no caso dos bicheiros. Determinei a volta imediata dos transferidos, que chegaram a Água Santa pouco antes das 10 horas da noite, apesar das reclamações dos advogados.

No dia seguinte, a crítica da juíza ao Desipe foi citada em todos os jornais. Ao chegar ao meu gabinete na Senador Dantas, Enéas Quintal, meu vice-diretor, me esperava com uma pergunta na ponta da língua:

— Você não se lembra que um preso mandou uma carta para a Denise Frossard há alguns meses, pedindo que ela interferisse para que ele fosse transferido?

Eu não me lembrava, mas Enéas e sua memória prodigiosa sim. E lembrava mais: Denise Frossard encaminhara o pedido para resolução do Desipe, como aliás era normal. Se no caso de um preso comum cabia a nós decidir uma transferência, por que não seria assim no caso dos bicheiros?

Botamos as secretárias para localizar a tal carta. Depois de algumas horas de procura, encontramos o documento. Que surpresa! Em 18 de fevereiro, o preso Oseas Gonzaga de Souza pedira à Meritíssima Juíza transferência do Ary Franco para a Ilha Grande. O representante do Ministério Público opinara: "Além de não conter o pedido (...) qualquer esclarecimento quanto aos motivos da transferência, é de se lembrar tratar-se de um problema de ordem administrativa." Mas o melhor é que, no fim do documento, havia um despacho do punho da própria juíza. "Extraia-se cópia (...) e remeta-se o pleito a quem de direito — A Diretora do Desipe."

Os documentos haviam sido enviados com um ofício datado de 17 de março — menos de três meses antes, portanto, da decisão que colocava em questão a seriedade do Desipe.

Ora, que bela descoberta. A própria juíza, em momento anterior, admitia que era a administração penitenciária que deveria decidir sobre transferências de presos. Por que agora seria diferente?

Foi o que repeti na coletiva de imprensa, em que mostrei os pareceres médicos que haviam referendado a transferência e o despacho de Frossard.

— A gente não deve tratar coisas iguais de forma desigual. Nesse ofício, ela diz que quem tem autoridade para transferir é o Desipe — afirmei.

Continuei defendendo a correção das minhas ações. Um dos meus passos foi escrever um artigo, publicado no *Jornal do Brasil*, com o título "Traídos pelo dever". No texto, lembrava a separação dos poderes executivo e judiciário e observava que havíamos atendido às determinações da juíza — receber os presos imediatamente após o decreto de prisão preventiva — com o espírito de colaborar com a Justiça. Havíamos, assim, contrariado "as normas que estabelecem o critério da antiguidade nas carceragens policiais para ingresso no Desipe". "Tais presos foram, de certa forma, privilegiados, à medida que são conhecidas as condições precárias das delegacias policiais repletas de presos já condenados", continuava.

Lembrava também a decisão de dar aos bicheiros tratamento idêntico aos demais, "não sendo permitidas regalias, conforme divulgado pela própria imprensa". Havíamos sido rigorosos no controle do número de visitas e dias de visitação, sem ceder "ao jogo de influências do poder econômico, satélite da elite da contravenção".

E assim continuava:

"Se, nesta oportunidade, não houve tratamento preferencial e o rigor administrativo foi observado, não seria no momento das transferências que se fariam concessões (...) A aplicação da portaria protege o Estado de riscos de eventuais ações judiciais no caso de ocorrência de óbitos por negligência ou descumprimento de normas internas."

"Cabe lembrar que o dever do administrador público em não ceder a pressões que resultem em privilégios pode levá-lo, contraditoriamente, a trair sua responsabilidade de garantir o exato cumprimento das normas legais capazes de assegurar tratamento igualitário a todos. Trair essa responsabilidade, visando apenas à satisfação da opinião pública ou do marketing institucional, seria, isto sim, cometer injustiças."

Os advogados dos bicheiros não iriam deixar de se valer dessa história. O representante de Turcão, Alexandre Dumans, entrou com recurso no Tribunal de Justiça, solicitando o pronunciamento dos desembargadores sobre o conflito de autoridade entre a juíza e o Desipe. No dia 15 de junho, por unanimidade, a 3ª Câmara Criminal do Tribunal de Justiça decidiu que era de competência da direção do Departamento do Sistema Penal (Desipe) a permanência, transferência ou prestação de assistência médica aos condenados. Horas depois, Miro e Turcão voltavam ao Ferreira Neto. Toda a imprensa noticiou o fato, mas a *Tribuna da Imprensa* foi a que deu maior destaque ao caso: "Bicheiros conseguem primeira vitória junto à Justiça do Rio", anunciou.

Com o resultado, todos os advogados dos bicheiros correram a encaminhar para o Desipe pedidos de transferência, guarnecidos de atestados médicos, solicitando a mudança dos clientes para o chamado Sítio do Pica-pau Amarelo. Prevendo o enxame de requerimentos, eu já solicitara ao coordenador de saúde, Edson Biondi, um relatório minucioso sobre a saúde dos internos. Biondi e seu assessor, Jorge Luiz Fialho dos Santos, fizeram exames completos nos bicheiros, incluindo Turcão e Miro. O resultado trouxe todos os carimbos e assinaturas necessários.

Negamos as transferências para Piruinha, Carlinhos Maracanã e Maninho. Mas concordamos em transferir Haroldo Saens Peña e Anísio para o Vieira Ferreira Neto em 25 de junho. Anísio tinha apenas 56 anos, mas apresentava uma "otite média crônica" que, segundo Biondi, poderia evoluir para uma meningite no ambiente úmido do Ary Franco. O estado de Haroldo era mais delicado: com 69 anos, ele era hipertenso e portador de doença pulmonar crônica.

Com o tempo, outros bicheiros conseguiram se beneficiar do precedente. Luizinho Drummond, portador de diabetes e "doença pulmonar obstrutiva", foi transferido em 16 de julho. Em fins de dezembro, até o jovem Maninho se mudou para Niterói, para cumprir pena ao lado do pai, Miro, graças a um despacho de Nilo Batista. O advogado dos dois descobrira uma decisão anterior, em que uma juíza concedera a dois detentos, pai e filho, o direito de permanecerem na mesma unidade. Nilo decidiu em favor de Maninho. "É injusto se fazer justiça se não se faz justiça com todos", escreveu ele, citando o jurista Werner Goldschmidt.

Miro e Maninho passaram juntos o Natal no Vieira Ferreira Neto. Mas a alegria dos dois não durou muito. Uma das promotoras da Procuradoria-Geral de Justiça contestou a decisão, que foi então revogada por um desembargador. Contrariado, Nilo separou os bicheiros — além de outros beneficiados pela sua portaria, como um detento cego, que emocionou os jornalistas que cobriam o caso ao se despedir desoladamente do filho, depois de 15 dias de convívio. Nilo ainda tentou recorrer, mas o Tribunal de Justiça decidiu extinguir o processo.

Se soubessem do teor de certas cartas que havíamos recebido, talvez os bicheiros não tivessem se interessado tanto em mudar de endereço penitenciário. Em junho, mal Miro e Turcão chegaram ao Vieira Ferreira Neto, comecei a receber cartas anônimas de internos da unidade, que se diziam integrantes do Comando Vermelho. "A senhora tá tirando nossa paz, estes bicheiros são todos exterminadores. (...) Eu vou formar um bonde para vingar a morte de muitos colegas", dizia uma. "Teve uma reunião com um grupo que vai matar os bicheiros", avisava outra, prevendo a morte para a mesma semana. "Eu vou vingar a morte do meu filho", prometia uma terceira.

Fiquei preocupadíssima, é claro. Só o que faltava era ter alguns dos mais notórios presos do estado mortos dentro de uma das nossas unidades. O corregedor Pedro Beccari, que tinha sido vice-diretor do Vieira Ferreira Neto, e a assessora de imprensa, Iracema, foram à cadeia em Niterói. Conversaram com a direção e com vários internos, muitos deles velhos conhecidos. Voltaram convencidos de que não havia clima contra os bicheiros. Pelo contrário. Um dos internos, antevendo tempos de fartura na unidade, comentou: "Se já estava bom, com eles aqui ficou muito melhor." O tempo comprovou a nossa avaliação — ninguém levantou um dedo contra os bicheiros.

Um dos argumentos em favor da transferência dos bicheiros para o Vieira Ferreira Neto era que seria melhor para o Desipe concentrá-los na mesma unidade. Assim, seria mais fácil fiscalizar desvios de conduta de funcionários e denúncias de privilégios e propinas. E quase todos os dias surgia algum alerta sobre tentativas de corromper guardas para obter os mais variados confortos.

Em outubro, um interno do Ary Franco ligou para o gabinete do Desipe. Queria contar que Piruinha e Maninho pediam comidas e bebidas por um celular, tinham saídas irregulares e recebiam visitas íntimas a que não tinham direito, sempre às quintas-feiras. Numa quinta-feira à noite, em 14 de outubro, fizemos uma vistoria de surpresa às 23 horas e encontramos os presos em suas celas, normalmente. Mesmo assim, decidimos investigar mais. Na segunda-feira seguinte, Enéas Quintal e Pedro Beccari rumaram para Água Santa. Passaram no gabinete do diretor e seguiram para a cela de Maninho e Piruinha. Encontraram lá um isopor com duas latas de cerveja e uma garrafa de espumante Carlton Brut. Seringas descartáveis, dois baralhos e pacotes de salgadinhos também compunham a festa.

Enéas, que coordenava a vistoria, percebeu que o preso que fazia a faxina da cela olhava com insistência para um colchonete, que fora enrolado como um pufe. Sentou-se nele e ficou esperando o fim da vistoria. Quando acabaram de recolher tudo, levantou-se e disse aos agentes:

— Abre isso aí.

Do rolo, caiu um aparelho. Piruinha não se conteve:

— Meu celular!

O telefone foi apreendido. Mas os estratagemas dos bicheiros estavam só começando. Acredito que minha decisão de transferi-los, apesar da oposição da juíza e da mídia, fez com que os bicheiros e seus advogados passassem a me respeitar. A despeito do que, certamente, muitos poderiam imaginar, nunca fui abordada com pedidos fora do regulamento ou ilegais. É claro que houve tentativas de influenciar pessoas próximas a mim. Uma vez, por exemplo, soube que o advogado de um dos bicheiros presenteara a minha secretária com entradas para a Tribuna Especial do Maracanã, em dia de decisão de campeonato. Exonerei a secretária da função, a despeito de choro, lamentações, desculpas e promessas de jamais aceitar novamente agrados de qualquer ordem. Alguns amigos acharam que eu exagerara na punição. Mas eu preferia ser dura de mais do que de menos.

Apesar do argumento de que a mudança para Vieira Ferreira Neto ajudaria a controlar as mordomias, logo percebemos que teríamos dificuldades naquela unidade. Comecei a ficar preocupada quando recebi um telefonema da diretora da penitenciária. Excitada, ela avisou:

— Chefe, chegou aqui uma Kombi repleta de material de construção e peças de banheiro: vasos sanitários, pias, chuveiros etc. Parece que é material comprado pelos bicheiros. Eles estão dizendo que, se a administração permitir que eles reformem os banheiros de suas celas, poderiam também reformar todas as celas e banheiros da galeria onde estão. E aí? Será que a gente autoriza? Com a penúria em que a gente está vivendo, sem grana pra consertar o que quer que seja, acho que até seria uma boa.

Fiquei enfurecida. Era muita cara de pau.

— Em primeiro lugar, isso é absolutamente ilegal. Preso não tem de fazer obra em cadeia com dinheiro do próprio bolso. Será que você não percebe o jogo? Você autoriza isso e fica na mão do preso! O preso vai começar a mandar na cadeia e dizer a você o que fazer. Mande essa Kombi de volta, imediatamente. E diga aos bicheiros que obra na cadeia se faz com dinheiro público, quando se tem.

Houve outras tentativas de "doações". Mandei devolver um televisor e três lustres, comprados pelos bicheiros para enfeitar a capela da penitenciária. Em fevereiro, os guardas penitenciários apreenderam um aparelho de ar-condicionado portátil, importado, remetido ao Ferreira Neto para aliviar o calor de Miro. Uma prancha de exercícios abdominais, destinada a Maninho, também foi confiscada.

Maior festa do Rio de Janeiro, principal espaço de atuação pública dos bicheiros, o carnaval foi um teste para o sistema penitenciário. Mesmo atrás das grades, os contraventores continuaram a financiar o carnaval das escolas de samba. Por conta disso, romarias de carnavalescos passaram a frequentar o Ferreira Neto para discutir alegorias e apresentar relatórios aos banqueiros de bicho. Para os demais presos, a aproximação da festa também mudou o cotidiano: os internos que trabalhavam na oficina de costura do Ferreira Neto foram encarregados de confeccionar 1.500 fantasias para a Portela, escola do banqueiro Carlinhos Maracanã, e a Imperatriz Leopoldinense, de Luizinho Drummond, os dois internos da penitenciária. A Fundação Santa Cabrini, que coordenava o trabalho em presídios e era independente do Desipe, garantiu que a realização da encomenda no Ferreira Neto fora pura coincidência.

Com esses antecedentes, é claro que, ao chegar o carnaval, parte dos olhares da imprensa e da sociedade estavam voltados para as instituições que abrigavam os bicheiros. Em plena madrugada de segunda-feira, enquanto acontecia o desfile de carnaval, nove promotores fizeram uma blitz na Polinter e no Ferreira Neto. Queriam saber se os patronos das escolas de samba continuavam atrás das grades.

Estavam todos em seus lugares. A ausência dos bicheiros do desfile foi um dos destaques do carnaval de 1994. Reduzidos a acompanhar a festa pela TV, os banqueiros de bicho foram homenageados com faixas penduradas por parentes e carnavalescos. Para motivar os componentes da sua Beija-Flor, Anísio mandou distribuir uma nota antes do desfile:

"Como sempre, a Beija-Flor vem para cantar e sambar de cabeça erguida. Os meses têm aumentado nossa união e a nossa força. E é assim que vamos ser vistos e ouvidos na Sapucaí: unidos e fortes, cantando pelo povo. Aí vocês não me verão, mas estarei presente, mais do que nunca, em cada movimento de nossos sambistas, em cada palavra de nosso samba, em cada batida do coração amigo da família Beija-Flor. Vamos cantar e sambar como nunca fizemos antes. Este desfile tem que ser especial, inesquecível, para ficar em nossa gloriosa história. Eu acredito em cada um de vocês, agora mais que nunca. E obrigado por tanto carinho e apoio. Beija-Flor, minha escola, minha vida, meu amor."

Houve quem se emocionasse com a carta. Mas ela não foi suficiente para dar o título à escola de Nilópolis. Naquele ano, quem ganhou a taça de campeã foi a Imperatriz Leopoldinense, capitaneada por Luizinho Drummond, outro dos internos do Ferreira Neto. Finda a apuração, os filhos do patrono seguiram até Niterói. Queriam visitar o pai, comemorar a vitória. O diretor da unidade, Zélio Teixeira, não deixou. Visita, só em dia de visita. E pronto.

Havíamos, portanto, conseguido conter com bastante eficiência o apetite dos bicheiros por regalias. Alguns desses esforços até haviam merecido cobertura favorável da imprensa. Enquanto criticava a direção da Polinter por dar privilégios aos contraventores sob custódia da Polícia Civil, o *Jornal do Brasil* registrava em fevereiro: "A direção do Instituto Penal Vieira Ferreira Neto, em Niterói, não dá moleza a seus contraventores."

Entretanto, foi o mesmo *JB* que fez uma revelação destinada a se tornar um escândalo: "Bicheiro faz churrasco dentro do presídio", revelava a reportagem de 14 de março de 1994, que chamava o Vieira Ferreira Neto de "colônia de férias da contravenção".

O episódio era constrangedor. José Scafura, o Piruinha, tinha decidido organizar um churrasco para comemorar a libertação de um dos seus netos, após nove dias de um sequestro. Cerca de quarenta amigos e parentes foram celebrar na cadeia — o número máximo de visitas que um preso pode receber é seis. E, ainda por cima, o jornal citava um dos agentes da unidade, Leonel.

— A carne é dele e eu não posso fazer nada. Se a pessoa pode comprar, ela pode fazer o que bem entender — disse o agente ao *JB*.

O mais grave era que a festa fora realizada apenas dois dias depois da transferência de Piruinha para o Ferreira Neto. O advogado de Piruinha tinha enviado laudos técnicos detalhados para provar que o bicheiro era hipertenso e tivera seu estado agravado justamente por conta da preocupação com o sequestro do neto. Pois mal saíra do Ary Franco, Piruinha aparecera muito bem-disposto e à vontade, circulando entre os amigos como um anfitrião no seu sítio. Era demais.

Abrimos uma sindicância sobre o caso. Além disso, afastei o diretor, colocando em seu lugar o de Bangu 1. Medidas paliativas, insuficientes para consertar o estrago na imagem do Desipe. Todo o esforço feito para tratar com retidão os bicheiros fora contaminado pelo episódio. O churrasco foi assunto até de editorial do *Jornal do Brasil*. Intitulado "Sitiados pelo crime".

* * *

Depois do churrasco, não havia mais como manter a cúpula do bicho no Ferreira Neto. Quatro deles — Maninho, Miro, Piruinha e Carlinhos Maracanã — foram para o Esmeraldino Bandeira, uma unidade com capacidade para quase mil presos, em Bangu.

Edson Zanata, o diretor, se veria em situações constrangedoras com a chegada dos novos internos. Uma vez, um agente lhe avisou:

— Doutor Zanata, eu trouxe uns cocos aí pra dar pro seu Piruinha.

— Cocos? Que é isso, rapaz? Pega mal você trazendo coco. A família dele já vem aí visitar.

— É que ele gosta de beber uma água de coco, e lá onde eu moro, em Sepetiba, tem muito coqueiro.

— Sim, mas aí vão dizer que ele vai te dar uma grana.

— É, doutor, mas ele dá mesmo.

Como acontecera no Ferreira Neto, houve ofertas de doações bem maiores. Em dezembro, Zanata foi avisado de que um caminhão cheio de brinquedos chegara à porta do presídio. Eram presentes para ser oferecidos aos filhos dos presos na festa de Natal. Um mimo de Anísio aos demais internos. O caminhão voltou sem descarregar. O Natal foi menos animado. Com tanta generosidade, não admira que os bicheiros fossem assediados pelos presos, que viviam a lhes pedir algum trocado.

Dos bicheiros, Piruinha era o que recebia mais amigas em visitas ao Esmeraldino. Certo dia, uma belíssima mulata, estrela de comerciais de televisão e filmes nacionais, foi vê-lo, "para agradecer uma situação". Ao fim do encontro, ela foi agradecer ao diretor do presídio a chance de falar com o bicheiro. Conversou longamente, enquanto cruzava e descruzava as pernas. Esbanjava simpatia. Zanata deu corda, para ver até onde ia a conversa. Perceptiva, a secretária veio saber:

— Quer que eu feche a porta?

— Não, pode deixar aberta — pediu Zanata.

Finalmente, a musa despediu-se e foi embora. Zanata passava por um corredor quando um preso se aproximou e lhe entregou um cartão, mandado pelo banqueiro que tinha recebido a visita. Era o cartão de um motel. O bicheiro era sócio de vários deles, e — mais tarde Zanata ficaria sabendo — costumava distribuir entre os guardas vales para que eles frequentassem o local.

Zanata, é claro, recusou. Mas não sem imaginar que, se aceitasse, talvez a mulher viesse de brinde.

35
A desativação da Ilha Grande

Desde o primeiro governo de Leonel Brizola já se falava em fechar o Instituto Penal Candido Mendes, na Ilha Grande. Havia várias razões para isso. Administrar uma unidade tão isolada era difícil — e caro. Numa época em que o telefone celular era um luxo acessível apenas aos ricos, o meio de contato com a ilha era o rádio. Sempre que havia uma emergência, era preciso seguir para lá num daqueles helicópteros da Polícia Civil em mau estado que eu morria de medo de usar.

Para as famílias dos presos, o lugar também impunha muitos sacrifícios. O acesso natural era por barca, a partir de Mangaratiba — uma viagem de duas horas. Chegando ao porto do Abraão, a jornada continuava, de ônibus ou trator, até a Vila Dois Rios, onde ficava a cadeia. Eram mais duas horas sacudindo numa estrada esburacada, tornada quase intransitável na estação das chuvas. Isso quando o caminhão em que os parentes eram transportados não quebrava, obrigando-os a caminhar quilômetros.

Para completar, a distância também encarecia tudo que era consumido no Candido Mendes. Calculamos uma vez o custo do preso na Ilha

Grande e chegamos à conclusão de que o valor era o dobro do que se gastava no continente.

Por essas razões, sempre foi plano de Nilo Batista fechar o Candido Mendes e transformar o lugar em uma "Estação de Turismo Ecológico", aproveitando a beleza da praia onde ficava a cadeia. Mesmo assim, me espantei quando o vice-governador Nilo Batista me comunicou, por telefone:

— Julita, pode se preparar porque você vai ter que desativar o Candido Mendes e trazer os presos que estão lá para o continente. O Brizola acha que aquela cadeia é um símbolo da repressão e da ditadura, e quer encerrar o governo dele com a implosão do presídio.

De fato, a cadeia servira várias vezes para manter presos políticos convenientemente afastados da capital. Mas implodir o prédio? Eu defendia que a Ilha Grande fosse transformada em museu. O prédio era mesmo simbólico — e por isso mesmo poderia ser transformado em um centro de memória do sistema penal, como existem vários em outros países.

Além disso, faltavam apenas 40 dias para o fim do governo. Escolhido candidato do PDT à presidência da República, o governador teria de deixar o governo no dia 1º de abril de 1994 para cumprir as exigências da legislação eleitoral.

Quarenta dias. Não quatro meses, ou 40 semanas, mas 40 dias. Onde, nesse prazo tão curto, eu iria colocar 495 presos, muitos deles de alta periculosidade? Não havia vagas disponíveis nas unidades no continente.

Expliquei a Nilo que não havia como acomodar a mudança em prazo tão curto. Mas o vice-governador insistiu:

— Não adianta, Julita. Você tem de se virar. O Brizola já decidiu que vai implodir a cadeia e não tem jeito. Eu vou desligar o telefone e você não vai me ligar de volta.

Fui direto à vice-governadoria. Entrei na sala de Nilo anunciando a minha demissão.

— Nilo, lamento, mas estou colocando meu cargo à disposição. Não vou cometer o desatino de trazer para o continente 500 presos que não tenho onde botar.

Só uma cadeia teria vagas em número suficiente: a Vicente Piragibe, em Bangu — a mesma que meu amigo Pedro Beccari administrara no primeiro governo Brizola. Era uma das duas unidades destinadas aos presos em regime semiaberto, onde até meses antes costumávamos registrar fugas a granel. Uma reforma nas cercas tinha diminuído o número de evasões, mas a prisão continuava muito frágil, sem muralhas e outros recursos de vigilância.

— Portanto, meu amigo, estou de saída.

Nilo pegou o telefone vermelho e ligou imediatamente para o governador. Do outro lado da linha, Brizola falava, falava, falava. Nilo abanava, abanava, abanava a cabeça, fazendo sinais de que não conseguia argumentar com o chefe. Finalmente, desligou o telefone.

— O governador disse que não aceita sua saída. Ele está esperando você amanhã, às sete da manhã, no heliporto da Lagoa. Ele vai pegar um helicóptero para o norte do Estado e quer conversar com você primeiro.

No dia seguinte, lá estava eu no heliporto, onde tantas vezes embarcara em helicópteros para a Ilha Grande. Numa sala reservada para o encontro, para o meu espanto já estavam reunidos vários secretários estaduais — os da Fazenda, do Planejamento, do Governo, além do secretário de Polícia Militar e de Nilo Batista (que acumulava os cargos de secretário de Justiça, secretário de Polícia Civil e vice-governador). Para engrossar o grupo, também havia sido convocado o diretor da Empresa de Obras Públicas, a Emop, e o dono da Carioca Engenharia, firma que construíra os CIEPs, os famosos Brizolões.

Logo depois chegou o governador, que foi direto ao assunto.

— Senhores, estamos aqui para tratar da desativação da prisão da Ilha Grande.

Respirei fundo. Disse que sabia do desejo do governador, mas que minha responsabilidade como gestora do sistema penitenciário não me permitia concordar com tal ideia. Esclareci a situação da unidade de Bangu e insisti que seria impossível fazer as obras necessárias para receber os presos em apenas 40 dias.

— O senhor tem a sua biografia, governador, e eu tenho a minha. Não posso aceitar algo que considero inviável.

Brizola me ouviu com atenção. Quando terminei, ele disse apenas:

— A senhora está vendo todas essas pessoas aqui? Todas têm minha orientação para atender a qualquer determinação sua para que possamos dar segurança à tal unidade de Bangu. Nós vamos implodir a Penitenciária Candido Mendes no último dia da minha administração, para que nenhum outro governo jamais pense em utilizar aquela construção para perseguições políticas. Aquilo é um símbolo da ditadura e deve ser destruído.

— Com os presos dentro? — brincou o professor Darcy Ribeiro, ex-secretário do governo, que também estava no encontro.

Brizola não mexeu um músculo. Os presentes recolheram a gargalhada.

Olhei em volta. Todos os secretários, o diretor da Carioca Engenharia, Nilo Batista me fitavam. Dizer o quê, diante de tamanha determinação? Acabei cedendo.

* * *

Dias depois da reunião no heliporto, Enéas Quintal, na época vice-diretor do Desipe, levou o filho de Brizola, João Otávio, presidente da Emop, para conhecer a Vicente Piragibe. Na porta da unidade, João Otávio empacou.

— Eu não posso entrar aí.

— Isso aqui é uma cadeia semiaberta, sem problema nenhum.

— Mas meu pai recomendou que não entrasse — disse João Otávio.

— Se alguém te segurar, você sai e eu fico. Pode entrar, sim — disse Enéas.

Ao passear pelo terreno da unidade, escolheu de propósito uma área meio alagada. Os dois afundaram os pés na lama. Na volta, veio pelo caminho mais seco.

— Coronel, a gente poderia ter passado por aqui — reclamou João Otávio.

— Foi para o senhor ver a dificuldade do guarda. Se não aterrar aquilo lá, não vai resolver nada.

Enéas era um dos mais irritados com o fim da Ilha Grande. Achava que o Desipe não podia se dar ao luxo de abrir mão de uma grande unidade e garantia que a decisão tinha apenas um objetivo:

— Isso é só oba-oba.

Mas de nada adiantavam as reclamações. O pantanal foi soterrado com caminhões de terra. Um formigueiro de operários levantou em trinta dias um enorme muro em volta do Instituto Penal Vicente Piragibe. Enquanto isso, na Ilha Grande, os presos se inquietavam. O que seria dos seus animais? O presídio tinha galinhas, porcos, cabras e muitos cães. Nilo Batista teve um gesto magnânimo. Podiam, sim, levar os bichos para a Vicente Piragibe. Afinal, o terreno da cadeia era grande e, na época em que Pedro Beccari era diretor, existia uma pocilga. Como os presos seriam transportados para o continente de barca, logo correu no sistema a piada de que o Desipe preparava uma verdadeira reedição da arca de Noé.

Durante o mês de março começamos a transferir os internos considerados de maior periculosidade, levados para o Milton Dias Moreira e Ary Franco, no Complexo da Frei Caneca e em Água Santa. No dia 27, finalmente, a transferência em massa começou. Na véspera, Enéas chamou o oficial no comando dos PMs que participavam da operação e avisou:

— Não pode acontecer nada. Se acontecer uma rebelião não vai dar tempo de fazer a transferência e segunda-feira o Brizola não é mais governador. Domingo ele vai trazer a imprensa para fazer a implosão. Se uma pedra correr e cair na estrada, não tem implosão; se furar o pneu do carro, não tem implosão.

O reboco ainda estava úmido no muro da Vicente Piragibe quando os primeiros grupos de presos foram colocados em quatro caminhões, algemados dois a dois, e sacolejaram pelos 13 quilômetros de estrada esburacada até a Vila do Abraão. Concentrados em um prédio administrativo do Parque Estadual da Ilha Grande, ficaram aguardando, enquanto os caminhões faziam o caminho de volta para apanhar os demais internos. Enquanto isso, as bagagens dos presos — bolsas contendo troféus esportivos, aparelhos de rádio, garrafas térmicas — era revistada. Encontraram alguns estiletes e facas, logo confiscados. Apesar da autorização de Nilo, os presos não trouxeram os animais. Olavo Ramos, o diretor do Candido Mendes, e outros encarregados da mudança acharam que a operação já seria complicada demais sem levar a bicharada. Galinhas e porcos foram comidos antes do embarque.

Quando, finalmente, foram reunidos todos os 200 homens, as algemas foram retiradas, por razões de segurança na travessia. Em fila, os internos passaram por um "corredor polonês" de guardas até a barca *Brisamar*. Um grupo de turistas e moradores da ilha observava de longe, afastado por cordões de isolamento. Os guardas mandaram que os presos se sentassem no chão da barca, para dificultar alguma tentativa de fuga. Deixaram a ilha às 17 horas. No continente, tomaram um ônibus e foram levados até a Vicente Piragibe, aonde só foram chegar, exaustos, depois das 10 horas da noite. No dia seguinte, o esquema se repetiu. Os temores de Enéas não se confirmaram. Tudo correu sem problemas. Nenhum preso fugiu.

Mesmo assim, só 399 internos chegaram ao Vicente Piragibe. Houve um que escapou — e com autorização oficial. Quando se preparava para entrar na *Brisamar* com os demais presos, Robson Ferreira recebeu a notícia que aguardava havia mais de quatro meses. Finalmente chegara o alvará de soltura, oficializando o fim da sua pena de seis anos e oito meses por assalto a mão armada. Surpreso, Robson não tinha nem o dinheiro do ônibus. Um soldado da PM deu alguns trocados ao ex-detento, que entrou na barca já como homem livre, contando as horas em que poderia ir ver a mulher e os filhos.

Se já era triste cheio, vazio o Instituto Penal Candido Mendes virou um cenário de desolação. Só os cachorros — dezenas deles — perambulavam por ali, em busca dos donos que haviam partido. Para os presos, foi um sofrimento deixar para trás os animais. Pelo menos um dos detentos matou o seu cão. Tinha medo que o bicho fosse implodido com o prédio.

Despovoadas, as instalações pareciam mais degradadas do que nunca. Se em todo o estado as cadeias sofriam com falta de recursos para as reformas necessárias, no Candido Mendes a situação era pior. O isolamento do local, que encarecia qualquer conserto, desestimulava o investimento na instituição, sempre citada como candidata à desativação. O resultado eram alas totalmente às escuras, infiltrações por todo lado e pontos de vazamento de esgoto.

Todo esse cenário parecia ainda mais deprimente sem os seus habitantes habituais, que o chamavam de Caldeirão do Diabo. Restos de papel, retalhos de roupas, panelas furadas e muita sujeira se espalhavam pelo prédio. A quietude só era quebrada pelos operários de uma empresa especializada em demolições, que começaram a fazer buracos nas paredes para colocar cargas de explosivo.

Enquanto isso, opositores da decisão de Brizola se mobilizavam para tentar evitar a demolição do presídio. O presidente do Sindicato dos Agentes Penitenciários reclamou. Ambientalistas temiam que a demolição do presídio representasse o início de uma ocupação desordenada da belíssima ilha. A associação de moradores da Vila de Dois Rios entrou com uma ação popular contra o fim da cadeia. Mas a oposição mais ferrenha foi da Prefeitura de Angra dos Reis, município onde fica a Ilha Grande. Alegando preocupação com danos ambientais e exigindo participação nas decisões sobre a cadeia e o futuro complexo turístico, a prefeitura conseguiu uma liminar suspendendo a implosão no dia 31 de março. A demolição estava marcada para o dia 2 de abril e seria o último ato de Brizola antes de passar o governo a Nilo Batista.

Os operários da empresa contratada pararam o trabalho de demolição das paredes internas quando o prefeito de Angra chegou com o oficial de justiça trazendo a decisão. Mas o principal já tinha sido feito: a cozinha viera abaixo. Duzentos quilos de dinamite estavam alojados nas paredes do prédio principal (o anexo seria poupado, para servir de sede ao batalhão florestal). Uma equipe de adestradores da Polícia Militar desembarcou na ilha para retirar os cães que teimavam em permanecer nas galerias. Confiante, Leonel Brizola continuava a confirmar a derrubada do chamado "símbolo do arbítrio".

Só ao fim do dia 1º de abril a liminar foi cassada. O Candido Mendes estava condenado.

* * *

Uma semana antes da implosão, Brizola comunicou oficialmente a demolição ao secretariado, numa reunião. Animado, perguntou se alguns dos presentes já estivera confinado na Candido Mendes. José Carlos Tórtima, que dirigira a Esmeraldino Bandeira na primeira administração do governador, levantou a mão. Procurador-geral da Defensoria Pública, Tórtima fora um dos presos políticos confinados pelo governo militar de 1964 na Ilha Grande, entre 1970 e 1971. Estava lá na época em que os presos políticos formaram um coletivo que quase todo mundo considera o modelo que deu origem ao Comando Vermelho (o que ele jura não ser verdade). Ao ouvir a história, o governador o convidou:

— Doutor Tórtima, o senhor vai implodir, o senhor é que vai detonar a espoleta.

No sábado marcado, Tórtima e sua mulher seguiram com o governador para a cerimônia na Ilha Grande. Por volta das 10 horas, um grande número de repórteres e fotógrafos esperava o governador. Também o aguardavam algumas dezenas de mulheres e filhos dos agentes penitenciários, de rostos pintados em protesto. Com a transferência dos agentes para o Rio de Janeiro, eles estavam preocupados por perder as casas em que viviam na Vila de Dois Rios, cedidas pelo estado. Cerca de 140 policiais militares mantiveram o grupo a distância.

Na hora combinada, o encarregado levou o governador, Tórtima, Nilo Batista e outras personalidades até o lugar onde estava o detonador — uma espécie de pistola ligada aos explosivos.

Tórtima estendeu a mão para apertar a trava e Brizola, para sua surpresa, num gesto rápido, tomou a frente e apertou o aparelho. Foi o governador quem implodiu a construção. Em três segundos, o prédio ruiu, deixando uma montanha de entulho.

Tórtima, espantado, reclamou:

— Eu não estou entendendo!

— Foi a emoção... — justificou o governador.

Mas, na volta, no helicóptero, Brizola deu uma versão melhor para o ato:

— A política tem razões que a própria razão desconhece.

36
Despedida

Não fui à Ilha Grande para ver a implosão do Candido Mendes. Assisti pela televisão, com pena, à queda daquele prédio histórico. Além deste, eu tinha outro motivo para a ausência. Na véspera do evento, eu deixara o cargo de diretora do Desipe.

Não fazia mais sentido ficar. Ainda estava sob a impressão daquela conversa, ocorrida semanas antes, quando tinha sido convocada para encontrar um preso do Ary Franco. O interno contou que ouvira o bicheiro Maninho combinar com outro preso um assalto à minha casa, destinado a resultar na minha morte. O delegado Mario conversara com Maninho e garantira que o plano fora encerrado ali, com o aviso de que um ataque à diretora do Desipe resultaria numa resposta à altura contra o bicheiro. "Pode ficar tranquila", garantiu.

Mas eu não conseguia deixar de pensar que, se não fosse por um alcaguete, eu e minha família poderíamos ter corrido um grande risco. De todas as situações em que me vira ameaçada, aquela tinha sido a mais preocupante. E a possibilidade de sofrer algum tipo de ataque era só um dos aborrecimentos do cargo. Tinha passado os três últimos anos de crise em crise, administrando um orçamento insuficiente, promessas sempre adiadas, corporativismo, corrupção e inúmeros outros problemas. Estava cansada.

Sinceramente, faltava-me ânimo para continuar — e mais ainda para enfrentar os nove meses de um período de transição política. Brizola estava prestes a deixar o governo para se candidatar a presidente e Nilo Batista assumiria o cargo de governador. A Secretaria de Justiça, que antes Nilo acumulava com a vice-governadoria, seria ocupada pelo advogado Arthur Lavigne. Lavigne era um grande advogado e uma pessoa muito ligada a Nilo, que se identificava com muitas de nossas ideias. Mas dificilmente conseguiria ter os recursos para romper com o clima de acomodação que costuma marcar os mandatos-tampão.

Tão logo soube que seria o indicado, Arthur me chamou para uma conversa. Pediu que eu continuasse. Agradeci, mas recusei. Nilo ainda procurou me fazer mudar de ideia. Ele garantia que eu seria o único membro da equipe que, mesmo sem ocupar cargo de secretário de estado, iria despachar com o governador. Era tentador, mas eu estava decidida a deixar a função.

No dia 31 de março de 1994, Brizola deu posse aos novos secretários, que substituíram os que haviam deixado o governo para participar das eleições daquele ano. Arthur começou seu discurso de posse anunciando uma fuga do sistema:

— É falta de sorte, mas a doutora Julita Lemgruber fugiu do Desipe — brincou, provocando os risos de Brizola e dos jornalistas.

No dia seguinte, 1º de abril, uma sexta-feira, passei a direção-geral a Tânia Dahmer, coordenadora social do Desipe. Com Tânia na direção, tinha a certeza de que poderia ir para casa tranquila. Deixava o departamento com algumas melhorias importantes: um saldo de mortes diminuto, se comparado ao dos anos do governo Moreira Franco. Durante os quatro anos de Moreira, houve 79 assassinatos de presos por outros internos do sistema penitenciário. Durante os três anos de minha gestão, apenas oito detentos foram mortos por seus companheiros. Uma redução significativa, que não caiu do céu, mas foi resultado de muito trabalho.

Depois da posse, organizamos numa churrascaria um jantar de confraternização que reuniu os integrantes mais próximos da equipe, na maioria diretores das cadeias e assessores diretos. Eu estava comovida, entre aliviada por sair do cargo e alegre com as manifestações de apoio. Mas o melhor cumprimento recebi depois do jantar, de pé na calçada, quando me despedia dos amigos. Sinclair, um agente com muitos anos de Desipe, que dirigia o carro de um dos convidados, veio apertar minha mão. Sinclair era o mesmo guarda expansivo do Ary Franco que, depois de ouvir um discurso meu de condenação à violência contra presos, resumiu a situação:

— Sem problemas, doutora. A gente dança conforme a música. Pode bater, a gente bate. Não pode bater, a gente não bate. A senhora é quem manda.

Naquela noite, em Copacabana, ele me apertou a mão e disse, com seu jeito efusivo:

— Doutora, faço questão de cumprimentar a senhora hoje. Queria dizer que uma lição eu aprendi: é muito mais fácil trabalhar numa cadeia onde não há violência. É bom pra todo mundo. Bom pro preso, bom pro guarda. Eu levei tempo pra entender seu recado, mas acabei entendendo.

Foi um dos melhores presentes que já recebi.

37
Galos de briga, fraldas e alfaces

"Você pagaria R$ 30 mil por um galo de briga, ou R$ 20 mil por dois pacotes de fraldas descartáveis, ou R$ 7 mil por 12 pés de alface? Para os amantes de rinhas, aliás prática ilegal neste país, talvez um galo de briga possa até valer mais do que os R$ 30 mil. Mas, para a quase totalidade dos brasileiros, um galo de briga vale tanto quanto um frango comprado na feira do bairro. Quanto aos outros artigos, não parece haver dúvidas de que os valores são absurdos. No entanto, o furto do galo, das fraldas e dos pés de alface acabou por custar ao contribuinte os milhares de reais referidos porque os infratores envolvidos nesses furtos foram punidos com longas penas de prisão."

Começava assim o artigo que publiquei em 28 de junho de 1997, no *Jornal do Brasil*, com o título "De galos de briga, fraldas e alfaces". Desde o ano anterior, eu começara a escrever sobre uma necessária e profunda mudança em nossa legislação penal: a substituição do encarceramento por penas alternativas para os autores de crimes não violentos.

Decidi me dedicar a esse tema logo que deixei a direção do Desipe. Arthur Lavigne convidou-me a continuar na Secretaria de Justiça, como assessora. Planejei, então, devotar aquele último ano do governo Brizola a pesquisar e difundir alternativas ao encarceramento.

Tinha em mente uma frase de um antigo ministro da Justiça inglês, Thomas Hurd: "Cadeia é uma maneira muito cara de tornar as pessoas piores." Depois de tantos anos envolvida com o mundo das prisões, como pesquisadora e gestora, eu não tinha dúvidas de que a cadeia deve ser reservada unicamente para o criminoso violento, na falta de uma alternativa melhor de punição.

Ainda nos anos 1970, Thompson e outros especialistas, do Brasil e de outros países, já afirmavam que não há como fazer da privação da liberdade um meio de mudança do indivíduo. Ainda precisamos de instituições dedicadas a impor esse tipo de pena, e é preciso assegurar que o ambiente prisional se mantenha o menos cruel e desumano possível. Mas essa missão já não era a minha. Eu queria dar um passo adiante e explorar estratégias mais eficazes para lidar com os criminosos.

Assim, ainda em 1994, fui conhecer o que se fazia nesse sentido fora do Brasil, a convite dos governos americano e britânico. Visitei projetos de alternativas à pena de prisão nos Estados Unidos e na Grã-Bretanha e voltei fascinada com o que vi. No Brasil, nós ainda engatinhávamos na aplicação das penas de prestação de serviços comunitários, introduzidas em nosso país através da Lei de Execução Penal de 1984. A legislação só permitia a aplicação de penas alternativas quando a punição prevista para o delito correspondia a no máximo um ano de prisão. É óbvio que o uso das penas tinha, portanto, um alcance muito limitado.

No exterior, os juízes aplicavam essas medidas de forma muito mais criativa. Visitei, por exemplo, um asilo para idosos e um centro comunitário, ambos situados em bairros pobres de Londres e completamente recuperados por sentenciados a prestação de serviços. Para que a comunidade percebesse que o trabalho era feito por infratores, cumprindo uma determinação judicial, os gestores do projeto determinavam que 20 ou 30 deles trabalhassem em grupo e realizassem todas as tarefas necessárias no local.

Os administradores de ambas as instituições tinham conseguido doações e contavam com todo o material necessário para as reformas, mas não com os recursos para pagar a mão de obra, caríssima numa cidade como Londres. Procuraram os juízes e solicitaram a colaboração de infratores. E assim eles passaram dias dedicados a pintar paredes, mudar revestimentos, trocar estofados rotos e recuperar áreas de lazer.

Os dois grupos eram compostos principalmente por rapazes, além de algumas poucas mulheres. Aproveitei os horários em que se sentavam para almoçar e conversei com vários deles. Foi surpreendente. Alguns, emocionados, me disseram que faziam questão de estar presentes à inauguração das obras. Queriam contar aos usuários que o seu trabalho, e o de seus companheiros, recuperara o asilo. Era por causa deles que tudo estava tão bonito.

Fiquei comovida. Estava acostumada a ver a prestação de serviços, no Brasil, limitada às atividades solitárias de indivíduos, realizadas em instituições públicas ou privadas, sempre longe dos olhos da população. Nos projetos que conheci, a pena alternativa era identificada como uma compensação por um delito e valorizada pela própria comunidade a que pertenciam os infratores. Sem dúvida, era uma forma muito mais positiva de acerto de contas.

Depois de mais de um mês de pesquisas, voltei decidida a me dedicar inteiramente ao tema das penas alternativas. Durante aquele ano, organizei seminários internacionais sobre o assunto. Continuei o trabalho ainda no governo Marcelo Alencar, quando o desembargador Jorge Fernando Loretti assumiu a Secretaria de Justiça. Loretti também tinha grande interesse pela aplicação de penas alternativas e convidou-me a permanecer como assessora da Secretaria de Justiça, dedicada unicamente ao estudo e divulgação do tema.

Entre 1996 e 1998 escrevi 19 artigos para diferentes jornais sobre a necessidade de utilizarmos mais as penas alternativas no Brasil. Meu mantra era: além de ineficaz, a prisão é cara. Em um país como o nosso, que precisa investir em saúde, educação, saneamento básico, moradia popular, profissionalização da força de trabalho e muitas outras áreas, é absurdo investir tanto na manutenção de presos atrás das grades por infrações sem gravidade. Como escrevi no artigo do *JB*:

> "Nossa legislação penal padece de profunda irracionalidade: além de impor ao infrator punições absolutamente desproporcionais ao delito cometido, ainda pune o contribuinte, que vai ter que manter na prisão, com seus impostos, homens e mulheres que não representam qualquer ameaça concreta ao convívio social e, o que é grave, sairão da prisão piores e, aí, não mais para furtar galos, fraldas e alfaces, mas para praticar crimes muito mais violentos."

Em 1995, fui convidada para compor o Conselho Nacional de Política Criminal e Penitenciária (CNPCP). O governo Fernando Henrique trabalhava no Congresso por legislação que ampliasse as possibilidades de uso de penas alternativas. Era o momento de conquistar a opinião pública para essas medidas. Investi muito tempo e energia no marketing das penas alternativas (até me chamavam de garota-propaganda). Nesse processo, percebi que o argumento que mais tocava audiências, autoridades e a mídia era a comparação do custo e benefícios da pena de prisão versus os das alternativas ao encarceramento.

Foi então que me lembrei de uma mulher que conheci quando era diretora do sistema penitenciário. A moça fora condenada a mais de dois anos de prisão pelo furto de dois pacotes de fraldas descartáveis de um supermercado. Sua pena custou ao estado do Rio de Janeiro um total de 7.800 dólares. Na mesma época, obtive a cópia de uma decisão judicial que condenou um homem que furtara cinco galos de briga (dois gordos e três magros, mencionava a sentença do juiz) a mais de três anos de cadeia. Também soube de um sujeito que roubara 12 pés de alface e recebera pena semelhante. Os dois julgamentos tinham ocorrido em Minas Gerais.

Era chocante. No Brasil, dois pacotes de fraldas descartáveis, cinco galos de briga ou alguns pés de alface, podiam custar milhares de reais. E, ainda por cima, os ladrões saíam da cadeia diplomados e pós-graduados na bandidagem.

Por sugestão de um amigo, passei a carregar comigo, para todas as entrevistas e conferências, dois pacotes de fraldas descartáveis. Mostrei as fraldas no Programa do Jô e em conferências no Brasil e no exterior. Quando Renan Calheiros assumiu o Ministério da Justiça, minha amiga Sandra Valle, então secretária nacional de Justiça, pediu-me que eu "fosse explicar ao Renan essa história de penas alternativas".

A caminho do gabinete do ministro, passei numa farmácia e comprei meus pacotes de fraldas. Cheguei ao ministério carregada com duas sacolas de uma rede de farmácias de Brasília. A impecável secretária olhou desaprovadoramente os pacotes e ofereceu-se para guardar os embrulhos deselegantes.

— Não precisa, obrigada. São para o ministro.

Entrei no gabinete de Renan Calheiros com os volumes. Ele estava ao telefone. Enquanto aguardava, coloquei os pacotes numa mesa de centro, bem visíveis. O ministro espiava as sacolas, com o rabo do olho. Obviamente, não estava entendendo. Quando ele desligou, comecei a fazer minha defesa das penas alternativas. A princípio, percebi que ele ouvia sem maior interesse. Então abri as sacolas e apresentei as fraldas para tornar mais clara minha argumentação. A atitude de Calheiros imediatamente mudou. Era como se tivessem lhe dado um choque. Ninguém resistia às fraldas. E era impossível não entender que era uma estupidez tirar a liberdade de alguém, a um custo exorbitante para o contribuinte, com o risco de transformar pessoas em criminosos perigosos, por algo tão pequeno.

Em 25 de novembro de 1998, foi sancionada por Fernando Henrique Cardoso a Lei 9.714, que ampliou muito as possibilidades de aplicação das penas alternativas no país. Os juízes passaram a poder aplicar pena alternativa no caso de crimes cuja pena fosse de até quatro anos de prisão — desde que o infrator não fosse reincidente e o crime não fosse violento. Pena que muitos ainda teimem em ignorar a lei.

Com a entrada em vigor da nova legislação, resolvi voltar-me para outros temas. Entre 1999 e 2000, a convite de meu amigo Luiz Eduardo Soares, fui a primeira ocupante do cargo de ouvidor de Polícia do Estado do Rio de Janeiro. Mas essa já é uma outra história...

Índice onomástico

A

Abraão, Anísio, 242, 235, 239, 241, 243
Abraão, Farid, 230
Albernaz, Anaton, 173, 174, 176, 177
Alcione, 225
Alencar, Marcelo, 257
Almeida, Paulo Sérgio, 26
Amarante, Carmem Maria, 209
Andrade, Castor de, 226, 229
Andrade, Paulinho, 226, 230
Araújo, Antonio Couto, 24, 25
Ariston, Augusto, 54

B

Bagulhão (Rogério Lengruber), 82, 165, 166, 215, 217, 233
Bandeira, 209
Barbe, Edgard, 208
Barbosa, Vivaldo, 41, 48, 49, 52, 53, 56, 66, 98, 105, 106, 107, 108, 111, 115, 116
Barroso, Haroldo Lobão, 45
Batista, Nilo, 14, 41, 103, 117, 118, 119, 120, 124, 126, 146, 148, 157, 170, 172, 173, 178, 179, 181, 182, 184, 204, 205, 208, 229, 230, 235, 244, 245, 246, 247, 248, 249, 250, 251, 253
Beccari, Pedro, 69, 70, 71, 72, 73, 74, 85, 119, 120, 147, 148, 150, 151, 181, 182, 199, 200, 236, 245, 247
Benevides, Maria Victoria, 99
Benoliel, Denise, 100
Biondi, Edson José, 168, 169, 170, 229, 231, 234, 235
Boas, Heloísa Vilas, 76, 77, 78
Bonfim, Antônio, 140, 141
Borges, Tite, 126
Braune, Domingos, 116
Brito, Jack de, 36
Brizola, João Otávio, 246
Brizola, Leonel, 13, 14, 38, 40, 41, 42, 43, 44, 45, 46, 47, 48, 49, 51, 54, 56, 94, 96, 98, 100, 101, 102, 103, 106, 108, 111, 117, 118, 119, 120, 122, 129, 154, 156, 169, 170, 182, 189,

193, 216, 225, 227, 243, 244, 245, 246, 247, 249, 250, 251, 253, 256
Brossard, Paulo, 102

C

Cacciola, Salvatore, 156
Calheiros, Renan, 259
Calixto, Manoel, 220
Calloni, Antonio, 214
Campana, Arnaldo, 49, 98
Capitão Guimarães (Ailton Guimarães Jorge), 226, 230
Capitão Raul, 225
Carabina, Lili, 23, 24, 26
Cardoso, Fernando Henrique, 258, 260
Carlinhos Maracanã (Carlos Teixeira Martins), 228, 234, 238, 241
Carvalho, Luiz Maklouf, 31
Carvalho, Manoel de, 45
Castro, Fidel, 31
Cavalcante, Sandra, 41
Cerqueira, Carlos Magno Nazareth, 49, 96, 97
Chaves, Paulo César, *ver PC*, 53, 232
Collor de Mello, Fernando Affonso, 117
Cony, Carlos Heitor, 25, 26
Cruz, Nildson Araújo da, 64, 65, 66, 67, 68, 69, 227
Cyranka, Harro, 31

D

Dahmer, Tânia, 37, 84, 85, 120, 180, 253
Dantas, Iracema, 144, 145, 182, 236
Denis da Rocinha (Denir Leandro Nascimento), 215
Diogo, 167, 168

Djavan, 54
Drummond, Luizinho, 235, 238, 239
Duarte, Regina, 78
Dumans, Alexandre, 234
Duro, Antônio Rodrigues, *ver Tuninho*, 176

E

Encina, José Carlos dos Reis *ver Escadinha*, 82
Escadinha (José Carlos dos Reis Encina), 62, 82, 215
Escafura, José Caruzzo, *ver Piruinha*, 228

F

Faoro, Raymundo, 102
Faria, Betty, 24
Farias, Lui, 24
Fera da Penha (Neyde Maria Lopes), 24, 25
Fernandes, Rosalice, 28, 29
Ferreira, Margarida da Conceição Leão, 179, 180, 181, 182, 183, 184
Ferreira, Maria Cristina de Oliveira, 32
Ferreira, Robson, 248
Figueiredo, Euclydes, 46
Figueiredo, João Batista, 34, 38, 40
Filho, Antônio Lourenço, 210
Filho, Tarcísio Meira, 11
Franco, Moreira, 40, 45, 117, 157, 213, 214, 216, 253
Freire, Eraldo Palha, 30, 31, 32
Freire, Fernando Palha, 30, 31
Freitas, Chagas, 41, 138
Frossard, Denise, 11, 222, 223, 228, 229, 231, 232, 233

G

Gabeira, Fernando, 52, 53, 94
Garcia, Sabrina, 227
Garcia, Waldemir, *ver Miro* 228, 229
Garcia, Waldemiro Paes, *ver Maninho*
Gargalhada, Carlinhos, 84
Gaspari, Elio, 45
Geisel, Ernesto, 18, 34
Gino (Matias Sbabo Negri), 208, 209, 211
Goffman, Erving, 161
Goldschmidt, Werner, 235
Gomes, Mario, 19, 26
Gordo (José Carlos Gregório), 82
Gregório, José Carlos, *ver Gordo*, 82
Guimarães, Cosme Hernando, 141, 142, 146, 147, 151
Guimarães, Natalino, 156

H

Harnecker, Marta, 38
Hurd, Thomas, 256

I

Ibrahim, Elza, 174, 175
Isaías do Borel (Isaías da Costa Rodrigues), 210, 216, 217

J

Japonês (Francisco Viriato de Oliveira), 62, 215
Jorge, 196, 197, 198
Jorge, Ailton Guimarães, *ver Capitão Guimarães*, 226
Junior, Colombo Vieira de Souza, 30, 31, 34, 35, 38

K

Kalil, Antonio Petrus, *ver Turcão*, 228, 229
Kalil, José Petrus, *ver Zinho* 226
Koplin, Eny, 227

L

Lago, Mário, 16
Lavigne, Arthur, 253, 255
Leão, Jeferson Carneiro, 35, 36
Leão, Newton, 52, 53
Leite, Sérgio, 150
Lengruber, Rogério, *ver Bagulhão* 165, 215, 217, 232
Levin, Newton, 206
Lima, Floriano Peixoto Faria, 18
Lima, Roberto Alves de, *ver Preá* 203
Lima, Vantuil de Matos, 25
Lima, William da Silva, 82, 98
Lins, Álvaro, 156
Lobato, Monteiro, 66
Lopes, Neyde Maria, *ver Fera da Penha* 24, 25
Lopes, Sérgio Cesar Illa, 84
Lopes, Tim, 171
Lordelo, Renildo, 128, 136, 137, 141, 143, 151, 155
Loretti, Jorge Fernando, 257
Lou (Maria de Lourdes Leite de Oliveira), 25, 26
Lourenço, Dráuzio, 61

M

Maciel, Lysâneas, 41
Maia, César, 45
Maluco, Paulo, 215

Mandarino, dom Hipólito, 36
Maninho (Waldemiro Paes Garcia), 9, 10, 11, 12, 13, 15, 224, 227, 228, 234, 235, 236, 237, 238, 241, 252
Marighela, Carlos, 31
Marinho, Roberto, 36
Marques, Jessé de Souza, 19, 20, 27, 35
Martins, Carlos Teixeira, *ver Carlinhos Maracanã* 228
Marx, Karl, 38
Mattos, Délio Jardim de, 40
Médici, Emílio Garrastazu, 31, 34
Mendonça, Sérgio, ver Ratazana, 215
Mesquita, Carlos Alberto, *ver Professor* 83
Mesquita, Marília Pimentel de, 179, 180, 183
Mimoso (José Lourival Siqueira Rosa), 83
Mineiro, Procópio, 45
Miro (Waldemir Garcia), 10, 223, 226, 228, 229, 234, 235, 238, 241
Monteiro, Alrenice, 146
Moreira, Avelino Gomes, 41, 42, 48, 49, 50, 51, 53, 54, 56, 57, 61, 66, 70, 71, 72, 79, 83, 85, 86, 88, 89, 104, 105, 106, 107, 108, 111, 114, 121, 123
Moreira, Carlos Gustavo Santos Pinto (Grelha), 11
Moura, José Alves, 47

N

Nascimento, Denir Leandro, *ver Denis da Rocinha* 215
Negri, Ivo, 208
Negri, Mateos Sbabo, ver Gino 208, 209

Neguinho, Jorge, 152, 153
Nunes, Haroldo Rodrigues, 228

O

O'Donnell, Raquel, 108, 110, 111, 112, 113, 114, 115, 116, 121, 126
Ohana, Claudia, 26
Oliveira, Carlos Josias de, 210
Oliveira, Francisco Viriato de, *ver Japonês* 215
Oliveira, J. Mendes de, 205
Oliveira, Maria de Lourdes Leite de, *ver Lou* 25
Oliveira, Pedro Paulo de, 168
Oscar, 209,

P

PC (Paulo César Chaves), 53, 232
Pena, Haroldo Saens, 227, 228, 234
Pereira, Norma Sá, 28, 29, 32
Pimentel, Manoel Pedro, 93
Pinheiro, Emil, 226
Pinto, Maria de Lourdes Silva, 193, 194
Piruinha (José Caruzzo Escafura), 228, 234, 236, 237, 240, 241
Poulantzas, Nicos, 38
Prestes, Luiz Carlos, 52
Preá (Roberto Alves de Lima), 203
Professor (Carlos Alberto Mesquita), 83
Py, Luiz Alberto, 178

Q

Quintal, Enéas, 214, 232, 236, 246
Quintão, Vanderlei Gonçalves, 25, 26

R

Ramos, Graciliano, 52
Ramos, Olavo, 48
Ratazana (Sérgio Mendonça), 62, 215
Real, Renato Corte, 31
Rechaid, Amil Ney, 102
Reis, José Carlos Santos, 11
Ribeiro, Darcy, 106, 246
Ricarti, Mauro, 149
Rodrigues, Almir da Silva, 25
Rodrigues, Dolores, 194, 195, 196, 197, 198
Rodrigues, Isaías da Costa, *ver Isaías do Borel* 210, 216, 217
Romeu, Inês Etienne, 32
Rosa, Carlos Pereira de Oliveira, 211
Rosa, José Lourival Siqueira, *ver Mimoso* 83

S

Sakalen, Sauler, 152, 153, 167, 168
Saldanha, José Jorge, *ver Zé do Bigode* 98
Sales, Dom Eugênio, 101
Santos, Jorge Luiz Fialho dos, 234
Santos, Rodrigues, 16
Santos, Waldemir dos, 50
Saturnino, 44
Silva, Aguinaldo, 24
Silva, Eraldo Souza da, 205 206, 207, 208
Silva, José Henrique Moreira da, 186, 187
Silva, Luiz Inácio Lula da, 117
Sinclair, 135, 254
Siqueira, Roberto Gama, 141, 143, 146, 147, 151
Soares, Jô, 259
Soares, Luiz Eduardo, 260
Sócrates, 70
Souza, Jessie Jane Vieira de, 28, 29, 30, 31, 32, 33, 34, 35, 36, 37, 38, 39, 52
Souza, Oseas Gonzaga de, 232
Spargoli, Francisco, 206, 207
Suzano, Djanir, 23, 24, 26

T

Taninha (Tânia Maria), 25
Teixeira, 9, 11, 12
Teixeira, Miro, 40
Teixeira, Zélio, 239
Thompson, Augusto, 18, 19, 20, 33, 39, 40, 47, 89, 90, 91, 108, 109, 186, 258
Timóteo, Agnaldo, 227
Tórtima, José Carlos, 56, 57, 58, 59, 60, 61, 62, 129, 250, 253
Tuninho (Antônio Rodrigues Duro), 176
Turcão (Antonio Petrus Kalil), 229, 234, 235

V

Valente, Pedro, 170
Valle, Sandra, 259
Velho, Gilberto, 21
Vilela, Teotônio, 73

Z

Zanata, Edson, 190, 191, 241, 242
Zé do Bigode (José Jorge Saldanha), 98
Zimbardo, Philip, 161
Zinho (José Petrus Kalil), 226, 228, 229, 230
Zózimo, 49

Este livro foi composto na tipologia Minion Pro,
em corpo 11,5/17,2, impresso em papel off-white 80g/m²,
no Sistema Cameron da Divisão Gráfica
da Distribuidora Record.